中国政法大学交叉学科建设资助项目

Legal-Business Management Review

法商管理评论

（第二辑）

(The second series)

主　编：孙选中

图书在版编目（CIP）数据

法商管理评论. 第二辑/孙选中主编. —北京：经济管理出版社，2016.9
ISBN 978-7-5096-4489-8

Ⅰ. ①法… Ⅱ. ①孙… Ⅲ. ①企业管理—研究—中国 Ⅳ. ①F279.23

中国版本图书馆 CIP 数据核字（2016）第 152876 号

组稿编辑：郭丽娟
责任编辑：侯春霞
责任印制：司东翔
责任校对：赵天宇

出版发行：经济管理出版社
（北京市海淀区北蜂窝 8 号中雅大厦 A 座 11 层　100038）
网　　址：www.E-mp.com.cn
电　　话：（010）51915602
印　　刷：北京九州迅驰传媒文化有限公司
经　　销：新华书店
开　　本：787mm×1092mm/16
印　　张：18.75
字　　数：326 千字
版　　次：2016 年 9 月第 1 版　2016 年 9 月第 1 次印刷
书　　号：ISBN 978-7-5096-4489-8
定　　价：69.00 元

·版权所有　翻印必究·

凡购本社图书，如有印装错误，由本社读者服务部负责调换。
联系地址：北京阜外月坛北小街 2 号
电话：（010）68022974　邮编：100836

法商思维对我国经济转型的思考（代序）

孙选中[①]

当前中国经济无论是在宏观层面或微观层面都面临根本的转型和变革，如何认识这种深刻变化不仅影响到我国经济如何渡过难关，更重要的是将决定我国经济的生存和发展。尽管关于中国经济转型使我们面临的新挑战已经有很多分析文章，但是大多数文章的分析几乎还是从已有的经济理论或管理角度进行阐释，也就是从现有经济的发展环境、发展速度或资源效率等方面进行剖析。尽管这些研究也对我们认识经济转型有所启发，但是，笔者认为还需要从法商的视角进行更深入的挖掘。笔者在这里通过法商思维剖析"新常态"、"深水区"、"升级版"这三个关于我国经济转型的关键词[②]的深刻内涵，将有助于对我国经济发展面临的严峻挑战提出新的思考。

一、"新常态"的转型思考

关于中国经济转型现在最主流的表述就是要建立"新常态"，而如今对"新常态"的说明主要是从我国经济的增长速度、结构调整、发展方式等方面进行梳理和界定，笔者认为还需要从理论上对"常态"构成的内在因素和演变逻辑进行更深入的分析探讨，以揭示出"新常态"的深刻本质。

所谓"常态"，通常指的是一定阶段或某种状态的稳定格局，而一定的稳定格局都是由特定思维决策主导的一系列规则体系和运行机制所决定的，因此，建立"新常态"就意味着要以新的思维决策建立一系列新的规则体系和新的运行

[①] 孙选中，中国政法大学法商管理研究中心主任、教授。
[②] 这里所列举的三个关键词是我国现阶段经济发展"顶层设计"常用的关键词，蕴含着我国经济发展变革的深刻含义，无论在理论上或实践上都对我国经济发展具有重要的指导意义。

机制。如果要真正认识和把握如今中国经济的"新常态",还需要对新中国成立以来经济发展形态的更替所形成的不同"常态"进行深入剖析。如果从不同阶段特定思维决策主导下形成的"常态"格局及其演变进行分析,可以发现我国经济曾经呈现了两个明显不同的发展阶段,现在正进入一个新的阶段。基于这样的变化,我们可以将其视为"三段论"的更替变化。

第一阶段:从新中国成立到改革开放初期。这一阶段中国经济发展的决策思维偏重于追求"公平"的发展,力图通过计划分配使每个人获得必需的物质财富和工作机会,因此选择了"计划经济"的一系列规则和运行机制,从而形成了我国在该历史时期的经济常态,这样的经济发展一直持续了30多年。然而,这一阶段的历史发展表明,片面偏重于"公平思维"的计划经济将丧失对资源的有效配置和利用,最后导致"平均主义"、"大锅饭"、"生产效率低下"及"财富贫乏"等阻碍经济发展的问题,主导决策的所谓"公平"也只是缺乏经济基础和财富实力的朴素或理想的公平,由于连基本生存都难以维持和发展,因此这一时期的经济常态必然终结。

第二阶段:从改革开放到十八大召开前。这一阶段我国的一切工作都是以大力发展经济和提高生产力水平为中心,通过实施特殊政策让一部分人和一部分地区先富起来,加速财富积累和脱贫致富,加快建设中国特色的市场经济。由此可以看出,这是侧重于追求"效率"的思维决策,基于此探索建立了促进我国经济高速发展的一系列规则和运行机制,并且形成了长达30多年的又一个经济常态。这一阶段的历史发展表明,极端的追求经济发展的"效率思维"将导致"差别扩大"、"资源集中"、"分配不公"甚至"权利失衡"等严重影响经济发展的问题,因此这样的经济常态也很难再持续。

第三阶段:从十八大以来的新政时期。这一阶段的新政已经明确提出"四个全面"的建设目标,并以此为工作重点建设"新常态"。可以理性地判断:因为第一阶段和第二阶段都已明显地暴露出经济发展不能够持续的问题,甚至产生和积累了影响国家生存发展的许多严重问题,因此,我国经济进入第三阶段的"新常态"都不应该也不会简单重复前两次的"常态",必然在宏观和微观层面都产生根本的转变。面临新的转型,管理者必须思考和厘清:新的阶段将以怎样的思维决策为主导?基于这样的思维我们应该如何把握符合新常态的"新规则"和"运行机制"?

二、"深水区"的转型思考

如今我国的全面深化改革也被形象地比喻为进入改革的"深水区",一般而言,"深水区"所隐含的就是其可能存在的问题比"浅水区"的问题更为复杂或风险更大。然而,我们对"深水区"的形象描述容易理解,而对"深水区"改革的深刻内涵还缺乏足够的认识。从全面深化改革的角度来看,"浅水区"与"深水区"到底有什么根本区别?这将对经济发展变革带来怎样的挑战?

如果我们从日常经验来判断,稍有游泳知识或经验的人都知道"浅水区"可以摸索着蹚水而过,但是面对"深水区"就必须在进入之前做好充分准备,例如,练就游泳的基本功、备好必要的安全设备、详查水流和水下的情况等。事实表明,"浅水区"和"深水区"是两种不同的"玩法",其根本原因是两者的"游戏规则"存在本质区别。

现在我国进入"深水区"的改革对经济发展变革的根本挑战是:我们在改革开放前期的"浅水区"依循的"摸着石头过河"的游戏规则,现在要转变为进入"深水区"必须遵循的"把控变化,驾驭前行"的新游戏规则。这对经济决策和管理变革而言,就是要求管理者不能够再简单沿用过去成功的经验或模式,一方面是因为"深水区"试错的风险和成本都非常高,甚至会导致不可挽回的损失;另一方面是因为"深水区"很难甚至几乎不可能"摸着石头过河"。这既对政府管理也对企业管理有重要的启发,例如,2016年初在证券市场的"熔断机制"的仓促实施和尴尬停止就是在"深水区"改革中缺乏系统的治理规则和治理能力的典型教训;另外,证券市场上出现的"宝万博弈"也警示我们的企业管理者要适时改变如今的经营方式。现在的经营不是仅仅在资源层面上竞争,而是随着市场经济的深化发展,各种运行规则的作用越来越突出,因此需要从在"浅水区"仅以整合资源获得竞争优势转变为在"深水区"必须"把控变化,驾驭前行"的游戏规则。

三、"升级版"的转型思考

如今描述中国经济在新时期的变化,我们也更多使用了"升级版"来加以表述。然而,怎样把握升级版的内涵?如果通过哲学思维来分析,可以深入浅出地予以解释：所谓"升级版"，可以理解为超越已有状态通过螺旋式上升发展到新的高度，因此升级版的内涵不是指发展的"量变"而是"质变"，并且一切质变都是由内在的核心要素和联系方式的根本变化所决定的。依此认识，我们可以界定通常在经济管理中所谈到的经营模式，实质上就是由核心资产及其运行机制形成的创造价值的方式。因此，无论从宏观或微观经济运行来看，经营模式的质变过程都与其内在核心要素及其运行机制的本质变化密切相关。

现在中国经济已经进入升级发展的变革期，导致我们很多管理者极度地不适应，因为他们自己过去驾轻就熟获取红利的方式已经不再灵验了，过去依靠低成本资源的粗放发展或"野蛮生长"再也行不通了，如今不得不重新谋划新的变革和经营模式。

但是，怎样才能真正实现我国经济发展和企业经营模式的转型升级？从根本上来说，就是要从我国经济粗放发展阶段所依赖的有价值的低成本资源的经营机制转型升级为依靠新的核心资产创造价值的经营机制。例如，我们曾经拥有的"廉价劳动力"、"规模经济"、"复制模仿"等竞争优势需要用"智能劳动载体"①、"互联网经济"、"自有知识产权"等创新的经济资源和经营机制进行升级改造或替代。彼得·德鲁克在《21世纪的管理挑战》中也曾指出："20世纪，企业最有价值的资产是生产设备。21世纪，组织（包括企业和非营利性组织）最有价值的资产将是知识工作者及其生产率。"由此也可以说，我们升级发展面临的主要挑战就是基于"知识工作者及其生产率"的核心资产及其运行机制，如何有效地变革我们过去基于"生存设备"和廉价劳动力资源所积累的成功经验和熟悉的经营模式。

四、法商思维的核心内涵

这里对三个关键词的阐释主要是引发我们对中国经济转型的新认识，然而立足于已有理论或思维方式很难对我们经济转型的严峻性和革命性有深刻的本质性的认识。但是通过法商思维对以上经济转型的三个关键词进行深入解析，可以进一步发现经济转型的实质并由此获得新的启示。

---

① 这里所指的"智能劳动载体"主要包括知识劳动者、人工智能机器等区别于以往低成本资源的新型的更高价值的资源。

法商思维对我国经济转型的思考（代序）

所谓"法商思维"，指的就是经济价值观主导的"追求效率"思维方式同法治价值观主导的"追求公平"思维方式的有机结合，以实现主体权益均衡发展的决策思维。[①] 在现有的思维模式中，无论是在理论还是实践上，一方面，通常都把经济和管理活动的思维导向"效率至上"，因此自觉不自觉地就把经济管理活动的决策局限在了追求和实现效率最大化的思维模式上；另一方面，又把法治的治理活动界定为以实现公平为目的的思维决策，因此谈及法律都自觉不自觉地考虑公平问题。事实上，效率和公平是相辅相成的思维的两个侧面，是须臾不能分离的经济活动的内在矛盾的动力，它们的相互作用推动着经济活动的不断发展。然而长期以来，这个统一体被人为地分离开了，导致了我们的经济活动经常出现或陷入要么是爆发式的极端发展，要么是停滞不前的怪圈。法商思维实质上就是从根本上使效率与公平思维有机整合，真正实现既经济高效又权益公平的均衡发展。

我们这里所界定的"法商思维"蕴含四个要点：第一，关于法商中的"法"的界定，狭义来看主要是指法律条文、成文的规章制度等；但是在这里对法商中"法"的界定是从广义上加以理解，也即影响人们行为的各种规则。第二，这里所界定的"公平"主要是从经济和管理的角度强调对经济资源的配置既要考虑有效率的实施方法，还要考虑权益公平的共享价值。第三，我们熟悉的经济管理思维方式强调的是"追求效率"，而法治思维方式强调的是"追求公平"，这样人为地把两种思维方式加以分离似乎已成为人们司空见惯的做法，而法商思维的核心内涵就是强调这两种价值观和思维方式的有机结合。第四，经济发展和管理过程不能仅仅在"效率"和"公平"两个极端点做出选择，这样必然带来"追求效率"与"追求公平"非此即彼的不断震荡，这都不利于经济持续稳定的发展，而应该保持和实现"效率与公平均衡"。

基于法商思维的内涵和特点，我们可以提炼出法商思维的核心内涵：其一，

[①] 笔者曾经把法商管理界定为"在经商和法治的价值观及方法论的相互作用下，合理实现企业目标的管理过程"（参见《法商管理评论》第一辑，经济管理出版社2015年版第3页）。接下来，笔者在多次学术会议及论坛上进行了更加具体的新阐释："法商管理就是追求效率的经商的价值观和方法论与追求公平的法治的价值观和方法论的有机结合，以实现效率与公平均衡发展的管理过程。"在笔者后来进一步的探索和思考中，终于更深刻地领悟到："法商管理就是追求效率的经商的价值观和方法论与追求公平的法治的价值观和方法论的有机结合，以实现主体权益均衡发展的管理过程。"而这里法商思维的界定就是基于笔者提出的最新的法商管理内涵而做出的定义。这其中的关键词从"实现效率与公平均衡发展的管理过程"提升为"实现主体权益均衡发展的管理过程"。关于这种认识的转变，笔者将在接下来关于法商思想演变的专著和论文中再详细说明。

"效率与公平均衡"是法商思维的基本原则;其二,"整合资源+驾驭规则"是法商思维的管理模式;其三,"用规则创造价值"是法商思维的价值主张;其四,"追求财富安全持续发展"是法商思维的战略选择;其五,"实现主体权益均衡发展"是法商思维的决策原点。这些核心内涵构筑了法商思维新的发展理念和创造财富的全新模式。

五、法商思维的转型思考

基于法商思维的内涵和特点来对中国经济转型的三个关键词进行解剖,可以使我们获得关于中国经济未来发展的更深刻的理解:

(1)"新常态"建设需要"效率与公平均衡"的思维决策。如果说在中国经济发展的第一个阶段因更加偏重于"追求公平"的思维决策而选择了计划经济,从而导致了我国经济发展效率和生产力的低下;而在第二个阶段突出强调"效率至上"的经济发展也带来了资源透支、差距扩大、权力集中等不利于经济持续发展的问题。因此,在我们发展的第三个阶段,应该保持前两个阶段有益的发展因素并克服不利的方面,在本质上必须把曾经有意无意分离的"公平"和"效率"的极端发展加以弥合,追求并实现效率与公平的均衡发展,也就是既要最大限度地创造财富又要让所有参与者分享到深化改革发展的成果,否则会使我们的全面深化改革半途而废,从而对中国经济的持续发展极为不利。

(2)"深水区"改革实质上就是要重建游戏规则。如今很多经济活动的运行规则和机制都是过去在两个极端状态下建立起来的,这些规则在特定的发展阶段有其存在的意义或是在特定条件下的阶段性决策选择。但是在今天中国经济发生新的甚至是根本性转型的背景下,需要我们重新审视这些规则,坚持"良法善治"的立法主张,围绕"效率与公平均衡"的法商思维方式,慎重地废除、修改或重建一系列规则和运行机制,真正从规则变革上推进和实施我国新的发展阶段的全面深化改革。

(3)"升级版"就是要促使中国经济真正转变以实现"质变"飞跃。尽管我们今天已经形成了中国经济必须升级发展的共识,但是升级的真正内涵是什么、如何实现升级?如果用法商思维来看,我们升级的首要任务就是要发挥每个人的创造积极性,这就必须从我国经济粗放发展阶段所依赖的有价值的低成本资源的经营机制,转型升级为依靠新的核心资产创造价值的经营机制。因此,升级发展的根本问题将是如何发挥每个人或组织这样的"权益主体"的创造性以实现核心资源的创新价值。我国深化改革已经进入到必须啃"硬骨头"的深层次改革阶段，笔者认为真正的"硬骨头"就是如何围绕"主体权益"建立新的规则，只有这样才能够最大限度地解放生产力，真正释放出创新的"红利"。今天我们大力推行的"双创"政策、"互联网+"等政策，为每个权益主体发挥各自的潜力提供了政策环境，但是要真正形成创新发展机制，还必须运用法商思维探索和创建适应新时期发展的新规则，如"滴滴打车"模式的挑战就是考验我们能否用法商思维实现出租车管理规则和运行机制的升级发展。

总之，面对中国经济"新常态"、"深水区"和"升级版"的转型发展，法商思维从全面深化改革的内在机理对新发展阶段的"决策思维"、"规则机制"和"质变逻辑"进行深入分析和思考，将对我们全面深刻地理解并把握我们所面临的根本转变具有理论和实践的指导意义。

2016 年 5 月 31 日

目录 Contents

法商管理理论探索　Theory Exploration

003　法商管理指数的概念及其构建思路　　　　　　　　　　柴小青
The Primary Exploration to Law and Business Management Index
　　　　　　　　　　　　　　　　　　　　　　　　　　　Chai Xiaoqing

011　专利诉讼对我国上市公司市场价值的影响研究　　　曹　杨　王　玲
Research on the Impact of Patent Litigation on Chinese Listed
Companies' Market Value　　　　　　　　　　　*Cao Yang　Wang Ling*

024　法商管理与企业稳健发展　　　　　　　　　　　　　　闫丽婷
Law and Business Management and Steady Development of Enterprise
　　　　　　　　　　　　　　　　　　　　　　　　　　　　Yan Liting

034　强化顶层设计　转变"突破法治式"改革模式　　　　　孙志杰
Strengthening the Top-Level Design and Transforming the Reform
Mode of "Breaking the Rule of Law"　　　　　　　　　　*Sun Zhijie*

039 管理学视角下的法律成本效益评估 　　　　　　　　　　　柴小青
Thinking on Legal Cost-Benefit Assessment from Managerial Point of View
　　　　　　　　　　　　　　　　　　　　　　　　　　　Chai Xiaoqing

046 大众创业研究的回顾与前瞻 　　　　　　　　　　　　　　张　国
The Research Review and Prospect about the Public Business　　Zhang Guo

056 法商管理对推动中国国有企业改革的意义 　　　　　　　　　彭世刚
Legal and Business Management to Promote the Reform of State-Owned Enterprises in China
　　　　　　　　　　　　　　　　　　　　　　　　　　　Peng Shigang

法商管理实践研究　　Practice Research

067 中国上市公司法商管理指数研究 　　　　　　　　　　　　　武　闯
Research in Law and Business Management Indexing of Chinese Listed Companies
　　　　　　　　　　　　　　　　　　　　　　　　　　　Wu Chuang

087 "互联网+"推动中国企业法商化 　　　　　　　　　　　　陈万林
"Internet +" to Promote the Chinese Enterprise Commercialized
　　　　　　　　　　　　　　　　　　　　　　　　　　　Chen Wanlin

100 互联网金融众筹风险及应对措施 　　　　　　　　　　　　　董子豪
The Risks of Internet Financial Crowd-Funding and Corresponding Measures
　　　　　　　　　　　　　　　　　　　　　　　　　　　Dong Zihao

111 "互联网+"的安全持续发展
　　——基于法商管理视角 　　　　　　　　　　　　　　　　何立丹
Safe and Sustainable Development of "Internet +"
—from the Perspective of the Law and Business Management　　He Lidan

121 法商管理背景下的《管理运筹学》教学改革创新

赵杭莉　曾照延　李晓宁　张荣刚

Teaching Reform and Innovation in Management Operational Research under the Background of Law and Business Combination Management

Zhao Hangli　Zeng Zhaoyan　Li Xiaoning　Zhang Ronggang

133 互联网安全持续发展下信息化政府推动之研究　　　陈铭聪　周　宁

Research on the Promotion of Information Government in Internet Security Development　　　*Chen Mingcong　Zhou Ning*

145 "互联网+"环境下的消费者权益保护　　　苏晖阳　张炳璇

The Protection of Consumers' Rights and Interests under the Environment of "Internet +"　　　*Su Huiyang　Zhang Bingxuan*

法商管理专题分析　Specialized Analysis

155 从 P3、2M 国际航运联盟案看商业合作中的反垄断审查

张丽英　谢南希

A Case Study of P3-2M: From a Business Perspective

Zhang Liying　Xie Nanxi

166 O2O 企业合并中的反垄断问题研究
　　——以美团、大众点评合并为例　　　唐琦瑢

Research on Anti-Monopoly of Business Combination in O2O
—*Taking the Business Combination of Meituan and Dianping as Example*
Tang Qirong

177 中国特许经营市场的"维华加盟指数"　　　李维华

Research and Demonstration of "Weihua Franchise Index (WFI)" in China Franchising Market　　　*Li Weihua*

185　从法商管理理论视角审视"互联网+交通"　　　　　　　　李长治

Review the Point of "Internet Plus Traffic" from the Perspective of Law and Business Management　　　　　　　　Li Changzhi

197　关于《证券法》再度修订的若干思考
　　　——以法商规则和金融创新的互动关系为分析视角　　　马　石

Reflection on the Revision of Law of Securities
— In the View of Interactive Relationship between Business Rules and Financial Innovation　　　　　　　　Ma Shi

205　"互联网+"时代法商自身"大数据"库的建立和发展　　张　伟　高　洋

The Establishment and Development of Law Work and Intelligence "Big Data" Base on the Internet Plus Time　　　　Zhang Wei　Gao Yang

214　融法商之道，创365市场营销产业化
　　　——市场营销产业化的"三体六翼五道法商智慧系统"

　　　　　　　　　　　　　　　　　　　　　　　　韩馨漪　韩金勇

Use Legal and Business Approaches to Solve the Marketing Industrialization Problems, Explaining "Legal & Business Intelligence System with Three Arms, Six Wings and Five Ways"　　　　Han Xinyi　Han Jinyong

国外法商问题研究　Abroad Study

223　胜在明法：法律智慧的价值　　　　　　　　　翻译者：于思淼

Winning Legally: The Value of Legal Astuteness　　　Constance E. Bagley

232　中国的法律环境、政府效率与企业创新的关系：审视国有制的调节作用
　　　　　　　　　　　　　　　　　　　　　　　　翻译者：唐琦瑢

Legal Environment, Government Effectiveness and Firms' Innovation in China: Examining the Moderating Influence of Government Ownership

　　　　　　　　　　　　　　　　Hao Jiao　Chun Kwong　Koo Yu Cui

目录 Contents

244 全球化互联环境中法律视角下的股东大会   翻译者：黄静然
A Legal Perspective of Shareholders' Meeting in the Globalised and Interconnected Business Environment
Nor Hayati Abdul Samat   Assoc. Prof. Dr. Hasani Mohd. Ali

251 金融服务管理局中基于风险的监管   翻译者：彭世刚
Risk Based Regulation in the Financial Services Authority   *Carol Sergeant*

259 企业的社会责任与财务绩效之间关系的进一步证明   翻译者：臧鸿词
Further Evidence on the Association Between Corporate Social Responsibility and Financial Performance   *Li Sun*

269 法律干预对买卖双方关系的直接和间接影响   翻译者：李祖荫
The Direct and Indirect Impacts of Legal Intervention on the Buyer-Seller Relationships
Kamila Ruzickova   Marek Litzman   Tomas Kristofory

276 企业行为和企业人员：预期的商业行为和违法违规行为
翻译者：郑宇天
Conduct of Corporations and Corporate Officers: Expected Business Practices or Unlawful Violations   *Vernon P. Dorweiler   Mehenna Yakhou*

284 后记

法商管理评论 （第二辑）
Legal-Business Management Review

法商管理理论探索

Theory Exploration

法商管理指数的概念及其构建思路

柴小青[①]

【摘要】 文章首先给出了法商管理的概念并对其内涵进行了界定，论述其在企业经营管理中的重要性；其次，提出构建法商管理指数的基本框架思路，阐述了法商管理指数的定义及其构建原则；再次，提出两类法商管理指数：宏观法商管理指数——反映企业总体法商管理状态的指数，微观法商管理指数——反映单一企业法商管理状态的指数；最后，探讨了构建法商管理指数指标体系递阶结构的建设问题。

【关键词】 法商管理；指数；公司治理；法律风险；经营绩效

一、引　言

随着中国市场经济体制的逐步完善以及经济全球化进程的推进，中国企业面临着日益广阔的市场和日趋严峻的竞争环境，客观上要求企业不仅要按照市场经济规律开展经营活动，而且要按照法律准则规范自己的经营行为。大量事实说明，随着中国经济和政治地位的提升，中国企业正面临着前所未有的挑战，同时现实经济生活蕴含着需要从法与商结合的角度提升企业管理水平的内在需求，如何有效地规避市场风险和法律风险是中国企业当前乃至今后需要认真解决的课

[①] 柴小青，工作单位：中国政法大学商学院。研究领域：工商管理、管理经济学、流通经济理论及其应用。现实问题研究的重点：可持续发展评价、国际竞争力评价理论与方法、跨国企业经营战略、法商管理理论与应用等。邮箱：13911906268@163.com。

题。本文的研究内容正是在上述背景下提出来的。

近年来，随着法治指数、幸福指数、公共治理指数等评价标准逐步进入公众视野，通过指数来评价企业治理状况以及对风险的可控程度等也显得尤为重要。本文在法商管理理论的基础上提出法商管理指数，旨在通过指数测度企业的法商管理水平，并对指数构建的理论与实践问题进行初步探讨。本文首先阐释了法商管理的基本概念，接着分析了构建法商管理指数的意义，然后给出了构建法商管理指数的基本思路框架，最后讨论了法商管理指数的指标体系递阶结构建立问题。本文的研究对提升企业管理水平、拓展法商管理理论与应用研究具有重要的意义。

二、法商管理理论的提出

法商管理是综合管理学、法学相关知识对企业经营活动进行计划、组织、管理和控制的理论和方法。狭义的法商管理包括三方面的含义：一是明确规定了法商管理的学科属性，即属于管理学的范畴；二是界定了法商管理的对象是企业经营活动；三是将企业管理手段和方法拓展至法律法规领域。广义的法商管理是指在经商（经营）和法治的价值观及其方法论的相互作用下，实现企业目标的理论方法的集合。

法商管理理论的提出具有历史的必然性。事实上，从现代意义上的公司诞生开始，法商管理的思想就隐含在企业经营与管理活动中，如公司治理中的委托代理问题的解决、人力资源管理中的劳动者权益保护问题、企业技术创新中的知识产权保护问题等，无不体现法商管理的思想。尽管法商管理是一种客观存在，但长期以来却被人们所忽视，没能从概念和学科层面进行提炼、概括和总结，并形成理论。因此，法商管理理论的提出是对法商管理规律的发现和明晰，不仅揭示了公司管理所具有的法律与管理交叉融合的特征，而且具有历史必然性。

法商管理理论的提出具有严谨的逻辑基础。科斯在1937年提出的企业契约理论中指出，市场与企业是两种可以互相替代的资源配置手段，市场配置资源是由价格来控制的，而企业配置资源则通过权威关系来完成。这种权威关系由两方面因素决定：一是企业基于科层组织行政权力体系制定的制度规范；二是法律对企业系统运行的约束。这说明，权威关系不可能简单地由行政权力体系的制度规范或者法律的各自独立运行实现，而是要通过行政权力的制度规范——管理和法律有机融合作用于企业实现的。无疑法商管理理论契合了科斯的这一论述，表明法商管理理论具有坚实的管理学和法学融合的逻辑基础。

法商管理理论的提出符合中国企业管理实践的现实要求。郭重庆院士在谈到管理学科发展时指出"中国管理科学应从对外来管理文化'照着讲'的阶段，走向'接着讲'的阶段。要接着中国传统文化讲，接着西方管理科学讲，接着中国近现代管理实践讲"。法商管理理论与方法研究属于"接着中国现代管理实践讲"的范畴，符合中国企业现代管理实践的客观要求。首先，从中国企业"走出去"面临的挑战分析，遇到的最主要陷阱和障碍不是来自经营层面，而是来自因为不熟悉相关国家的法律规范而招致的损失。典型案例有TCL在法国所进行的并购活动、上汽在购并韩国双龙汽车时遇到的劳资纠纷。其次，从提高中国企业内部管理效率的角度来看，按照企业生产活动流程分析，从产品研发、原材料采购供应、制造过程，乃至将产品推向市场直到售后服务无一不涉及法律规范问题，如价格、合同、税收、知识产权、消费者权益保护等无不与相关法律有关。因此，企业的管理实践客观上要求从管理和法律双重视角分析和解决问题。

三、法商管理指数概念解析

法商管理指数是依据企业在一定期间内的经营成果和法律遵守状况的表现，采用量化的指标进行测度，以反映企业法商管理水平，其基本原理如下式所示：

法商管理指数＝F｛法律相关的指数（公司治理指数、法律风险指数），公司经营管理指数（经营业绩、管理水平），宏观环境指数｝

依据我国企业的现实状况，初步设想法商管理指数分为宏观和微观两个层面，即宏观法商管理指数和微观法商管理指数。前者是对企业总体在经营管理和遵守法律等方面所做出的统计意义上的测度，后者是指对单个企业一定期间内在经营管理和遵守法律方面的综合表现的定量测度。

构建法商管理指数的理由体现在以下方面：

第一，法商管理指数是对企业在经营管理、遵守法律、规避法律风险等方面综合评价的定量表现形式，其形成过程就是对企业的评价诊断过程。法商管理指数可以帮助企业了解自身的特点和不足，为改善经营管理提供方向和着力点，同时，也有利于开展企业之间的横向比较分析，找出企业之间存在的差距，树立标杆，引导企业向领先者学习，提升经营管理水平。

第二，法商管理指数的提出为评价政府的经济政策和法律法规实施效果提供了新的思路。长期以来，政府关注的重点主要在政策制定方面，缺少评价政策实施效果的定量化方法。在各类宏观数据信息的基础上，通过数据处理，进而集结形成法商管理指数，可以在一定程度上反映政策法规的实施效果，有利于政府进行政策调整和完善。

第三，法商管理指数可以为各类经济活动主体提供企业法商管理状态信息，为各类经济活动主体投资决策、开展经营活动、规避经营风险提供决策依据，对倡导诚信经营，创造良好的企业形象具有一定的促进作用。

第四，目前，法商管理研究还局限于以评论阐述为主的阶段，缺乏实证分析，也缺乏系统的模型作为分析的基础。法商管理指数的构建，立足于通过建立理论模型并进行实证分析，对企业法商管理现象和法商管理的效能做出判断，不仅符合管理实践的需要，也符合理论研究的基本规律，更是对法商管理理论研究深化的有益尝试。

四、法商管理指数构建思路

从理论上分析，目前国内与公司有关的指数大体上分为两大类：一类是经济效益评价，主要有原国家经贸委和财政部等部门推出的企业经营绩效评价指数，另一类是由南开大学推出的公司治理评价指数。前者主要是从财务管理的角度评价企业的经营效果和效率；后者主要是从法律的角度评价企业的治理效果和效率。国际上，本领域具有代表性的研究成果是标准普尔公司（Standard and Poor）推出的 GAMMA（Governance, Accountability, Management Metrics & Analysis）评分，从所有权结构、财务利害相关者关系、财务透明度和信息披露、董事会结构和程序四个层面进行评价。

综上所述，可以大致概括出国内外关于企业评价指数研究的基本特点：一是评价的重点局限于公司治理,二是没有将企业绩效和治理两者结合起来进行综合评价。而法商管理指数则试图从公司经营绩效和遵章守法综合视角对企业管理做出评价。构成法商管理指数的要素主要包括三大部分内容:

首先是经营管理业绩。对企业而言,经营和管理的绩效是对企业股东、经营者、债权人等最为重要的方面。企业存在的根本目的是为了使利益相关者的权益最大化,这也主要通过企业业绩来衡量。这部分应该以财务类指标为主反映企业经营与管理业绩。

其次是风险预防。企业通过建立风险预防机制可以有效避免在经营过程中可能引起的违规和诉讼问题。这方面主要从公司治理完善的角度进行测度,主要包括:独立董事制度及其作用;企业高级管理人员中具备法律相关专业知识的状况;企业高级管理层的法律和风险防范意识;企业设立法律咨询和风险管理部门的状况;企业信息披露是否及时、准确等。

最后是法律法规遵守。政府、媒体、公众等对企业的违法行为具有监督和惩处的权利,因而可以借助政府披露的信息、媒体报道的信息和社会公众舆论等反映企业遵守法律法规的状况。具体包括:被出具非标准的审计报告的情况;被消费者投诉的情况;企业违反相关法律造成的损失状况;企业因违反知识产权保护等相关法律被起诉的数量等。

五、建立指标体系递阶结构的方法

法商管理指数所依据的指标体系涉及法学和管理学两大学科门类,使得构建法商管理指数评价指标体系成为一个涉及因素众多、较为复杂的系统问题,为此该指标体系的建立以构建指标体系的递阶结构为切入点。

所谓指标体系的递阶结构,就是一个由指标为节点、指标间关系为弧组成的有序树 T。树中包含一个处于最上层的节点,称为该树的根节点,对应评价指标体系的最高层指标,除根以外的其余节点分成 $P \geq 0$ 个不相交的子集 T_1,T_2,…,T_P,称为这个根的子树。一个节点的子树个数,称为该节点的度,当节点的度不为 0 且不是最上层节点时,该节点对应指标体系的中间层指标。递阶结构的一般形式如图 1 所示。

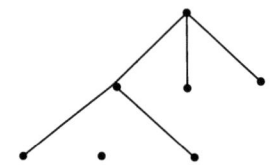

图1 描述指标体系递阶结构的树形图

指标体系递阶结构的构建过程实际上就是对可选指标集的系统化过程。评价指标集的筛选是一个对评价系统认识的过程，随着评价指标集的不断完善，在专家头脑中逐渐形成一个模糊的指标体系框架，即专家意识模型。由于该框架以指标间两两无关判断为基础，当评价关系较复杂时，仅靠专家个人经验就难以给出一个科学、完整、能全面反映被评价系统本质特征的指标递阶结构。

图论被广泛应用于系统分析中，尤其在获取复杂系统的结构方面取得了长足进步，并形成了利用专家经验、知识和计算机辅助构造多级递阶结构模型的方法——解释性结构模型（Interpretive Structure Modeling）。这里将解释性结构模型方法原理运用于指标体系递阶结构构建。

应用该模型建立指标体系结构的原理如图2所示。

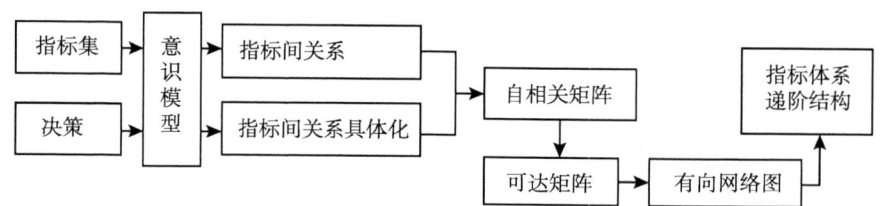

图2 法商管理指标体系递阶结构构建原理

六、结　语

法商管理指数的构建是创新性的研究，无论从定义到具体的计算过程，都需要不断地深化和完善。

指标体系设计和筛选是指数构建的难点，本文只是给出了初步的框架描述。本研究领域今后的工作重点在以下方面：一是进一步探索法商管理指数的内涵，提高其解释现实经济现象的能力。二是围绕提出法商管理指数的目标，优化指数的指标体系，确定评价标准，使之更加符合实际需要。三是秉承拿来主义，将已有的具有权威性的指数纳入法商管理指数系统框架，成为法商管理指数的组成部分，缩短指数的开发周期。

参考文献

[1] 柴小青，孙选中. 法商管理评论［M］. 北京：经济管理出版社，2012.

[2] 孙选中. 法商管理的兴起［M］. 北京：经济管理出版社，2013.

[3] 孙东川等. 创建现代管理科学的中国学派及其基本途径研究［J］. 管理学报，2006，3（2）.

[4] 罗君丽. 罗纳德·科斯的法与经济学思想［J］. 经济师，2007（9）.

[5] 柴小青. 法商管理思想集萃［M］. 北京：经济管理出版社，2013.

The Primary Exploration to Law and Business Management Index

Chai Xiaoqing

【Abstract】 The paper first proposes a new concept which is called Law and Business Management, defines the scope of the concept and discusses its importance in the management of modern enterprises. Secondly, the paper builds the basic framework for Business Management Index (LBMI) and explains the definition and construction principles of LBMI. Thirdly, the paper proposes two kinds of LBMI, which are Macro LBMI and Micro LBMI respectively. The former one is used to reflect the general condition of all enterprises' LBMI, and the latter one is used to describe the LBMI of the individual enterprise. Finally, the paper discusses how to select the indicators, how to establish the hierarchical structure for evaluation index system. The paper has some reference value in both improving enterprises' law and business management level and avoiding operational risk or legal risk.

【Key Words】 Law and Business Management; Index; Corporate Governance; Legal Risk; Operational Performance

专利诉讼对我国上市公司市场价值的影响研究[①]

曹 杨[②] 王 玲[③]

【摘要】 知识经济时代下,专利凭借法律独占权带来的技术优势对技术型企业的发展至关重要,尤其是专利诉讼对保护专利的创新性发挥了重大功能。对于我国的资本市场而言,上市公司的市场价值会受到各类消息的影响,进而影响着投资者权益和企业发展。本文以事件分析法为主要研究方法,选取专利诉讼的判决日为研究事件窗口的0点,研究专利诉讼对我国上市公司市场价值的影响。全样本数据处理的结果表明,在专利诉讼的事件窗口期间,我国上市公司市场价值的变化情况总体上表现为负效应,且累积平均超常收益率在整个事件窗口期间内呈现出"类V形"走势。

【关键词】 专利诉讼;上市公司;市场价值;事件分析法

一、绪 论

随着科学技术尤其是信息技术的迅猛发展,知识密集型的生产方式已成为当今企业发展和创新的主导潮流。根据发达国家的管理实践,在知识经济时代,全

[①] 资助项目:国家自然科学基金(71272215)。
[②] 中国政法大学商学院硕士研究生,研究领域:创新管理,邮箱:caoyang.cupl@foxmail.com。
[③] 中国政法大学商学院教授,研究领域:创业管理、创新管理,邮箱:lingw01@163.com。

社会的经济发展越来越依靠知识和技术的创新及创造性应用,而专利的拥有量已经成为一个国家、地区、企业以及科研院所技术创新水平的重要标志。

近年来,在专利领域开始出现了这样一种新的现象,即随着科技创新程度的提升,各国、各个企业的专利授权量都在增加,但专利侵权事件也越来越多,尤其在 IT 行业,其专利诉讼的案件数量呈逐年递增的趋势,且专利诉讼的案件标的和最终判定的侵权赔偿数额也越来越大。以"苹果、三星专利纠纷案"为例,从 2011 年 4 月第一起圣何塞专利侵权案(San Jose Case)开始,苹果公司和三星公司已累计发起了 30 多起专利侵权诉讼。在 2012 年 8 月的法院判决中认定三星公司败诉,并要求其向苹果公司支付超额的专利侵权赔偿。这一消息宣布后,三星公司当天的股票价格下降了近 5%,而苹果公司的股票价格却增长了 2%。由此说明,专利诉讼的结果在一定程度上会对企业的市场价值产生重要的影响。本文选择研究我国境内的上市公司在发生专利诉讼事件后,其自身市场价值的变化情况。

二、文献综述

(一) 专利权及专利诉讼对公司价值的重要性

在知识经济时代下,公司资产的性质开始从有形资产向无形资产转变(Drucker,1993)。其中,专利的重要性在于其作为一种能保持竞争优势的手段,设置了行业的进入壁垒(Chakrabarti 等,1993;Porter,1980)。专利权可以防止竞争者使用该项创新,并允许发明人从使用专利的其他人处收取一定的许可费。研究发现,专利发明能显著正向地影响企业绩效以及公司的价值(Griliches,1991)。在国际顶尖的科技企业中,专利权使用费已成为这类技术型企业的一个主要收入来源,这应当引起其他企业的高度警觉,以避免专利侵权和随之而来带给专利权人的提成费损失(Muoghalu 等,1990)。

(二) 专利诉讼对公司在资本市场上的估值影响研究

Cockburn 和 Griliches(1987)发现,企业投资于专利保护的回报会因企业所在行业和自身条件的不同而有所差异。Earl(2001)认为组织在设计知识管理战略时，应当将运用专利打击对手作为其中的一个重要部分。专利诉讼带来的潜在威胁性通常达不到预期的排他性效果，而诉讼本身却能带来更直接的经济损害（Cohen 等，2000）。在这漫长的诉讼过程中，对于投资者来说，无论原告和被告都存在高度不确定的市场信息。许多研究集中于确定诉讼对股票价格或股东财富的影响（Banks 和 Kinney，1982）。诉讼一般会引起市场重新评估现有企业；之前对诉讼公告的影响研究表明，诉讼文件的发布会导致公司市值平均缩水 2% ~ 3.1%（Bhagat 等，1994）。被告在诉讼公布后可能更明显地感受到经济上的影响，其统计的财富会有显著的缩水，涉及政府的被告甚至在股东财富上遭受更大的下降（Bhagat 和 Romano，2002）。

1. 专利诉讼通过投资者心理预期影响公司市场价值

当一个企业被起诉或发起诉讼时，由于新闻发布对投资者心理的影响，他们担心企业未来的运营，并有不确定性的反应，造成股价波动和对企业的严重冲击（Raghu 等，2008）。对中国台湾上市公司的实证研究表明，专利诉讼对股票价格产生了负面影响（Agarwal 等，2009），这是对信息的预先披露所致。投资者可能认为，诉讼会影响公司的正常运行，甚至导致破产，因此他们倾向于对诉讼持消极观。当前的全球工业产出值主要取决于无形资产，专利侵权诉讼已经变得越来越重要，甚至影响到国民经济的发展（Lanjouw 和 Schankerman，2001）。

2. 专利诉讼对不同类型企业市场价值的影响

Bessen 和 Meurer（2007）运用事件分析法从大样本中衡量了专利诉讼的影响，显示出专利诉讼对公司价值的影响取决于企业的特点，如规模大小和公司的财务状况等。Raghu 等（2008）以市场为导向，研究了专利侵权诉讼对 IT 行业原告和被告公司的经济影响。事件分析法被用来评估在诉讼从公告到判决/终止期间，专利诉讼对股票市场回报的影响。研究结果表明，专利侵权诉讼的新闻在股票市场上对被告企业是不利的。

3. 专利诉讼对相关上市公司股票收益率的影响

Yi-Hsien Wang（2010）采用事件研究法，探讨了专利侵权诉讼对 1998 ~ 2008 年在中国台湾上市的公司股价的影响。实证结果表明，专利诉讼对标的股票的价格有负面影响。Nam、Sangjun 等（2012）运用事件分析法研究了专利诉讼对企业财富效应的影响。实证结果表明，占有有利地位的公司起诉竞争对手侵权，其获取了正效应的股票收益率；反之，公司被竞争对手起诉时，则会经历负效应的股票收益率。实证结果支持专利诉讼中的有利地位是解释专利诉讼的财富效应的关键因素之一。Matthew（2013）衡量了专利对公司价值的影响，并确定了在法院判决后影响公司股票市场价值异常变化的因素。Jun-De Lee 等（2013）采用事件分析法讨论了在原告和被告之间的信息价值的变化，以及竞争环境下不同的专利诉讼源带来的信息价值的差异。实证结果表明，专利侵权诉讼可能给投资者或内部股东带来负面效应，该事件可能成为一个套利机会。进一步通过五力模型分析，得出各种来源的诉讼都是坏消息，尽管事后资本市场对其价格会进行一定的反向修正，以使股票价格趋向合理。因此，在中国台湾市场，专利侵权诉讼对于原告和被告而言都是负面新闻。

综上所述，专利权人可以运用专利诉讼获取侵权赔偿维护自己的技术独占性。但在专利诉讼的过程中，诉讼双方面临涉时漫长、成本高昂以及较大的市场不确定性等。这对资本市场上的上市公司而言，会给投资者和股东带来较大的风险不确定性，因此可能引起公司的股价波动。针对专利诉讼对公司股价波动的影响，学者们大多采用了事件分析法进行研究，并进一步探索了影响股价波动显著性的内在要素。

三、数据来源及研究方案设计

（一）数据来源

本文的核心数据包括两部分：第一部分为我国上市公司已发生的专利诉讼的法院判决案例；第二部分为在专利诉讼的事件窗口区间内，相关上市公司和沪深300指数的收益率数据。

其中，第一部分的数据来源于在线的案例检索工具、权威知识产权案例文献以及相关上市公司的年报信息等。①案例检索工具包括法律类咨询网站，如北大法宝、中国法院网，以及巨潮资讯网、中国证监会官网等；②权威知识产权案例文献包括《知识产权年鉴》、《最高人民法院知识产权案件年度报告》；③上市公司的年报信息来自于各上市公司官网。第二部分的数据来源于 Wind 资讯，辅以其他主流金融服务类软件。

(二) 数据清洗原则

1. 关于专利诉讼案例的数据清洗原则

(1) 在利用不同的数据库资源收集专利诉讼案例时,对相同时点同一家上市公司的同一起专利诉讼案例进行去重操作,但若涉及该上市公司的专利诉讼有多起,但两起专利诉讼之间的时间跨度大于一年,本文默认为两起专利诉讼案例。

(2) 要求涉及专利诉讼的上市公司必须为我国境内的上市公司,对于境内的国外上市公司及我国上市公司在国外发生的专利诉讼事件均予以剔除。

(3) 依据事件分析法的无干扰原则,剔除在选定的专利诉讼事件窗口期内(-60日到60日),上市公司存在其他重大内外部环境变化事件的数据。结合证监会对上市公司信息披露的相关要求,这里所指的重大内外部环境变化事件包括:国家或行业组织发布重大政策、上下游产品价格巨大波动、公司存在并购或资产重组事项、公司有对外投资或担保交易、管理层辞职或涉嫌其他法律纠纷等。

2. 关于上市公司股票收益率的数据清洗原则

(1) 本文最终的研究是需要考量专利诉讼与上市公司市场价值的相关性,此处的市场价值以股票总市值作为量化的研究标的,故而选取了股票收益率与专利诉讼事件进行相关性研究,因此需要保证相关的股票收益率在专利诉讼事件窗口期内有明确数据,对于专利诉讼日发生在相关公司上市之日以前的数据应予以剔除。

(2) 因本文选定的专利诉讼事件窗口为专利诉讼判决日的前后60个交易日,故在 [-60, 60] 的事件窗口期内所涉及的上市公司无详细股价信息的数据也应予以剔除,尤其对于在交易日无股价数据或临时停牌的数据要予以剔除。

(三) 研究设计

在本文的定量分析中,主要采用了事件分析法(Event Study Methodology)、统计回归及假设检验来分析专利诉讼对我国上市公司股票收益率的影响。本文定义法院出具专利诉讼案件的判决书当天为事件发生日,即 0 日,选择 [-60, 45] 为估计窗口,结合 CAPM 方程计算正常收益率中的参数,从而得出在 [-20, 20] 和 [-60, 60] 这两个事件窗口中的正常收益率(NR)和超常收益率(AR)。其中,

[-60, 60]为Benchmark分析窗口（基准窗口），[-20, 20]为稳健性检验窗口。最后运用假设检验中的统计量检验AAR（平均超常收益率）及CAAR（累积平均超常收益率）的显著性和可靠性。具体如图1所示。

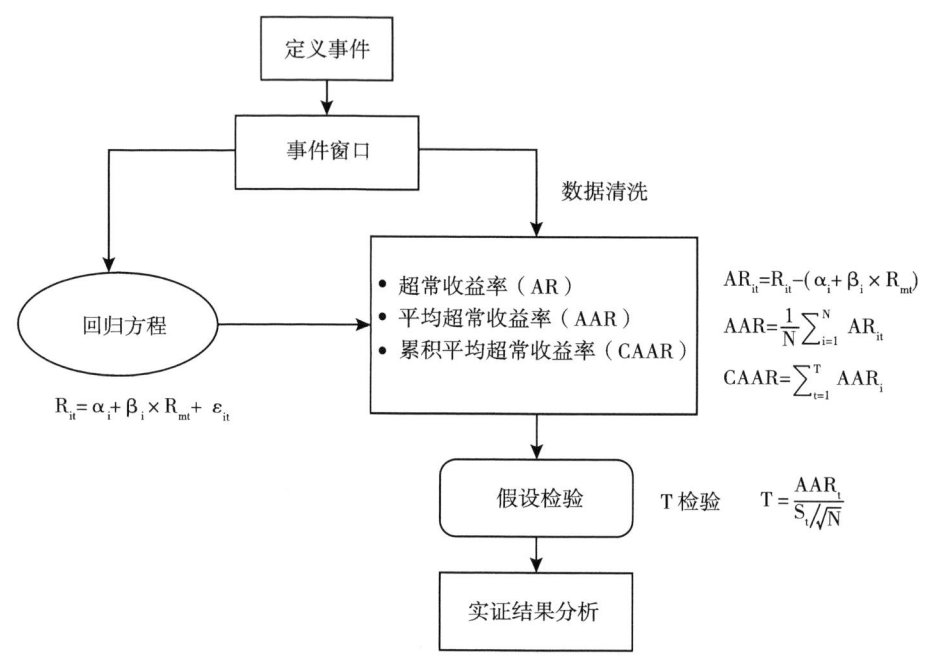

图1 事件分析法的流程设计

四、专利诉讼对我国上市公司市场价值的影响

（一）总体超常收益率分析

（1）在[-44, -1]事件窗口期间，样本上市公司的平均超常收益率在大部分情况下为负，但显著性水平相对较差。累积平均超常收益率在[-44, -1]窗口中一直为负，且整体上数值在逐渐下降，并基本都在5%的显著性水平上呈现显著。在专利诉讼事件发生当日，即0日，平均超常收益率为0.008%，T值也表现为正，说明资本市场上对专利诉讼事件的反应已经趋向平缓，在专利诉讼

判决公告当天的下降趋势收窄，股票收益率在专利诉讼当天的变化并不明显，故对于公司市场价值的影响不大。

（2）在[1, 30]窗口中，平均超常收益率开始有转变为正值的倾向，可见此时股票市场对专利诉讼事件的负面影响已经呈现消失减弱的迹象，股票收益率开始正向上升。在[31, 45]窗口上，平均超常收益率虽然仍保持正值，但大部分情况在5%的显著性水平上不显著，说明此时的股票收益率呈现一定的随机分布趋势，专利诉讼事件的影响在更大的程度上被削弱。

（3）从图2中可进一步看出，在[-44, 45]事件窗口上，累积平均超常收益率持续保持负值，且在5%的显著性水平上表现显著，但在专利诉讼事件发生之后，其数值有向0轴靠拢的迹象，整体呈现出"类V形"先降后升的走势。可见专利诉讼给涉案的上市公司带来的负向效应起初不断放大，上市公司的市场价值下降；但在事件发生日之后，累积超常收益率开始趋向0轴，说明专利诉讼的负向效应渐渐削弱，市场开始重新对公司进行估值，让上市公司的市场价值得到回升。这说明股票市场对专利诉讼的判决/审结有较强的超前反应性。

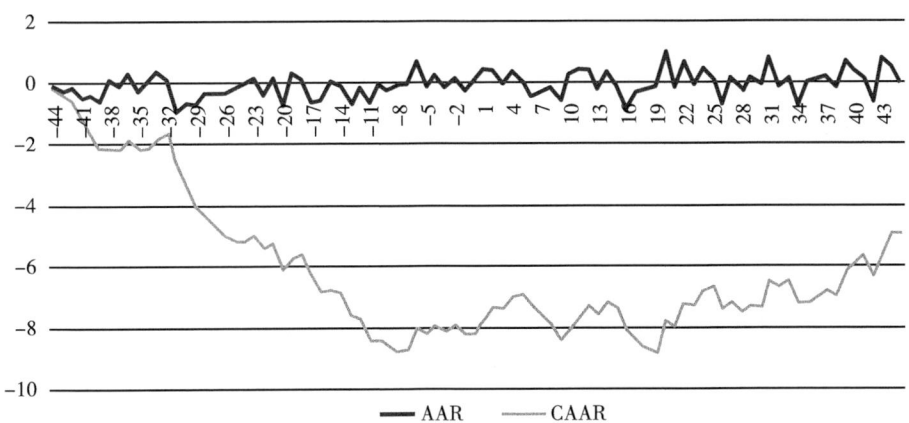

图2　事件发生前后45日的超常收益率分布变化

（二）不同事件窗口期的累积平均超常收益率分析

为了观测在专利诉讼事件发生前后，在不同时间轴区间上的累积平均超常收益率的变化，本部分将[-44, 45]的事件窗口截取为9个子事件窗口，并加入0日的时点窗口，用于研究在不同事件窗口期，全体样本的累积平均超常收益率的变化。

其中，[-44，-30]、[-29，-15]、[-14，0]与[0，14]、[15，29]、[30，44]为关于0日对称的三对事件窗口，而[-5，5]、[-3，3]、[-1，1]为三个区间对称的事件窗口。结果显示：

（1）从表1和图3中可以看出，在专利诉讼事件发生前后，其累积平均超常收益率呈现出了不同的趋势。其在前45日，即在[-44，30]、[-29，-15]、[-14，0]三个子事件窗口期间，累积平均超常收益率总体而言是在逐渐下降，且前两个事件窗口在5%的显著性水平上显著。其中，在[-44，30]、[-29，-15]的累积平均超常收益率达到-3.2%以上，但在[-14，0]上累积平均超常收益率的下降速度开始明显放缓。

（2）在专利诉讼事件发生日之后的45日中（即在[0，14]、[15，29]、[30，44]三个子窗口期间），累积平均超常收益率整体上呈现出逐渐上升的趋势。其在[0，14]和[30，44]窗口期上的累积平均超常收益率为正，并在[30，44]窗口期上达到了2.41%，在[15，29]窗口期上出现小幅下降，但这三个事件窗口的显著性水平不佳。此外，本部分还发现在专利诉讼事件发生日当天及[-5，5]上，累积平均超常收益率显著为正，且在[-3，3]及[-1，1]上的累积平均超常收益率也表现为正效应，但并不显著。

（3）通过对不同事件窗口期的累积平均超常收益率的研究，可确定专利诉讼对股票收益率的影响是随时间而变化的。总体上，专利诉讼事件在其发生日之前45日对股票收益率的影响是呈负面下降的，但在发生日之后45日对股票收益率的影响渐渐是呈正面上升的。且在统计意义，[-44，0]窗口期上的跌幅要大于[0，44]窗口期上的涨幅。这也间接表明市场对专利诉讼事件的反应具有较强的前瞻性，且在事后市场会对前期的负效应做出反向的回补趋平的反应，这说明资本市场对上市公司市场价值的评估是随时间趋于合理的。

表1 不同事件窗口期的累积平均超常收益率

事件窗口	CAAR	T值
[-44，-30]	-3.280	-1.914*
[-29，-15]	-3.486	-2.198**
[-14，0]	-1.420	-0.845
[-5，5]	1.167	0.920
[-3，3]	0.588	0.563

续表

事件窗口	CAAR	T值
[-1, 1]	0.192	0.287
0	0.008	-0.022
[0, 14]	0.982	0.603
[15, 29]	-0.132	-0.064
[30, 44]	2.409	1.556

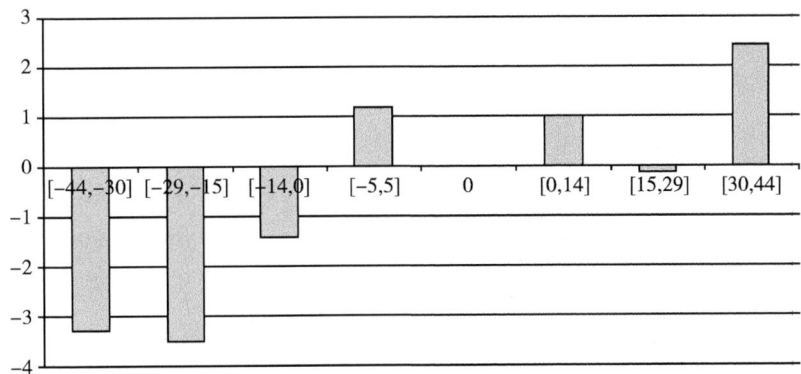

图3 不同事件窗口期的CAAR

五、结论与建议

知识经济时代下,专利凭借法律赋予的技术独占权已成为技术型企业的核心竞争力。随着专利授权数的迅速增加,专利诉讼的数量也随之显著增加。这会给专利权人带来实质性的利益损害,如高昂的诉讼费用和时间成本等。而对于信息披露较为公开和及时的上市公司而言,专利诉讼很可能对其股票收益率造成波动。

我国上市公司的整体技术实力偏弱,各类市场信息的披露制度也不够健全,由此造成专利诉讼事件的发生极有可能影响公司的股票收益率,进而影响到上市公司的市场价值和发展前景。本文以专利诉讼判决日为0日,采用了事件分析法、T检验、统计分析法,研究专利诉讼对我国上市公司市场价值的影响,得出了如下结论：

（1）对总体全样本数据处理的实证结果表明，专利侵权诉讼对我国上市公司的累积平均超常收益率具有负面效应，进而造成该上市公司市场价值的下降。一方面，平均超常收益率在 [-44，-1] 事件窗口期间内有 30 日为负值，而在 [1，44] 事件窗口期间内仅有 19 日为负值，这说明资本市场对专利诉讼事件有较强的超前反应。另一方面，累积平均超常收益率在专利诉讼事件发生日附近出现拐点，呈现出"类 V 形"的先降后升的走势，这是因为平均超常收益率由专利诉讼事件发生前的负向趋势转变为正向趋势，说明资本市场在事件发生之后会对公司的市场价值进行反向修正，以使对市场价值的评估趋向合理化。

（2）对总体数据在不同事件窗口期间的研究分析表明，专利诉讼对我国上市公司市场价值的影响是呈现阶段性变化的，在 [-44，30] 和 [-29，-15] 事件窗口上累积平均超常收益率显著为负，而在 [30，44] 事件窗口上累积平均超常收益率显著为正，这进一步验证了资本市场对于专利诉讼事件的反应确实具有较强的前瞻性。另外，公司的市场价值在专利诉讼事件发生之前的下降会在专利诉讼事件发生之后得到一定程度的上升恢复。

基于上述研究结论，本文对于我国上市公司在专利战略管理上提出的建议是：我国上市公司整体的专利管理水平有限，对此我国的上市公司应积极设立专业的专利管理部门从事专利保护和管理工作，一方面保证竞争者搭不上"便车"，另一方面降低自身专利遭受无效诉讼的风险。同时仍需在根源上提高自身的技术创新能力，保障技术的竞争优势和产品的经济效益兼得，规避专利诉讼带给公司市场价值的负效应风险。

参考文献

[1] David P. A., Foray D. An Introduction to the Economy of the Knowledge Society [J]. International Social Science Journal, 2002 (54).

[2] Shinn T. The Triple Helix and New Production of Knowledge: Prepackaged Thinking in Science and Technology [J]. Social Studies of Science, 2002 (32).

[3] Godin B. The New Economy: What the Concept Owes to the OECD [J]. Research Policy, 2004 (33).

[4] Velmurugan M. S. Revisiting Accounting in the Knowledge-Based Economy [J]. Journal of the Knowledge Economy, 2010 (1).

[5] Dos Santos B. L., Peffers K., Mauer D. C. The Impact of Information Technology Investment Announcements on the Market Value of the Firm [J]. Inf. Syst. Res., 1993 (4).

[6] Chakrabarti A. K., Dror I., Eakabuse N. Interorganizational Transfer of Knowledge: Analysis of Patent Citations of a Defense Firm [J]. IEEE Trans. Eng. Manage., 1993 (40).

[7] Porter M. Competitive Strategy [J]. New York: Free Press, 1980.

[8] Muoghalu M. I., Robinson H. D., Glascock J. L. Hazardous Waste Law Suits, Stockholder Returns and Deterrence [J]. South. Econ. J., 1990 (57).

[9] Griliches Z., Pakes A., Hall B. H. R&D: Patent and Markets Value Revisited: Is There a Second (Technological Opportunity) Factor? [J]. Econ. Innov. New Technol., 1991 (1).

[10] Cohen W. M., Nelson R. R. & Walsh J. P. Patenting Their Intellectual Assets: Appropriability Conditions and Why US Manufacturing Firms Patent (or not) [R]. NBER Working Paper, 2000.

[11] Earl M. Knowledge Management Strategies: Toward a Taxonomy [J]. Journal of Management Information Systems, 2001 (18).

[12] Banks D. W., Kinney W. R. Loss Contingency Reports and Stock Prices: An Empirical Study [J]. Journal of Accounting Research, 1982 (20).

[13] Bhagat S., Brickley J. A., Coles J. L. The Costs of Inefficient Bargaining and Financial Distress: Evidence from Corporate Law Suits [J]. Financ. Econ., 1994 (35).

[14] Bhagat S., Romano R. Event Studies and the Law: Part I: Technique and Corporate Litigation [J]. Am. Law Econ. Rev., 2002 (4).

[15] Raghu T. S., Raghav H. Market Reaction to Patent Infringement Litigations in the Information Technology Industry [J]. Inf. Syst. Front., 2008 (10).

[16] Agarwal R., Ganco M., Ziedonis R. H. Reputations for Toughness in Patent Enforcement: Implications for Knowledge Spillovers via Inventor Mobility [J]. Strategic Management Journal, 2009 (30).

[17] Lanjouw J. O., Schankerman M. Characteristics of Patent Litigation: A Window on Competition [J]. RAND Journal of Economics, 2001 (32).

[18] Bessen J. and M. J. Meurer. The Private Costs of Patent Litigation [D]. Boston University School of Law Working Paper, 2007.

[19] Arrow K. J. Economic Welfare and the Allocation of Resources for Invention, In: R. R. Nelsoned [J]. The Rate and Direction of Inventive Activity, Princeton University Press, 1962.

[20] Gallini N. T., Wright B. D. Technology Transfer under Asymmetric Information [J]. Rand Journal of Economics, 1990 (21).

[21] Bousquet A., Cremer H., Ivaldi M. and Wolkowicz M. Risk Sharing in Licensing [J]. International Journal of industrial Organization, 1998 (16).

[22] Sen D. Monopoly Profit in a Cournot Oligopoly [J]. Economics Bulletin, 2004 (4).

[23] 王玲, 朱占红. 基于事件分析法的国家创新政策对高新技术产业的影响分析 [J]. 科学学与科学技术管理, 2011, 32 (9).

[24] 李攀艺. 基于非对称信息的专利许可机制研究 [D]. 重庆大学博士学位论文, 2007.

[25] Changying Li. Licensing to a Durable-Good Monopoly [J]. Economic Modelling, 2008 (28).

[26] J. C. Dolly. Characteristics and Procedure of Common Stock Split-Ups [D]. Harvard Business Review, 1933, 11 (3).

[27] V. Niederhoffer. The Analysis of World Event and Stock Price [J]. The Journal of Business, 1971, 44 (2).

[28] 知识产权出版社有限责任公司. 中国专利侵权诉讼数据解读 [M]. 北京: 知识产权出版社, 2013.

[29] Cockburn B. I., Griliches B. Industry Effects and Appropriability Measures in the Stock Market's Valuation of R and D and Patents [J]. AEA Papers and Proceedings, 1987 (78).

[30] T. S. Raghu, Wonseok Woo, S. B. Mohan, H. Raghav Rao. Market Reaction to Patent Infringement Litigations in the Information Technology Industry [J]. InfSyst Front, 2008 (10).

[31] Yi-Hsien Wang, Kuang-Hsun Shih and Ya-Hui Chuang. Market Behavior of Patent Infringement Litigations [J]. African Journal of Business Management, 2010 (4).

[32] Nam Sangjun, Nam Changi. The Impact of Patent Litigation on Shareholder Value in the IT Industry [EB/OL]. http://hdl.handle.net/10419/72514.

[33] Matthew D. Henry. The Market Effects of Patent Litigation [J]. Technology and Investment, 2013 (4).

[34] Jun-De Lee, Yi-Hsien Wang, Ching-Wen Lin. Information Value of Patent Litigation and Industry Competition in Taiwan [J]. Technological and Economic Development of Economy, 2013 (19).

[35] Gupeng Zhang, Xiaofeng L. V., Jianghua Zhou. Private Valueof Patent Right and Patent Infringement: An Empirical Study Based on Patent Renewal Data of China [J]. China Economic Review, 2014 (28).

[36] 陈胜可. SPSS统计分析从入门到精通 (第二版) [M]. 北京: 清华大学出版社, 2011.

Research on the Impact of Patent Litigation on Chinese Listed Companies' Market Value

Cao Yang Wang Ling

【Abstract】 In the era of knowledge economy, patent plays a very important role in the planning development strategies of technical enterprises. Patent litigation is used to deterrent the behavior of patent infringement or patent abuse. For Chinese listed companies in capital market, their market value is influenced by all kinds of news, which may affect interests of investors, and the long-term development of enterprises. This paper studies the impact of patent litigation on Chinese listed companies' market value with the method of event study methodology. The zero point of the event is the day, which the patent litigation had been judged. Through the analysis on the overall sample data, the impact of patent litigation on Chinese listed companies is negative. In the statistical results, there is inflection point of the average abnormal returns, while in the event window, it is revealed that there is V type trend in the cumulative average abnormal returns.

【Key Words】 Patent Litigation; Listed Company; Market Value; Event Study Methodology

法商管理与企业稳健发展

闫丽婷[①]

【摘要】 在世界经济全球化的发展趋势下,我国企业在经营管理过程中受到了来自不同方面的法律问题的困扰,本文主要探讨如何运用法商管理智慧来解决企业法律问题,以此来促进企业稳健发展。首先,本文对法商管理概念的提出进行了现实性分析;其次,本文从不同角度分析了企业在其经营管理过程中产生众多法律问题的多重原因;最后,从法商结合的角度,有针对性地对不同原因提出了主要措施,从而有效地促进企业稳健发展。

【关键词】 法商管理;企业;发展;措施

一、法商管理概述

(一) 法商管理概念

"法商管理"的核心是将法律制度运用到优化现代企业法人治理结构的过程中,以提高企业的依法合规经营能力,主要就是在企业经商和社会法治的价值观及其方法论的相互作用下,合理实现企业经营目标的管理过程。简而言之,就是

[①] 中国政法大学研究生院 2015 级商学院硕士,研究领域:政治经济学,Email:yanliting1992@126.com。

将法律与企业经营管理相结合，用法律智慧有效地解决企业经营管理中所遇到的各种法律问题，为企业提供一层有效的法律保护屏障，让法律知识的应用为众多中国企业的稳健发展保驾护航，减少因法律问题而对企业造成的各种冲击，用法商管理智慧提高企业经营管理能力，从而最终实现企业经营目标。

从根本上理解法商管理的概念，要先对"法商管理"进行概念分解，分解之后再进行概念的融合。首先，必须从"管理"入手，管理是一种社会职能和生活技能，是一种方式，其含义在于具体实施落实。所谓管理，最通俗的说法就是管人管事儿，有人群的地方就有管理，管理无处不在。企业经营更是需要良好的管理。管理不是一种特权，也不是企业经理或企业领导人的个人责任，它是一种分配于领导人和整个组织成员之间的职能。不管是作为管理者还是被管理者，都需要了解和掌握基础的管理学知识，并切实应用于企业运营中。因此，不管是领导层级还是普通职员，都应该有管理意识。其次，法商管理中的"法"，主要是指法的意识、法的精神、法的理念、法律制度等一系列与法不可分的概念，在这里主要是指和企业经营管理等一系列商业活动相关的法律知识的集合，也可以说是在整个法律体系中，与企业经营管理密切相关的部分法律体系，作为法商管理过程中的应用工具。最后，"法商管理"概念中的"商"，通俗地讲就是与企业经营管理相关的各种活动，作为法商管理的管理对象。

将"法商管理"分解为三个分概念后，再将三个概念进行整合，从而更准确深刻地了解法商管理的概念："法商管理"就是以法律知识为管理工具，以企业经营活动为管理对象，用法商结合的方式对其进行管理，不能简单地将法与商融合，需要划分不同的情况，根据实际的商业活动，运用合理的法律知识解决法律问题，从而实现企业经营管理目标。

（二）法商管理概念的提出

21世纪，随着国家法制化建设的发展，市场经济法制化体系不断完善，管理学面临着巨大挑战，现实情况更加强烈地要求将管理学与法学在理论和技术层面相结合，从而在极大程度上催生了中国"法商管理"概念的提出。事实上，法商管理是伴随着企业的出现而出现的。在世界经济全球化的发展趋势下，企业经营活动面临更严峻的挑战，来自各方面的法律问题的冲击严重阻碍了企业的稳健发展。这一现实状况表明，企业已经不能脱离法律而单纯依靠商业管理模式生存，迫切需要建立法商管理理论。

面临 21 世纪的新挑战，在中国政法大学孙选中教授的带领下，一批吃苦耐劳、踏实肯干的优秀管理学者经过 14 年的默默付出和辛勤探索，终于在 2010 年 11 月正式提出了"法商管理"的概念，这也标志着法商管理学派的成立。在此之前，有关学者提出的并不是法商管理，而是法商结合，这仅仅道出了法商结合的思维方式，而并没有具体落实到企业经营活动中。孙选中教授认为，法商管理应该具体落实到商与法的方法论和价值观上，并针对企业经营管理的不同法律问题提出具体的解决方案，从而在法商结合的思维方式上提出了法商管理的管理方式，正式确立了法商管理概念。

二、法商管理的现实性分析

（一）中国企业面临来自经济发展的严峻挑战

正如孙选中教授所言，我们已经进入了法商管理时代。中国经济发展面临着从计划经济向市场经济转变，管理从经验向实践转变，经济活动区域从本土向全球转变，经济活动从整合资源向整合制度转变。随着中国经济发展和国家影响力的不断壮大，中国企业正面临着前所未有的挑战，企业经营管理的过程中需要从法与商结合的角度提升企业管理水平，如何运用法与商巧妙结合的方式来解决企业所面临的各种法律问题已经成为企业亟须思考的问题。中国企业在顺应全球化经济发展趋势的过程中，常常陷入法律问题的旋涡，经过大量思考，我们得出一个结论，即这些法律问题的产生往往与企业本身所具有的经营能力无关，而是由于中国企业在经营中常常忽视法律的作用，这些企业法律意识淡薄，不懂得用法律来防范企业的各种风险和维护企业权益。无疑具备法商管理思维和理念是中国企业参与市场竞争的必要条件和现实需求。众多专家强烈呼吁，必须改变传统的经营管理方式，从传统的商业管理模式转变为与法律相结合的法商管理模式。

（二）各种法律案件严重影响企业发展

在世界经济全球化的发展趋势下，基本上每个企业都非常重视自己的品牌形象。在当今快速发展的经济背景下，中国企业频频陷入各种法律案件中，中国企业一旦涉及法律纠纷，不管最终结果谁对谁错，都将对企业产生严重的不良影响，进而影响公司声誉，阻碍公司发展。例如，汉都公司与TCL集团公司侵犯商标权纠纷案中，TCL集团公司在销售推广TCL王牌彩电活动中使用"千禧龙"文字是否构成对汉都公司商标权的侵权。此外，随着王老吉品牌纠纷、三鹿奶粉事件等一系列法律案件的出现，更多的企业开始更加注重法律在企业经营管理中的作用，这一现实情况要求企业亟须建立法商管理体系。

(三) 企业内外管理需要良好的法律制度作保障

一方面，企业对外管理需要法律提供良好的公司外交环境，如果企业组织专业法商管理团队为自身量身定做了法商管理应急方案或体系，那么，企业无疑在外交方面获得了一定的法律保障，在一定程度上减少了企业在经营管理中的风险担忧，有助于企业与其他企业进行业务交流，并占有一定优势；另一方面，企业对内管理需要法律为员工的合法权益提供必要的保障，如果在企业经营管理过程中职工权益受到侵犯，将直接影响员工的工作效率和对企业的忠诚度，间接导致企业经济效益降低，影响公司发展。因此，企业必须用"法"对员工进行管理，切实保障员工的合法权益。

(四) 从大环境来看，提出了依法治国的基本方略

党的十八届四中全会提出了依法治国的重大战略任务，依法治国是党领导人民治理国家的基本方略。十八届四中全会为全面推进依法治国制定了清晰的路线图，紧紧围绕建设中国特色社会主义法治体系、建设社会主义法治国家的总目标，做出了系统规划和全面部署，开启了法治中国建设的新篇章。毋庸置疑，法在国家和社会中扮演着不可替代的角色，起着越来越重要的作用。通过将"法"与"商"巧妙地结合在一起，从而在企业管理活动中以另一种独特的方式响应依法治国基本方略，有利于带动法律知识切实深入到各个领域，减少法律盲区。

(五) 法商管理有利于提升企业竞争实力

一方面，法商管理可以培养更多有头脑、懂法律的优秀企业家。从法商结合的角度来看，培养优秀的法商管理人才，培养有思想、有法律、有素质、有头脑的优秀企业家，将成为企业发展的一大动力，有助于提高企业的竞争能力。另一方面，从解决企业内外管理问题的角度来看，法商管理也起到了不可替代的作

用。大多数企业运用法商结合的管理方式来规避和把控风险，解决内外管理中的法律问题。

三、企业经营管理中出现法律问题的主要原因

（一）企业对相关的法律法规不了解

企业家容易陷入法律问题的主要原因是对相关法律法规不了解，或者说企业家对相关法律法规存在很多误区。很多企业家往往片面地认为只要自己合理经营就不会产生法律问题，其实这些企业家在经营管理中存在很多法律误区，稍有疏忽，他们将不幸踏入法律雷区，对企业经营发展产生严重阻碍。

主要误区之一：自己可以随意支取公司收入。对于当今时代的众多企业而言，特别是家族企业，企业老板往往认为企业的收入就是自己的收入，自己完全可以随意支配。特别是对上市公司而言，如果企业家不按照相关法律规定的程序支配企业财务收入，不严格按照法律制度经营公司，严格按照制度对信息进行披露，则很有可能因涉嫌挪用公司资金而被起诉。

主要误区之二：以公司内部规定为准经营公司，忽视了法律的作用。有些缺乏法律知识的企业家往往认为各种法律法规比较烦琐复杂，可能会阻碍企业经营管理。此时，企业家们常常会建立公司内部管理制度，根据公司内部管理制度经营公司，自以为在一定程度上脱离了法律法规的束缚。然而，一旦公司陷入法律纠纷，内部规定是完全无效的，只能按法律规定执行。

主要误区之三：忽视企业潜在的法律风险。我国企业在经营过程中可能会发现确实存在某些法律问题，但是却置之不理，忽略了所存在的法律风险。例如，互联网时代的各种抄袭案件、侵犯著作权等问题。如果被诉讼，企业将面临严重处罚。

（二）从内部管理来看，职工合法权益未得到切实保障

在企业经营管理中，为了节约雇佣成本，企业往往违背《劳动法》的相关规定，从不同方面对职工合法权益造成侵犯，从而引起职工不满，严重的情况将导致员工集体对企业提起诉讼。一方面，企业未按照法律规定与职工签订劳动合

同。这使得职工毫无安全感,从形式上来看,员工可以说是兼职者,随时有被解雇的可能,这种解雇不同于正式员工的解雇,可以毫无理由地将其开除。或者会无故拖欠工资,最常见的例子是工地拖欠农民工工资事件。而职工却因为缺乏劳动合同的证据而无法利用法律维护自身的合法权益,职工合法权益不能得到切实保障。另一方面,要求职工长时间频繁加班而导致其身体不适或猝死。我国《劳动法》对上班时间有明确规定,国家实行劳动者每日工作时间不超过八小时、平均每周工作时间不超过四十小时的工时制度。规定了全日制劳动者一天工作时间为八小时,超过八小时计算加班时间,对加班费用也要求按规定支付。但是在现实生活中,企业在有限时间内追求更大化的利益,往往会安排职工长时间频繁加班,最终导致职工身体不适,严重者将导致猝死。这必将使企业陷入法律问题中,不仅对企业的声誉造成不良影响,还会影响企业的稳健发展,甚至会导致企业一蹶不振。

(三) 众多企业缺乏法律体系支撑,应对问题的能力不足

孙选中教授认为,就企业来说,目前我们面临的最大问题是公司治理问题。很多企业在经营上出现的问题,不是因为公司的组织管理能力差,而是因为公司的治理能力不足。在经济利益面前,众多企业都只是单纯地着眼于现实可见的经济利益,几乎将所有的工作重点都放在了与企业利益直接相关的经营管理活动上,而忽略了企业法律体系的建立,缺乏利用法律风险防范机制来防范和规避各种风险的意识,更缺乏利用法律体系解决各种法律问题的行动。正是因为企业没有这样的思想和意识,所以企业并没有用实际行动去组织专业团队建立完善的法律体系,而只是单纯地走形式。然而一旦法律问题发生,企业将手足无措,后悔莫及。中国的企业集团虽已取得长足发展,但应看到其管理总体上还不够规范,缺乏完善的法商管理体系,只是遵循传统的商业管理模式,忽视了法律在企业经营中的正激励作用。具体来看,主要存在以下问题:其一,母子企业之间产权关系不明确;其二,内部法律治理体系不完善,对内部管理没有一套切实可行的标准;其三,缺乏外部法律管理机制来为企业创建良好的外部发展环境。一旦企业陷入与外部企业产生的法律问题中,由于企业没有足够的法律问题应对能力,很可能造成企业必要证据的丢失,企业经营管理将受到极大挑战,很可能对企业发展形成致命一击,严重时将造成企业倒闭。

四、从法商结合的角度出发，提出企业法律问题的主要解决措施

（一）定期举行企业法律法规知识交流会

企业可以定期举行法律知识交流会，通过对员工有计划、有针对性的教育，使其能够转变传统观念，提高素质，增强法律意识。"今天的中国企业家也必须跟法律结合，才能实现快速发展。"中国政法大学研究生院常务副院长李曙光在法商管理新财富论坛上指出，中国企业家需要补上法商管理这一块。职工作为另一层级的管理者和执行者，更需要懂得法律在工作中的重要性，与领导者共同关注企业法律体系的完善，减少因领导者的疏忽而造成的企业困境。强化职工法律素质，应采取多元化形式对企业内部职工进行《劳动法》、《工会法》等法律法规的培训，全面提高企业员工的法律意识，并使其将所学内容应用到企业经营中。管理不是领导者一个人的事情，需要整个团队共同增强依法维护自身利益的自觉性。另外，要把法制教育宣传贯穿到日常工作中去，促使企业守法经营。

（二）企业应严格遵守职工相关法律法规

为了避免公司内部法律纠纷案件的发生，企业更应该专注于内部"练功"，用"法"抓好管理，以法商结合的思维范式进行内部管理控制，把全员质量管理落到实处。应严格按照《劳动法》等与职工合法权益相关的法律法规进行管理，将法律切实与内部职工权益管理相结合，使职工认识到自己在为一个公正守法的企业工作，同时增加职工对企业的忠诚度，激发职工的潜能，提高职工工作效率。只有这样，才能使管理和目标达到完美的结合，实现企业效益最大化，才能够保障职工的合法权益，保证职工对企业的最高忠诚度。有效的内部管理必将为企业提供一个良好的发展环境，有利于企业实现最终经营目标，获得"商"的更大效益。

（三）建立完善的法商管理体系

从某个角度来说，要建立完善的法商管理体系，企业必须先要组织一批优秀的专业法商管理人才作为企业法商管理体系的中坚力量。巧妇难为无米之炊，没有专业员工是不可能建立起有效完善的法商管理体系的。那么，问题出现了，这些既明"法"又懂"商"的优秀人才去哪里找呢？孙选中教授认为，法商管理以培养具有法商智慧的新时代管理者为目标，旨在培养"讲政治、懂法律、有思想、善经营"的企业管理人才。这就需要政府倡导各大高校建立法商管理专业，致力于培养既有法律意识，又有管理头脑的学生。法商结合的时代已经到来，法商结合人才培养也势在必行，但这必须依托"教师团队的法商结合"。为适应企业发展需要，中国政法大学商学院依托学校丰富的法学资源，开展了法商管理复合型创新人才培养的探索。

除了政府和高校的大力倡导外，建立完善的法商管理体系还必须从内外管理两方面入手。一方面，从外部管理来看，企业必须建立对外法律风险防控体系；另一方面，从内部职工管理来看，企业必须遵守《劳动法》的相关规定，切实保障员工利益，积极推行公开民主管理工作，维护职工民主权利。从管理学角度来看，企业还应建立员工激励机制，实行奖惩制度，并适当为员工提供相应的福利。此外，还需建立与企业发展相适应的法商管理模式，提高企业竞争力。具体而言，第一，基于企业自身发展规划，建立阶段性的法商管理模式。一个有自身完整发展规划的企业在制定经营管理制度时，应全面考虑企业在不同阶段的管理特征，根据企业自身发展阶段的不同，有针对性地制定阶段性法商管理模式，绝对不能用一种法商管理模式覆盖企业经营的全过程。第二，针对不同企业领域，根据企业领域自身特点，有针对性地建立与其相匹配的法商管理模式，将法律制度建设和企业发展建设相结合，并分类匹配。第三，针对内外部法律问题，建立分类的法商管理模式。企业法商管理团队应对内外管理中可能遇到的各种法律问题进行组织分类，建立法律解决体系，尽可能全面地考虑各种问题，因为越全面地考虑问题，整个团队付出越多，企业的应对能力就越强。

五、结　语

法商管理对企业经营管理起到了正激励作用，必然会在一定程度上提升企业的经营管理能力和现实竞争力。法律不只是法律顾问的事，它和企业中的每个职工都息息相关。对内的职工管理需要法律，对外的企业间管理同样需要法律。一个企业的优秀管理人才必须要意识到法商管理的时代已经到来，这就要求企业管理者不仅要有独特的经营管理头脑，还要有一个具有法律思维方式的头脑，不仅要有创新经营的能力，还要有法律意识。企业要想在世界经济全球化的发展趋势下处于优势地位，必须致力于完善自己的法商管理体系，不断探索法商管理体系与企业的关系，依靠法商管理体系更好更快地实现企业的经营管理目标。法律法规的支持为企业经营管理提供了法理依据，各种法律法规是企业处理内外管理中出现的法律问题必不可少的武器，法律法规推动我国众多企业建立健全企业法制体系，法商管理为做大做强现代企业提供了重要的制度保障。因此，我们应清楚地认识到企业经营中法律问题产生的原因，并从法商结合的角度对解决措施不断进行探索，不断追求多元化和深入化的法商管理方法，让法商管理为企业提供更多保障，成为企业的一大帮手，帮助企业实现最终的经营管理目标。

参考文献

[1] 孙选中. 法商管理的兴起 [M]. 北京：经济管理出版社，2013.

[2] 柴小青. 法商管理思想集萃 [M]. 北京：经济管理出版社，2013.

[3] 田泽永，石红. 管理学——原理与技能 [M]. 上海：立信会计出版社，2012.

[4] 王鸥. 法商结合对促进我国金融企业发展的思考 [J]. 中国经贸导刊，2013（11）.

[5] 赵涛，常桦，刘辉. 不懂法律就当不好经理 [M]. 北京：北京工业大学出版社，2008.

[6] 蔡亮. 中国民企深陷法律雷区 [J]. 决策与信息（财经观察），2006（11）.

[7] 于鹏，梁东新. 劳动合同法背景下中小企业职工合法权益保护问题研究 [J]. 法治与社会，2009（1）.

[8] 柴小青. 论法商管理理论创建的逻辑基础、现实需求与研究领域拓展 [J]. 商业经济研究，2015（15）.

[9]蔺彩霞. 浅谈如何处理好企业发展与维护职工合法权益的关系 [J]. 科技创新与应用, 2012 (28).

Law and Business Management and Steady Development of Enterprise

Yan Liting

【Abstract】Under the development trend of economic globalization, Chinese enterprises have been plagued by legal problems from different aspects of the management process, this paper discusses how to use the law and business management wisdom to solve legal problems, in order to promote enterprises to keep developing healthily. First of all, this paper puts forward the practical analysis of the concept of local management. Secondly, from different respects, this paper analyses the multiple reasons for enterprise' law preblems in the management of companise. Finally, from the prospect of law and business management, it is aimed at putting forward main measures based on different reasons, so as to effectively promote enterprise to keep a state of healthy development.

【Key Words】Law and Business Management; Enterprise; Development; Measure

强化顶层设计
转变"突破法治式"改革模式

孙志杰[①]

【摘要】 改革开放以来,中国采取的是渐进改革。从改革与法治的关系看,法治滞后于改革,先试点试验,再通过立法予以确认,形成了"突破法治式"改革模式。"改革时常突破法治"成为常态化,既有损法律权威,不利于推进依法治国、依法行政,也会影响改革目标的完成,损害改革事业。要逐步将改革部署、改革落实都纳入法治框架。一方面,做好立法和改革决策的衔接;另一方面,通过依法行政,处理好政府和市场的关系。

【关键词】 渐进改革模式;依法治国;依法执政

一、引 言

党的十八届三中全会以来,全国上下掀起了新一轮改革热潮,改革力度之大、影响范围之广前所未有,为实现"两个一百年"奋斗目标、实现中华民族伟大复兴的中国梦注入了无穷动力。党的十八届四中全会又进一步提出"全面依法治国"战略,要求我们深刻认识改革和法治的关系,运用法治思维和法治

[①] 江西行政学院经济发展战略研究所,主要研究领域:中国经济增长与产业升级,邮件信箱:江西省南昌市八一大道212号(330003)、Email: suneconomics@163.com。

方式有序推进改革，通过强化顶层设计，转变"突破法治式"改革模式，真正做到在经济改革中"坚守法治"，让法治约束改革、保障改革。

二、"改革时常突破法治"的难题与认识

改革开放以来，中国经济社会发展取得了巨大成就。由于从计划经济转轨到市场经济，更由于中国作为最大的发展中国家，市场经济体制机制不完善的问题成为制约经济建设的关键。为了释放经济活力，党和国家通过农村经营体制改革、国企经营体制和国有资产管理体制改革、财政金融体制改革、对外开放体制改革等不断改变生产力和生产关系不协调的状况。通过"摸着石头过河"，先试点、后推广，在改革中总结完善，处理好改革、发展、稳定的关系。中国特色的渐进改革模式的形成，一方面源于关于改革的理论突破和认识深化是在不断探索中深入的，如国企改革就经历了"放权让利"到"承包制"再到"建立现代企业制度"的改革历程；另一方面源于改革的复杂性和艰巨性，作为一个结构不平衡的发展中大国，东欧国家的全面、一步到位的改革方案不可能在中国出现，选择"先易后难"、先外围突破再攻坚克难的改革顺序也被历史证明是最可行、最符合中国实际的改革道路。改革既包括宏观调控层面，又延伸到微观经济行为（中国社科院经济体制改革30年研究课题组，2008）。改革任务不可谓不繁重，改革成就不可谓不显著，改革历程不可谓不壮阔。

为了加快改革，改革中的政策措施具有临时性、不断修订、以政府条例为主要载体等特征。在许多情况下，法治滞后于改革，先试点试验，再通过立法予以确认，形成了"突破法治式"改革模式。这种"改革实践在前，立法跟随在后"的改革模式，在一些党政部门和领导干部头脑中似乎形成了惯性思维，导致了"改革就是要突破现有法律"的错误认识，甚至打着改革的旗号绕开法律、突破法治，"以权压法，以权乱法"。

三、"突破法治式"改革模式不利于改革有序推进

"改革时常突破法治"成为常态化,既有损法律权威,不利于推进依法治国、依法行政,也会影响改革目标的完成,损害改革事业。

"突破法治式"改革不利于凝聚共识,导致改革动力不足。推进改革既是制度框架变革,又是利益格局调整。一些党政部门和基层组织在落实党中央的改革精神和部署时,不管有没有法律依据,不考虑是否获得法律授权,习惯于推出一系列实施意见、行政条文。改革初衷是好的,但由于跳过了"改革措施上升到法律、改革行动得到法律支撑"的环节,结果群众不理解、不支持、不满意,损害了改革的严肃性和执政的公信力。

"突破法治式"改革难以持续推进,导致改革反复和倒退。1992年党的十四大确立了"社会主义市场经济体制"的目标模式,经过20多年的改革,经济体制改革目标已初步完成,但市场秩序不规范、若干领域改革滞后、市场规则不统一、市场竞争不充分等问题仍比较突出,制约了完善的社会主义市场经济体制的形成。一些临时性改革举措仅仅着眼于当下问题的解决,对于完善经济体制却可能有害无益。许多改革领域取得重大突破后,面对新问题、新情况、新矛盾,改革行动会出现倒退。对于改革过程中出现的"放乱收死"循环现象,韩朝华(2008)认为,"根源在于伴随社会利益结构多元化,社会治理体系改革没有跟上。这就启示我们,经济体制改革要打破'收权—放权—收权—放权'的循环,要以此次全面深化改革为契机,真正变'放权'为'还权',赋予经济主体真正的不可动摇的自主决策地位。"归根结底,都源于缺乏法治化改革思维,忽视了法治对改革的约束和支撑作用。

"突破法治式"改革损害了社会公平正义,不利于处理好改革、发展、稳定的关系。当前,发展仍是解决我国所有问题的关键,改革为了发展,发展离不开稳定。为了释放市场活力,解放被旧体制束缚的生产力,我国的经济改革特别强调增进市场效率,追求经济总量的提升和较高的经济增速。这对增强综合国力和提升人民群众生活水平发挥了积极作用,但也导致了发展的不平衡、不协调、不可持续。例如,公共服务没有跟上,收入分配差距扩大,关系群众切身利益的教

育、医疗、食品安全、环境保护等民生问题没有得到很好解决。结果是社会公平正义难以落实。

四、坚守法治，让改革与法治和谐互促

习近平总书记在中央全面深化改革领导小组第六次会议上强调，要运用法治思维和法治方式推进改革。这要求我们将改革部署、改革落实都纳入法治框架，用法治保障改革有效推进，以深化改革精神推进依法治国建设。

（1）做好立法和改革决策的衔接。当前我国改革进入攻坚期和深水区，党的十八届三中全会关于全面深化改革的决定对于"改什么、怎么改"做出了明确部署。各地政府在落实全面深化改革时，必须按照中共中央关于全面推进依法治国的要求，根据改革需要尽早提出立法需求和立法建议。在推进重点领域突破和若干环节先行先试时，应得到法定程序授权。即使一些法律法规不适应改革要求，需要修改或废止的，也要在法律部门完成修订后再推进。要发挥法治对改革的约束作用，但不允许以"法未改则不改"为借口拖宕改革。要兼顾深化改革和依法治国两个方面，发挥立法部门服务改革和政府部门推进改革两个积极性，让改革持续深化。在建设中国（上海）自贸区时，由全国人大常委会授权国务院在上海自贸区内按国家规定实施对外商投资的特别管理措施，可以说开创了"制度创新，法律先行"的范例，值得我们在贯彻党的十八届四中全会精神时认真学习。

（2）做好依法行政，处理好政府和市场的关系。使市场在资源配置中起决定性的作用，完善现代市场体系，离不开统一的市场规则的构建和执行。有了明确的规则，市场主体才知晓在哪些领域"法无禁止皆可为"。而更好地发挥政府作用，切实转变政府职能，要求真正做到"法定职责必须为，法无授权不可为"。新一届政府通过大力推进简政放权、放管结合的改革，特别是发布政府权力清单，迈出了全面深化改革的关键一步，为新常态下经济增长提供了新的内生动力。下一步应当按照全面深化改革和全面推进依法治国的要求，梳理政府权力清单，对其中不符合改革精神的事项通过法定程序尽快取消，针对改革要求遵循"权由法授"的原则赋予政府新的职责。

参考文献

[1] 韩朝华. 跳出"放乱收死"循环 实现社会治理创新——改革30年的制度得失[J]. 探索与争鸣, 2008 (1).

[2] 中国社科院经济体制改革30年研究课题组. 论中国特色经济体制改革道路（上）[J]. 经济研究, 2008 (9).

[3] 中国社科院经济体制改革30年研究课题组. 论中国特色经济体制改革道路（下）[J]. 经济研究, 2008 (10).

Strengthening the Top-Level Design and Transforming the Reform Mode of "Breaking the Rule of Law"

Sun Zhijie

【Abstract】 Since the reform and opening up, China has adopted the way of gradual reform. From the perspective of the relationship between the reform and the rule of law, the latter often lags behind the reform process. First, the government uses pilot projects as reform test, then recognizes the rules through legislative confirmation, forming a reform mode of "breaking the rule of law". "Reform breaking the rule of law" becomes the norm. It not only damages the authority of law, and goes against "promoting the rule of law, administrating according to law", but also delays the fulfillment of reform objectives, and harms the cause of reform. It is necessary to gradually bring deployment and the implementation of the reform into the framework of the rule of law. On the one hand, the government must connect the legislation and with the reform; on the other hand, the government must administrate according to law, so as to adjust the relationship between government and market.

【Key Words】 the Reform Mode of "Breaking the Rule of Law"; the Rule of Law; Administration by Law

管理学视角下的法律成本效益评估

柴小青[①]

【摘要】 本文首先对法律成本效益评估的现状做了简要分析,指出其囿于法学视角评估的局限性。其次,论述了管理学视角下法律成本效益分析的逻辑,将法律成本效益评估与投资项目评估做了类比分析,探讨了将投资项目可行性评估原理运用于法律成本效益分析的可行性。再次,阐述了管理学视角下法律成本效益评估的意义,主要包括研究视角拓展、评估重点和评估方法、工具选择。最后,对进一步开展管理学视角下法律成本效益评估的研究思路和方法做了分析。

【关键词】 管理学;法商管理;法律成本效益评估

一、引 言

理论上,国家可无限制地制定法律法规,但是一部法律的建立在提高社会治理效率的同时,也带来了立法成本和执法成本问题。特别是随着社会法制的不断完善,立法和执法成本的负担日益增大,如何在治理效率和治理成本之间寻求平衡,优化法律资源配置是世界各国面临的共同课题。20 世纪 80 年代,美国首先提出法律评估的概念,旨在通过法律影响评价和成本收益分析,为立法和执法决

---

① 柴小青,工作单位:中国政法大学商学院,研究领域:工商管理、管理经济学、流通经济理论及其应用。现实问题研究的重点:可持续发展评价、国际竞争力评价理论与方法、跨国企业经营战略、法商管理理论与应用等。邮箱:13911906268@163.com。

策提供依据。2000年以来，我国也开始进行法律评估试点，目前正处在探索和逐步完善的过程中。

迄今为止，对法律成本效益分析与评估主要局限于法学领域，囿于传统法学视角的特点：重视法律的公平与正义，较少关注法律治理效率问题，定量分析方法薄弱，使许多问题不能得到有效的解决。同时，由于法律评估涉及法律、经济和管理等因素，是一个复杂的系统工程问题，因而仅从法学专业视角进行评价有很大局限性。基于以上分析，本文从管理学视角对此进行研究，旨在为改进和完善法律成本效益分析与评估提供新的思路。本文首先对法律成本效益评估现状做了初步分析，在此基础上论述了从管理学视角进行法律评估的客观必要性，然后对管理学视角下进行法律评估的若干技术问题进行了探讨。

二、法律成本效益评估现状分析

通过对国外法律评估现状进行分析，可以概括为以下特点：经过多年的发展，无论在理论研究还是在实际应用方面都取得了一些有价值的成果。如开始运用计量方法进行法律评价，开始关注多学科综合评价问题。在定量评价方面取得了一些实施效果，有的学者研究澳大利亚昆士兰州的安全带法在减少交通事故中发挥的作用；有的学者通过时间序列模型分析美国威斯康星州提高合法饮酒年龄的法令对降低由21岁以下年轻司机因饮酒所导致的交通事故发生率的成效；有的学者研究了专利法的建立和实施对促进创新经济增长的影响等；还有的学者评价劳动保护法律实施对金融市场投资的影响，研究有关环境保护法律的实施对社会、经济和环境的影响等。

我国在法律影响评估和法律成本效益分析方面起步较晚，与国外相比有一定差距，具体表现在以下方面：一是评估主体较为单一，启动评估的主体多是立法部门和政府部门，缺少专业的中介评估组织从相对独立的角度参与评估。二是评估主要针对法律实施效果展开，包括法律取得的社会和经济效益、法律的可操作性等内容，对法律本身是否符合科学规律、社会习惯等价值的关注不够。三是评价的规范性不够，包括评估方式、方法、标准和程序等的规范性，有些机构制定了相应的法规质量标准、实践标准和技术标准等，但主要是原则性的，缺少可操作性和经济指标的考察。四是理论研究不足，法律法规评估的理论研究滞后于实践，制约了法律法规评估工作的顺利开展。

分析国内外法律评估方法的应用研究现状，可以概括为以下特点：经过多年的发展，无论在理论研究还是在实际应用方面都取得了长足的进步，形成了一些有价值的成果。但是，迄今为止，尚未形成相对成熟的评价框架体系，尤其是在操作层面尚未形成系统化的成本效益评估理论，理论积累薄弱。造成这种现象的原因，最主要的是没有突破传统法学的思维限制，限于从法学的角度审视评价问题，法学以外的人员限于知识，也怯于涉足该领域。

当前，我国正处在不断完善社会主义法治的进程中，法律规范呈急速增长的趋势。由于法律成本效益分析方法的薄弱，尚未形成相对成熟的评价理论框架，尤其是在操作层面尚未形成系统化的评估方法和手段。究其原因，主要是没有突破传统法学思维限制，仅限于从法学的角度审视评估问题，缺少从法学以外视角，尤其是管理学视角，对法律在经济、社会和环境方面产生的影响从成本效益的角度做出评估。实践中，由于对法律实施需要支付的社会成本估计不足，一定程度上限制了法律效能的发挥，存在有法不用，或者使用的效果不尽如人意的现象。

三、管理学视角下法律评估的逻辑

管理学是以在资源有限条件下有效地实现组织目标为前提的科学，是一种哲学思考。正如著名管理学家彼得·德鲁克（1909）在阐述其目标管理概念时所强调的：目标管理和自我控制可以恰当地叫作管理哲学。当面对需要解决的问题时，首先确定目标，然后寻求高效率达到目标的手段。这种由目标到手段的哲学思维是管理学的精髓，是从事各种管理活动所应遵循的准则。事实上，美国著名的法律学者大卫·D. 弗里德曼就曾指出："法律规则可以被解释为工具——尤其是被设计用来达到经济效率这一特定目标的工具，法律是节约社会交易费用的制度安排。"中国著名法学家江平教授也将法律誉为社会公器，同样指出法律的工具本质特征。因此，在管理学视角下，可以将法律看作实现某种管理目标的手段或者工具，这是本文的逻辑起点。

这种对法律和管理之间逻辑关系的界定具有以下意义：一是将法律视作实现某种治理目标的手段和工具，其具有技术属性和经济属性，技术属性是一项法律应该达到的标准和技术规范，而经济属性是法律的制定（立法）和使用（执法）需要消耗一定的资源（立法成本和执法成本），同时因法律的实施给社会、经济和环境带来影响，通常是收益（由于法律实施引起的社会成本的降低和产生的利益）。管理学视角对法律的认识为进行法律的成本效益评估奠定了基础，即关注法律的效率问题，有利于改进传统评估中忽视效率的缺陷。二是消除法律评估的神秘性，拓展评估思路和评估方法的选择空间，如可以将系统分解与综合、追求系统整体功能最优等管理学思想引入法律评估领域，有助于形成法律评估的综合分析框架，又如可将管理学中的系统仿真技术运用于立法前评估，将数据包络分析技术、投入产出技术等移植到法律评估领域。

管理学视角下法律成本效益评估是对法律评估认识上的突破和创新，笔者认为，法律评估对象属于法律范畴，但是评估理论和方法应该属于管理学和经济学范畴，因而法律评估与社会经济活动中广泛运用的投资项目可行性评估具有相似性。投资项目可行性研究主要是对一项拟投资的项目，如投资建设一座工厂、机场或码头等，从社会效益和经济效益做出评估，最终给出评估结论的过程。一项法律法规的建立和实施，必然会对社会产生影响，同样存在社会经济效益问题，基于此，可以将投资项目可行性评估中的相关概念、方法等移植到法律成本效益评估中来。如可以引入折现率的概念，分析一项法律法规的建立和实施在一定周期内产生的价值。评估的角度可以是宏观的，主要从社会效益考察，也可以是微观的，主要从经济效益考察。评估的指标既有法律的也应该有经济的。由此可见，从管理学视角出发，在深入分析法律成本效益的基础上，研究形成评估原则、评估步骤、评估方法和模型，进而建构可操作性强的评估方法系统，对改变目前法律评估中存在的缺陷具有重要价值。

四、管理学视角下法律成本效益评估的意义

法律成本效益分析，其本质是将法律对经济、社会、环境等产生的影响进行成本—效益量化，进行成本效益分析，意义体现在以下方面：

首先,拓展了研究视角,为更好地解决法律成本效益分析问题打开了新的思路。法律成本效益分析与评估本质上属于管理问题,原因在于其关注的焦点不是法律本身,而是法律对经济社会影响的分析与评估,是对法律治理效率优劣做出的经济意义上的判断,目的在于优化法律资源配置。这种研究视角的拓展,突破了以往对法律成本效益分析学科属性的认识,为解决目前法律成本效益分析方法中的问题打开了新的思路,起到了"他山之石,可以攻玉"的作用。

其次,进一步明确了法律成本效益分析与评估的重点。法律作为社会公器,是被用来达到管理目标的工具,具有双重属性,即技术属性和经济属性。这种从管理学视角对法律的诠释,进一步明确了法律成本效益分析与评价的重点是法律的经济属性,而不是法律的技术属性,这是管理学视角下研究法律成本效益分析的技术基础,也为探索法律成本效益分析的内涵和演进规律提供了新的思路。

最后,扩大了研究工具和方法的选择空间,弥补了法学视角的不足。管理学拥有行政管理、工商管理、管理科学与工程等丰富的理论与方法,其中的许多方法可以移植、应用或经过改造运用于法律成本效益分析和评估中,从而极大地扩展研究工具和方法的选择空间。例如,投资项目可行性研究所采用的分析思路、框架以及经济效益和成本计算方法等,具有重要的借鉴意义。此外,综合应用评价理论、数理统计、决策技术和管理科学等相关学科的知识,对于构建法律成本效益评价的框架体系具有重要的指导意义。

五、研究思路、方法

深入分析和界定法律影响评价和法律成本效益分析涉及的法律范围,以此为基础提出影响评价和成本效益分析的理论框架。基本思想是将法律对经济、社会、环境等产生的影响进行成本—效益量化,进行成本效益分析,以收益大于成本或者能够证明成本的正当性作为决策依据。需要明确法律评估中成本、效益的内涵。对立法项目评估还可以采用成本有效性分析和风险分析,或者进行系统分析,评估一项法律建立有可能产生的效能。研究评估与衡量标准、原则和指标体系,主要包括影响要素分析,如一部法律的推出对社会、经济、环境等方面带来了哪些影响,这些影响用成本或者效益的形式描述,在此基础上集结为对某项法律影响的总体价值判断。

由于法律体系的庞大和复杂性，因此在研究思路上，采用"先局部切入，后总体深入"的技术路线，同时辅之以实证研究。具体体现在，以经济法领域的成本收益分析和评估为切入点，然后转向以"普通法的中心内容——财产、合同和侵权"为重点的法律领域，选择具有代表性的法律进行成本效益分析和评估的实证分析。以提高法律影响和成本效益分析的有效性为目标，对国内外本领域的研究情况进行回顾和总结，明确其中存在的问题，运用管理学的理论和方法，深入分析法律影响评价和成本效益分析的内涵和演进规律，在此基础上提出新的评价和分析的框架思路。综合应用评估理论、数理统计、决策技术和管理科学等相关学科的知识，研究评价指标体系构建的原则和方法，并探讨其他评估方法运用于本研究的途径，提高评估的有效性。

在研究方法上，既要借鉴国外成功经验，遵循基本规律，又要立足中国现实，综合运用类比分析、归纳分析、系统分析和管理学等研究方法，以达到研究的深入和结论的科学性、正确性。关于类比研究，就是将一项法律的成本效益分析和评估与工商管理中的投资项目可行性研究进行类比，借鉴投资项目可行性研究中的思路、原则和方法，开展法律成本效益评估。如机会成本概念的引入，可以用于评价一项法律需不需要建立；又如项目评价中贴现率的方法，可以用来分析一项具有长期影响的法律的成本与收益问题等。关于归纳分析，中国从2000年开始进行成本效益分析的试点，有着大量实践经验的积累，其中蕴含着具有潜在理论价值和实践价值的方法，应该对已有成果进行分析、归纳、提炼，然后上升为具有一般意义的规范方法。关于系统分析，在研究法律影响评估问题时，应该把一项法律制度放在整个法律体系中去考察，或者放在整个社会环境中去考察，从而分析该法律制度的绩效。如在评估一项法律制度时，考察其与上位法、平行法是否在逻辑上存在一致性。

参考文献

[1] 柴小青. 论法商管理理论创建的逻辑基础、现实需求与研究领域拓展 [J]. 商业经济研究, 2015 (5).

[2] 柴小青. 建立解释结构模型的评价指标体系的层次结构 [Z]. 第五届国际会议信息与管理科学, 加利福尼亚州州立理工大学, 2006.

[3] 柴小青. 可持续发展评价的系统分析 [Z]. 第七届国际会议信息与管理科学, 加利

福尼亚州州立理工大学, 2008.

[4] 柴小青. 一种基于专家模糊偏好集结的决策方法 [J]. 系统工程与电子技术, 1998 (3).

[5] 柴小青. 应用解释性结构模型建立评价指标体系的递阶结构 [J]. 中国管理科学, 1997 (4).

[6] 柴小青, 孙选中. 法商管理评论 [M]. 北京: 经济管理出版社, 2012.

[7] 孙选中. 法商管理的兴起 [M]. 北京: 经济管理出版社, 2013.

[8] 柴小青. 法商管理思想集萃 [M]. 北京: 经济管理出版社, 2013.

[9] 柴小青. 城市商业网点布局的协商决策模式决策支撑体系研究 [C]. 中国系统工程学会决策科学专业委员会第七届年会论文集, 2007.

Thinking on Legal Cost-Benefit Assessment from Managerial Point of View

Chai Xiaoqing

【Abstract】This article firstly makes the brief analysis of the status quo of legal cost-benefit evaluation, points out that it is constrained by the limitations of law perspective evaluation. Secondly, this paper discusses the logic of legal cost-benefit evaluation from the managerial point of view, explores the application of investment project feasibility assessment principle for the feasibility of legal cost-benefit assessment. Again, this paper expounds the significance of the legal cost-benefit assessment from the managerial perspective. Finally, this paper analyzes the further research field of legal cost-benefit assessment.

【Key Words】Management; Legal Business Management; Legal Cost-Benefit Assessment

大众创业研究的回顾与前瞻

张 国[①]

【摘要】 目前，大众创业已经成为中国经济学研究领域的一个热点问题，初步的研究进展主要体现在对改革开放以来创业历程的回顾、大众创业的背景、大众创业的环境与氛围、大众创业同万众创新的关系、大众创业的重要性、大众创业的困难与障碍、政府推动大众创业的举措等方面。在今后的研究中，研究成果的形式将会更加多样化，有分量的研究成果将会不断涌现，研究的内容将会进一步拓宽，多学科的交叉研究应当提倡，不同研究机构之间的协作研究也应当加强。

【关键词】 大众创业；中国；研究现状；研究展望

2014年9月，在中国经济已经进入新常态的大背景下，国务院总理李克强在天津夏季达沃斯论坛上指出："借改革创新的'东风'，在960万平方公里土地上掀起一个'大众创业'、'草根创业'的新浪潮，中国人民勤劳智慧的'自然禀赋'就会充分发挥，中国经济持续发展的'发动机'就会更新换代升级。"此后，大众创业成为国内经济学研究领域的一个热点问题。在此，本文对大众创业的研究现状进行全面的梳理，并就下一阶段的研究推进进行展望。

一、大众创业的研究现状

到目前为止，有关大众创业的研究成果主要体现在国内一些重要报纸所刊发

[①] 北京交通大学中国产业安全研究中心博士后，主要研究领域：文化创意产业，邮箱：zhangguo03@yeah.net。

的文章，而在期刊中所发表的这方面的论文很少。同时，这方面的专著还没有问世。在此，本文将大众创业的研究现状概括为以下几个方面：

（一）对改革开放以来创业历程的回顾

国内已经有人对改革开放以来的创业历程进行了初步的梳理。武晓娟（2014）指出，改革开放以来的几次创业浪潮都与市场环境宽松和人们的思维活跃密切相关。每一次，都有一些头脑灵活的人抓住了创业机遇，创造了大量的就业机会，并丰富了经济形态。沈德良（2014）指出，改革开放以来有三次创业浪潮，即遍地开花的乡镇企业、人民群众"下海"潮和互联网企业的异军突起。曹祎遐（2015）认为，到目前为止，中国创业热潮有三次，即改革开放初期个体户式的创业热潮、20世纪90年代末网络精英式的创业热潮和新经济环境下的大众创业热潮。

（二）现阶段大众创业的背景

国内学者从以下两个方面对现阶段大众创业的背景进行了分析：其一，现阶段大众创业的国际背景。钟经文（2015）指出，在分析大众创业时应当看到，当今世界新一轮的科技革命和产业变革浪潮席卷而来，将会对中国未来经济的发展产生重大的影响。原玉苗（2015）指出，从世界范围来看，中国的经济总量虽位居世界前列，但是许多产业仍处于中低端，原来粗放式的增长方式难以维持下去，必须走大众创业和万众创新的道路。其二，现阶段大众创业的国内背景。白景明（2014）指出，中国目前正处于经济的转型期，现有产业的升级换代在所难免。在经济结构的调整中，会产生很多新的服务需求，小微企业正处于高速扩张时期，这就意味着大众创业时代的真正来临。高文书（2015）指出，目前中国的劳动年龄人口开始减少，人口红利逐渐消失，原来支撑经济增长的动力趋于减弱，未来经济发展必须依靠人才和创新，以及由此所带来的技术进步与劳动生产率的提高。汤继强（2015）指出，中国目前的经济下行压力大，传统增长方式受到了严重挑战，环境保护、能源供应、民生保障等多个方面出现了新情况。要想妥善地应对这些挑战，关键在于大众创业和万众创新。原玉苗（2015）指出，中国掀起大众创业、万众创新热潮的国内原因有以下两点：一是当前经济形势复杂严峻，传统增长动力减弱，应当着力推动面向市场需求的大众创业、万众创新；二是在经济增速持续放缓的情况下，这也是保证就业的重要途径。孙大海（2015）指出，改革开放 30 多年来，中国经济的快速增长主要依靠资源、投资和出口驱动。但是，目前，由于人口红利、资源红利和出口红利大为减弱，通过政府投资拉动增长的空间也越来越小，必须寻求新的经济增长动力。

（三）大众创业的环境和氛围

国内学者认为，良好的环境和氛围对大众创业的顺利推进是必需的。孙裕增（2007）指出，为了推动大众创业，应当加快转变歧视创业失败者的错误理念，逐步形成奖励创业成功与包容创业失败并重的社会舆论和文化氛围。毛建国（2014）指出，如果一个社会已经形成了鼓励创新和支持创业的良好氛围，那么，志愿投身创业的人就会更多。秦君（2014）认为，在大众创业时代，要在全社会弘扬鼓励创业、支持创业、宽容失败的创业文化，而这种创业文化恰恰是美国硅谷和中关村创新创业生存的土壤。钟春燕（2015）认为，目前创新创业的政策已经比较完善了，但是还需要努力创造良好的社会舆论氛围，培植创业创新文化，让人们在创业创新的过程中，更好地实现自身的精神追求。同时，创新创业不可避免地会出现失败，社会应当有允许失败的氛围。付志方（2015）指出，继续优化环境，努力创造一个公平正义的市场环境，使大众创业、万众创新得以顺畅进行。刘群（2015）认为，在引导大众创业时，各级政府要为创业提供良好的环境，激发广大人民群众的创业积极性，并促进沟通顺畅和相互扶持的创业创新社会氛围的形成。石正一（2015）指出，为大众创业创新打开方便之门，需要从舆论环境入手营造良好的氛围。

（四）大众创业同万众创新的关系

国内研究者认为，大众创业应当借助万众创新来提升其质量和实现其可持续发展。胡文鹏（2014）指出，各类企业都要着力改革创新，运用新技术，发展新产业，培育新业态，在市场中打拼不能仅靠价格竞争，更要靠质量取胜，以期在市场竞争中真正提升竞争能力，努力冲出传统发展方式的重围，最终实现提质增效。李建保（2015）指出，当代的不少大学生创业离开了他们所学的专业，创业中创新的实际内容很少，从而导致他们创业的质量偏低，创业的持续时间也不够长。俞敏洪（2015）指出，一方面，在新时期的创业大潮里中国企业的创新力将会逐渐提高，普遍地模仿他人的情况会慢慢加以改变；另一方面，未来中国真正长久的创业发展，必须依靠持续性的创新。

（五）大众创业的重要性

目前，国内学者大都认为，大众创业的重要性是不容置疑的。一方面，国内部分学者仅仅从推动中国经济的发展方面阐述了大众创业的重要性。夏金彪（2014）指出，大众创业正把人民群众中所蕴藏的追求富裕、善于创造的巨大潜能释放出来，并把社会上的民间资本和各种资源要素有效地利用起来，成为中国经济发展的新的内在动力。宋时飞（2014）指出，今后一个时期，创业和创新之所以对中国来说很重要，主要原因就在于，这既是中国经济破茧成蝶的必然要求，也是激发经济活力的内在诉求。胡旭（2015）指出，大众创业、万众创新的活力和创造，将会成为中国经济未来增长的不竭动力。张鸿铭（2015）指出，大众创业、万众创新是经济新常态下增长的新动力和社会繁荣的源泉。袁曼娅（2015）指出，国家提出大众创业、万众创新的战略，就是为了推动经济的转型发展和进一步释放全社会的创造活力。

另一方面，国内部分学者也从更多层面上分析了大众创业的重要性。孙裕增（2007）指出，大众创业活动与两年后区域经济的发展规模和质量水平关系密切，创业不但对就业具有直接的带动效应，而且还可以从整体上改善资源要素的市场化配置效率。沈德良（2014）认为，倡导大众创新创业，既是跨越三期叠加挑战的一种全新路径，又是加快发展的内在动力。钟经文（2015）指出，进一步掀起大众创业和万众创新的热潮，有利于广泛动员和激励人民群众参与改革和推动改革，从而形成全面深化改革的强大合力。连介德（2015）认为，推动大众创业、万众创新，既有利于激发发展的活力，为社会经济发展注入不竭的动力，也有利于经济结构的调整，吸引更多民间资本进入三次产业领域。付志方（2015）指出，推动大众创业、万众创新，既有利于提高经济运行的质量和效益，也有利于增加就业岗位和减少社会矛盾。

（六）大众创业的困难与障碍

国内学者认为，大众创业的困难与障碍主要体现在以下三个方面：

其一，创业者自身的问题。沈德良（2014）指出，草根创业既难在有外力的制约，也难在有心理层面的障碍。同时，它也难在创业者对时代大势的精准把握和对机遇的判断与取舍。高德康（2015）指出，当前的资本市场不完善，现有的金融体制对年轻人创业的支持力度还不够，年轻人创业普遍缺乏有形的资产和银行抵押担保的信贷条件。同时,年轻人创业也确实存在缺乏持续创新能力和经营能力方面的一些实际问题。倪邦文(2015)指出,在目前的创业过程中,创业者自身存在的难题包括融资难、创业经验缺乏和与市场对接难等方面。白松涛(2015)指出,青年创业存在怕失败、没有钱和没技术等方面的难题。

其二,小微企业的问题。武晓娟(2014)指出,目前,融资难是小微企业发展中面临的首要问题,小微企业从银行贷款很困难,能得到风投资本的也不多。柳长庆(2015)认为,中小微企业既存在融资难、抗风险能力差、规模质量不高等突出问题,也面临着人才引进难、流动性大等方面的现实困境。刘群(2015)指出,目前的小微企业在创业初期主要面临着资金链紧张、融资难、融资贵等问题。

其三,外部造成的困难与障碍。夏金彪(2014)指出,造成大众创业后劲不足的原因有很多,既有政府管制和行政管理对企业造成的负担,又有缺乏融资和税负过重让企业不堪重负,还有缺少创新与技术支持使企业难以壮大,等等。周林生(2014)指出,目前影响大众创业的障碍主要包括惰性障碍、诚信障碍、偏好障碍三个方面。石正一(2015)指出,为大众创业创新打开方便之门,需要首先扫除体制机制方面的诸多障碍。

(七) 政府推动大众创业的举措

目前,国内对政府推动大众创业进行的研究可以概括为以下几点:

其一,政府自身的简政放权。国内有学者认为,政府自身的简政放权对推动大众创业来说是必要的。高文书(2015)指出,在接下来的简政放权中,中央政府需要在投资创业创新等经济社会发展领域,进一步做好修订政府核准投资的项目目录工作。同时,还需要进一步强化地方政府的相关责任。李兰(2015)认为,在推动大众创业时,应该加快推进政府的简政放权,深化行政审批体制改革,破除创业中存在的技术壁垒和垄断藩篱,进一步激发创业者的创新活力。

其二,为创业者提供全面的服务。国内不少学者认为,政府在推动大众创业时应当为创业者提供比较全面的服务。张勇(2014)指出,政府应当积极为创业者提供优质高效的服务,最大限度地调动他们的创业热情,激发他们的创新活力,全面掀起大众创业、万众创新的热潮。毛建国(2014)指出,政府既应当拿出权力清单,明确自身该干什么,也要给出负面清单,明确企业不能干什么。同时,政府还要抛出责任清单,尽最大努力支持创业创新,最广泛地调动创业创新的热情。张鸿铭（2015）指出，为了推动大众创业，政府应当做好创业平台建设工作，完善大众创业创新的载体。袁持平（2015）指出，政府必须了解创业者真正的需求是什么，在此基础上，雪中送炭，服务到位。马以（2015）指出，政府要深入推进创新平台建设，以构建众创空间为载体，有效整合资源，落实政策，完善服务，让创业者与市场需求充分对接，形成大众创业、万众创新的生动局面。

其三，营造大众创业的良好环境和氛围。国内有学者认为，营造出良好的环境和氛围是政府在推动大众创业时必须重视的一项工作。周子勋（2014）指出，政府要加大体制改革力度，创造公正公平的政策环境，切实解决小微企业融资难、融资贵的问题，只有这样，大众创业、万众创新的良好氛围才能逐步形成。沈德良（2014）认为，营造良好的创新创业环境，需要政府部门强化服务保障，并加强政策支持。刘胜军（2014）认为，政府要推动大众创业，就必须给企业家创新的自由、融资的自由和对资源的配置权。符兴（2015）认为，政府要转变职能，给企业松绑，为创业者提供便利，营造公平的竞争环境。高德康（2015）指出，政府要营造有利于年轻人创业的政策环境、市场环境和社会舆论环境。李兰（2015）认为，政府既要完善法治环境，加大知识产权保护力度，保护企业创新的权益，也要营造有利于创业创新的社会舆论氛围和文化环境。钟经文（2015）指出，政府应当通过净化创业生态、优化市场环境、提供基础保障来为大众创业营造新机制和良好的氛围。王志刚（2015）认为，社会都应该全方位地包容、呵护和支持各个领域内的大众创业者。

其四，对中小微企业的扶持。国内一些学者认为，政府在推动大众创业时不能忽视对中小微企业的扶持。姚逊（2015）指出，在实施大众创业工程时，政府应当加大扶持力度，发挥好政府创业种子基金和小额担保贷款基金四两拨千斤的重要作用，支持各类创业小额贷款蓬勃发展，推动众筹平台、互联网金融等创业融资新模式的快速发展。柳长庆（2015）提出，政府应继续加大对中小微企业的扶持力度。一方面，在税收方面给予倾斜，并给予一定的技术创新补贴和税收优惠政策；另一方面，应该为中小微企业搭建融资平台、创新公共技术平台和推广销售平台。陈致慜（2015）指出，政府既要进一步加大对创业者的政策支持，如减免税收和提高大学生创业贷款的额度，也要鼓励更多企业家积极支持大众创业，如成立天使基金等。符兴（2015）认为，政府在推动大众创业时，要更多地扶持中小微企业，在税收、金融等方面给予倾斜和扶持。

其五，体制机制的改革。国内有些学者认为，体制和机制的改革能够推动大众创业的开展。宋时飞（2014）指出，在大众创业的过程中，政府的作用主要体现在为企业松绑和当好裁判上。王建平（2014）指出，在经济新常态下，必须抓住体制创新和科技创新两大着力点，以此推动大众创业的热潮。沈德良（2014）认为，政府应当切实废除各种不合理限制，消除投资兴业中的各种"玻璃门"、"弹簧门"、"旋转门"，为创业者搭建更广阔的舞台。

其六，充分发挥市场的作用。国内有些学者认为，政府在推动大众创业时应当充分发挥市场的重要作用。宋时飞（2014）指出，市场的重要作用主要体现为当导航和做决定。王晶（2015）指出，要建立简政放权、转变职能的有力机制，以政府权力的"减法"，换取市场活力的"乘法"。在创业的过程中，不要让企业的发展受到人为的干扰，政府要充分发挥引导作用，为市场主体释放出更大的发展空间。

二、大众创业的研究展望

到目前为止，国内学者在大众创业的研究中已经取得了初步的进展，研究成果主要体现在对改革开放以来创业历程的回顾、大众创业的背景、大众创业的环境与氛围、大众创业同万众创新的关系、大众创业的重要性、大众创业的困难与障碍、政府推动大众创业的举措等方面。在肯定已经取得的成绩的同时，也必须看到在目前的研究中仍存在着以下方面的不足之处亟待加强：

其一，研究成果的形式需要更加多样化。目前，由于国内的大众创业研究尚处于起步阶段，因而研究成果的形式十分单一，这些研究成果主要是在国内重要报纸上公开发表的文章，但在期刊上公开发表的研究论文寥寥无几，还没有出现会议论文、博硕士论文和专著形式的研究成果。在今后，随着大众创业研究的逐步深化，研究成果的形式将会更加多样化。对此，可以说是毋庸置疑的。

其二，有分量的研究成果比较欠缺。目前，大众创业方面所取得的研究成果中有分量的很少，高质量的论文极少，进行深入研究的专著还没有出现。假以时日，随着大众创业研究的持续推进，国内将会涌现出一大批有分量的理论联系实际的研究成果。

其三，研究的内容需要进一步拓宽。在下一阶段的大众创业研究中，有必要进一步拓宽研究的内容，在继续深化以上几个方面研究的同时，还应当加强对各地推进大众创业经验的归纳总结、国外大众创业经验的借鉴、国家政策的进一步完善、创业型企业存活率提高等方面的研究。在对各地推进大众创业实践经验的总结性研究和国内创业型企业存活率提高的研究中，应当更加注重实地调研，主要依靠所掌握的第一手资料开展创新性的研究。在国外大众创业经验的借鉴研究中，主要是对西方发达国家大众创业经验的收集、整理、归纳和分析。同时，也要抽出一定的时间和精力关注一下金砖国家的大众创业现状。在国家政策进一步完善的研究方面，既应当进行持续性的跟踪研究，也要注重不同阶段比较性研究的开展。

其四，研究的学科视野应当进一步拓宽。目前，大众创业的研究主要是在经济学和管理学这两大学科领域内开展的，属于这两大学科领域的研究者是目前研究中的主力。在今后的研究中，研究的学科领域应当得到进一步的拓宽，即在社会学、法学、教育学等学科领域也应当开展大众创业方面的研究，进行交叉性的研究应当得到大力提倡。同时，在经济和管理学科领域的研究者也要注意补充以上这些学科领域的知识储备，以便能够高水平地开展跨学科的交叉性研究。

其五，不同研究机构之间的协作研究亟待加强。开展大众创业研究的人员无非是来自于高校、科研院所、企业和政府内的研究机构，而这些来自不同单位的研究人员目前基本上处于各自为政的研究状态，相互之间的互联互通还是比较欠缺的。为了进一步提升研究工作的成效，在今后的研究中，经常性的沟通交流是不可缺少的，同时也可以以协作的形式开展相关课题的研究，以便充分发挥各自的长处，并取得高水平的研究成果。

参考文献

[1] 李克强在2014夏季达沃斯论坛开幕式发表致辞（全文）[EB/OL]. 中国新闻网, http://www.chinanews.com/gn/2014/09-10/6578895_2.shtml.

[2] 武晓娟. 激发大众创业潜能[N]. 中国工商报, 2014-09-26.

[3] 沈德良. 时代邀请函——大众创业[N]. 湖南日报, 2014-09-22.

[4] 曹祎遐. 新经济下"大众创业"迎来转型期[N]. 文汇报, 2015-02-26.

[5] 钟经文. 迅速兴起大众创业万众创新热潮[N]. 经济日报, 2015-03-03.

[6] 原玉苗. 为大众创业万众创新"铺路搭桥"[N]. 人民代表报, 2015-03-08.

[7] 王劲松. 2000万户"小微"减负助推大众创业 [N]. 中国财经报, 2014-09-23.

[8] 高文书. 简政放权"松绑"创新创业 [J]. 时事报告, 2015 (1).

[9] 张岚, 熊筱伟, 吴璟. 大众创业看"超级金矿"的挖掘力 [N]. 四川日报, 2015-03-04.

[10] 孙大海. 把天津打造成中国北方"创业之城" [N]. 天津日报, 2015-03-09.

[11] 孙裕增. 积极构筑大众创业的体制机制 [J]. 浙江经济, 2007 (16).

[12] 毛建国. 迎接大众创业新浪潮 [N]. 湖南日报, 2014-09-13.

[13] 邓淑华. 迎接"大众创业"时代创业孵化更上层楼 [N]. 中国高新技术产业导报, 2014-09-15.

[14] 况昌勋, 张谯星. 让海南成为"创客"成长的热土 [N]. 海南日报, 2015-03-07.

[15] 薛惠娟, 叶娟娟. 推动大众创业万众创新优化环境发展民营经济 [N]. 河北日报, 2015-03-06.

[16] 颜若雯. 让想创业、能创新的人拥有机会和舞台 [N]. 重庆日报, 2015-03-10.

[17] 石正一. 为大众创业创新"大开绿灯" [N]. 济南日报, 2015-03-15.

[18] 胡文鹏. 支持大众创业激励万众创新 [N]. 经济日报, 2014-12-24.

[19] 李子晨. 大众创业: 经济增长新动力 [N]. 国际商报, 2015-03-05.

[20] 谢慧. 让创业者放手追逐梦想 [N]. 经济日报, 2015-03-13.

[21] 夏金彪. 改革释放大众创业的经济活力 [N]. 中国经济时报, 2014-10-16.

[22] 宋时飞. 给"大众创业万众创新"添把火 [N]. 中国经济导报, 2014-09-16.

[23] 胡旭. 给市场主体一个温暖的春天 [N]. 安徽日报, 2015-01-08.

[24] 徐埔, 杨鎏晖. 杭州要打造大众创业万众创新的乐园 [N]. 杭州日报, 2015-03-06.

[25] 易鹤. 打造"大众创业"新舞台 [N]. 宁波日报, 2015-02-09.

[26] 顾雷鸣. 让千千万万市场细胞活起来 [N]. 新华日报, 2015-03-13.

[27] 张子律. 柳长庆: 大众创业 万众创新 中小微企业更需扶持 [N]. 鞍山日报, 2015-03-09.

[28] 周林生. 破除大众创业的三大障碍 [N]. 南方日报, 2014-09-22.

[29] 王建喜. 全面掀起"大众创业、万众创新"热潮 [N]. 滨海时报, 2014-12-29.

[30] 黄君. 推动大众创业万众创新 培育经济转型发展新动力 [N]. 湖州日报, 2015-03-11.

[31] 周子勋. 激发大众创业的根本是推动微型金融 [N]. 中国经济时报, 2014-09-23.

[32] 刘胜军. 为大众创业保驾护航 [J]. 企业观察家, 2014 (10).

[33] 王博. 扶持大众创业 激励万众创新 [N]. 河北日报, 2015-03-15.

[34] 赵向南. 实施"大众创业工程"促进就业 [N]. 山西日报, 2015-01-31.

[35] 王建平. 开创"大众创业 万众创新"新时代 [N]. 芜湖日报, 2014-10-22.

The Research Review and Prospect about the Public Business

Zhang Guo

【Abstract】At present, the public business has become a hotspot issue in the field of economics research in China, the preliminary research progress mainly embodies the following several aspects: the entrepreneurial process since the reform and opening up, the public business background, the environment and atmosphere of the public business, the significance of the public business, the relation between the public business and the public innovation, the difficulties and obstacles of the public business, the governmental measures of pushing forward the public business, and so on. In the future research, the forms of research results will be more diverse, the component research results will emerge, the research content will be expanded further, the interdisciplinary research should be advocated, and the collaborative research from the different research institutions should also be strengthened.

【Key Words】 The Public Business; China; Research Status; Research Prospect

法商管理对推动中国国有企业改革的意义

彭世刚[①]

【摘要】 国有企业属于全民所有，是推进国家现代化、保障人民共同利益的重要力量，是我们党和国家事业发展的重要物质基础和政治基础。国企改革的成败关系到国家的核心利益和人民的福祉。近年来，国有企业改革发展不断取得重大进展，但国有企业仍然存在一些亟待解决的突出矛盾和问题，如一些企业市场主体地位尚未真正确立，现代企业制度还不健全，国有资产监管体制不完善，国有资本运行效率偏低，一些企业管理混乱，内部人控制、利益输送、国有资产流失等问题突出，而由中国政法大学商学院孙选中教授开创的法商管理为解决这些问题提供了新的思路和方法，法商管理的核心是将法律制度和商业规则运用到优化现代企业法人治理结构的过程之中，以提高企业的依法合规经营能力。本文为探讨法商管理如何推动了中国国有企业的改革，首先回顾了中国国有企业改革的发展进程并说明法商管理对其产生的正的推动作用；其次指出国有企业改革中存在的若干问题；最后从法商管理的角度出发提出了一些解决措施。

【关键词】 国有企业；改革；法商管理

---

① 中国政法大学商学院 2015 级法商管理专业硕士研究生，邮箱：1319664793@qq.com。

… 法商管理对推动中国国有企业改革的意义

一、引 言

法商管理的核心是将法律制度和商业规则运用到优化现代企业法人治理结构的过程之中，提高企业的依法合规经营能力。中国国有企业是现代经济的核心，也是与人民群众切身利益最紧密的企业。国企改革是社会主义市场经济体制改革的重要一环，国有企业稳定发展是整个经济稳定的重要因素，直接关系到国家经济发展的前途和命运。同时，中国国有企业是完成股份制改制上市比率较高的一批企业，市场化进程比较深入，绝大部分企业基本建立起了产权比较明晰、治理结构较为合理的管理体系。在这一背景下，探讨法商管理对国有企业改革的推动作用，其借鉴意义和可复制意义十分重大。

二、中国国有企业改革的四个阶段

第一阶段，1979年至1984年，国企改革迈出了"放权让利"的第一步。这一阶段主要是通过扩大企业经营自主权，实行利润留成、利润包干等措施，调动企业完成计划和增产增收的积极性。但是，由于缺少有效的产权约束、市场竞争和市场化的价格体系，企业产值的增加往往靠大量资金的投入来实现。

第二阶段，1985年至1993年，国企改革迈出了"两权分离"的第二步。这一阶段的改革主要是通过推行企业承包经营责任制等措施，实行政企职责分开、国有企业所有权和经营权分离，国营企业从此成为国有企业。承包制使国有大中型企业活力增强，但在国家所有权未到位的背景下，还不能真正做到政企分开，因而不能从根本上解决企业活力问题。

第三阶段，1994年起，国企改革迈出了"建立现代企业制度"的第三步。1994年《公司法》的正式实施，标志着企业改革进入了建立"产权清晰、权责明确、政企分开、管理科学"的现代企业制度的新阶段。1995年，全国确立了100户试点企业按《公司法》进行制度创新。通过试点，初步建立起现代企业制度的基本框架，变国家对企业的无限责任为有限责任，形成了企业法人治理结构。然而，由于国有资产产权所有者的缺位，试点企业在政企分离、理顺产权关系等方面依然存在问题。

第四阶段，1999年《中共中央关于国有企业改革和发展若干重大问题的决定》的出台，标志着国企改革全面进入了"国有经济布局战略调整"的新阶段。这一阶段以提高国有经济的控制力、影响力和带动力为目标，在布局上将国有资本向关系国家安全和国民经济命脉的领域集中，在结构上通过股份制改造、引入战略投资者、重组上市等方式实现国有企业产权多元化。2003年，国务院国资委成立，作为国有资产的出资人代表直接监管196户中央企业。国资委的成立使国有经济布局和结构调整进入由出资人统一规划、市场化运作的新阶段。出资人代表的逐步到位，也在一定程度上促进了国有大型企业法人治理结构的完善。2006年12月，国资委首次明确了国有经济发挥控制力、影响力和带动力的具体行业和领域。

三、法商管理对中国国有企业改革的正的推动作用

法律法规的支持为国有企业改革提供了法理依据，优化了法人治理结构，推动了国有企业建立健全良好的所有制形式和清晰的产权结构。法商管理为做大做强国有企业提供了重要的制度保障。

（一）推动政企分开，建立产权明晰的现代企业制度

国有企业改革要遵循市场经济规律和企业发展规律，坚持政企分开、政资分开、所有权与经营权分离，坚持权利、义务、责任相统一，坚持激励机制和约束机制相结合，促使国有企业真正成为依法自主经营、自负盈亏、自担风险、自我约束、自我发展的独立市场主体。推进简政放权，依法落实企业法人财产权和经营自主权，进一步激发企业活力、创造力和市场竞争力。推进国有企业公司制、股份制改革，加大集团层面公司制改革力度，积极引入各类投资者，实现股权多元化，大力推动国有企业改制上市，创造条件实现集团公司整体上市。根据不同企业的功能定位，逐步调整国有股权比例，形成股权结构多元、股东行为规范、

内部约束有效、运行高效灵活的经营机制。允许将部分国有资本转化为优先股，在少数特定领域探索建立国家特殊管理股制度。

（二）优化企业法人治理结构，从根本上为国有企业改革与发展提供动力与活力

健全公司法人治理结构，重点是推进董事会建设，建立健全权责对等、运转协调、有效制衡的决策执行监督机制，规范董事长、总经理的行权行为，充分发挥董事会的决策作用、监事会的监督作用、经理层的经营管理作用、党组织的政治核心作用，切实解决一些企业董事会形同虚设、"一把手"说了算的问题，实现规范的公司治理。要切实落实和维护董事会依法行使重大决策、选人用人、薪酬分配等权力，保障经理层的经营自主权，法无授权时任何政府部门和机构不得干预。加强董事会内部的制衡约束，国有独资、全资公司的董事会和监事会均应有职工代表，董事会外部董事应占多数，落实一人一票表决制度，董事对董事会决议承担责任。改进董事会和董事评价办法，强化对董事的考核评价和管理，对重大决策失误负有直接责任的要及时调整或解聘，并依法追究责任。进一步加强外部董事队伍建设，拓宽来源渠道。

（三）在市场经济条件下，法律法规和商业规则支持为国有企业正常运营、参与国际竞争提供了坚实保障

社会主义市场经济条件下市场交易具有自主性、自由性和契约性，这在市场交易程度上来说必然会带来交易风险和道德风险。应建立健全法律法规制度，科学界定国有资本所有权和经营权的边界，国有资产监管机构依法对国有资本投资、运营公司和其他直接监管的企业履行出资人职责，并授权国有资本投资、运营公司对授权范围内的国有资本履行出资人职责。国有资本投资、运营公司作为国有资本市场化运作的专业平台，依法自主开展国有资本运作，对所出资企业行使股东职责，按照责权对应原则切实承担起国有资产保值增值责任，有利于界定清楚政府与企业行政管制、行政管理、司法管制之间的关系，有利于分清企业投资人与投资人之间的权利义务，有利于依法用工、保护公司与员工的权利。

四、中国国有企业管理存在的主要问题

现阶段，中国国有企业管理存在的问题主要体现在管理混乱、信息失真、利益输送、国有资产流失、历史遗留问题、管理落后、市场竞争不充分等方面。

（一）管理混乱，会计信息失真

国有企业财务人员不遵守企业会计准则，为了企业利益，随意粉饰财务报表的现象较为突出，导致会计信息失真。主要表现在：一是为达到企业筹资的目的，不按会计准则的要求进行会计核算，没有将负债全部记入账内；二是企业为完成上级下达的有关经济目标考核任务，少计成本费用；三是截留应上缴的财政收入，达到虚增利润的目的。

（二）利益输送，国有资产流失严重

（1）偷漏国家税收，企业纳税意识淡薄，采取一些违反会计准则和会计制度的办法，以逃避纳税。主要表现在：一是将收入记入往来，以达到少缴税金的目的；二是将商品以低廉的价格销售给关联方，少缴税金；三是未按《中华人民共和国增值税暂行条例实施细则》的规定，计缴视同销售行为所涉及的相关税费。

（2）违规发放职工薪酬，一些领导干部的法纪意识淡薄，为满足国有企业职工要求，维护自己在职工中的威望，不顾工资总额的限制，采用多种形式，超额发放职工薪酬，造成国有资产流失。主要表现在：一是在正常工资外，以发放各种通信费、交通费、津贴、奖金等形式，超额发放职工薪酬；二是利用下属单位，重复发放职工薪酬。

（3）挪用公款和公款私存等现象较突出，由于企业对货币资金监管不严，致使出现挪用公款和公款私存等违规违纪行为。主要表现在：一是对货币资金的盘点间隔时间过长，同时又未实行不定期盘点制度，致使货币资金在盘点间隔期间失去监控，出现公款私存等违规违纪问题；二是企业未对工会和下属单位的货币资金实施监管，致使出现挪用等严重违规违纪行为。

（4）以商务活动等名义浪费国有资产，企业以各种商务活动的名义消耗国有资产，造成国有企业管理资产流失的现象尤为突出。主要表现在：一是借洽谈业务、接待参观、考察等名义，搞公费旅游和吃、喝、玩"一条龙"，挥霍资产；二是在商贸活动中以各种名义报销"接待费"、"协调费"，使国有资产被挥霍。

（三）长期搁置历史遗留问题

企业领导对处理任前形成的历史遗留问题，往往比较消极，致使一些遗留问题一届传一届，时间越来越长，问题也越来越难解决。主要表现在：一是对可能导致利润减少的历史遗留问题从主观上不愿去处理，以避免对任期内政绩的不利影响。例如，多年遗留的不良长期投资、多年形成的呆坏往来款、多年形成的潜在亏损等。二是对处理难度大、矛盾大的遗留问题，往往采取维持现状，以回避矛盾。例如，企业三角债问题、历史遗留的对外担保、一直存在的超额发放职工薪酬问题、下属公司改制问题。

（四）国有企业管理落后，漏洞较多

国有企业管理近年来虽然有一定改观，但由于体制和人员素质的制约，一直在低水平徘徊。企业还存在跑冒滴漏等现象，尤其是企业的后勤和采购等是管理的薄弱环节，造成企业成本增高，效益降低。

（五）难以公平参与市场竞争

国有企业承担的历史包袱和社会责任较多，在与一些新成立的私有企业的市场竞争中处于劣势。主要表现在：一是国有企业退休职工较多，企业需用一部分人力资源管理退休职工，同时企业还要承担退休职工的一部分费用，增大了国有企业管理的成本；二是国有企业管理承担的社会责任较多；三是国有企业管理的遗留问题多。这些问题使国有企业和私营企业不能站在同一个起跑线上，无形中增加了国有企业管理的竞争成本。

五、中国国有企业改革发展的建议

中国国有企业在建立现代企业制度后得到了快速发展，较好地维护了国民经

济的稳定。在新的形势下，中国国有企业改革面临着更艰巨的挑战和更高的要求，必须深化改革，建立防范和化解改革不足风险的长效机制。针对存在的问题，主要应从以下六方面思考：

（一）采取多种形式，加大综合知识培训力度，提高管理者素质

针对企业少数领导人员和部分职工对相关的经济、法律、财务管理等知识了解得不够，个别会计人员素质不高，造成本单位财务管理差、会计信息失真的问题，建议有关部门加强对相关人员财务知识的培训。通过培训，使其认识到自己的责任，了解财经法纪、财务核算等方面的知识，加强企业的财务核算，强化管理意识，遵纪守法，自觉接受监督。

（二）建立健全内控制度，加强国有企业管理

加强国有企业管理是企业永恒的主题。一是引进科学的企业管理方法，为我所用，同时根据自己的具体情况，将一般原理和特殊情况相结合，制定适于自己企业的内控制度；二是强化企业各种规章制度的刚性，使企业各种规章制度得以顺利实施；三是以财务管理为中心，从企业的预算、决策到成本的事前事中控制及业绩考核，做到量化管理，使企业的多种经济活动具有可计量性与科学性；四是培养一支懂经营、会核算、悉心谋划的管理队伍，加强企业的监管。

（三）加强内部监督，防止违法违纪行为

企业领导应加强对内部监督工作的重视，强化企业内审部门的作用，提高内审机构的地位，同时充分发挥企业内部审计部门的监督功能，加大内审工作的力度，促进国有企业管理规范运作，防止违法违纪行为发生。

（四）充分发挥政府和社会的监督职能

对国有企业的监管，仅有企业内部监督是不够的，政府有关部门应通过审计、财税检查等途径，检查企业财务运作情况，监督和评价企业经营效益和国有资产保值增值状况，保证企业经营成果真实可靠。重处各种违规违纪违法行为，遏制国有资产流失。同时逐步引入舆论监督，发挥舆论监督的作用和威力，让违规违纪违法行为暴露于阳光之下，震慑违法人员。

（五）妥善处理历史遗留问题

有关部门应将处理历史遗留问题作为重要考核指标，全面衡量领导干部的工作业绩。通过制定完善领导干部的职责范围、工作目标、考核标准、奖罚制度等手段，促使领导干部既要做好任期内的工作，又要积极处理前任遗留的问题，避免单位历史遗留问题久拖不决、积重难返。

（六）充分发挥国有企业党组织的政治核心作用

加强党的领导和完善公司治理结构，将党建工作总体要求纳入国有企业章程，明确国有企业党组织在公司法人治理结构中的法定地位，创新国有企业党组织发挥政治核心作用的途径和方式。在国有企业改革中坚持党的建设同步谋划、党的组织及工作机构同步设置、党组织负责人及党务工作人员同步配备、党的工作同步开展，保证党组织工作机构健全、党务工作者队伍稳定、党组织和党员作用得到有效发挥。坚持和完善双向进入、交叉任职的领导体制，符合条件的党组织领导班子成员可以通过法定程序进入董事会、监事会、经理层，董事会、监事会、经理层成员中符合条件的党员可以依照有关规定和程序进入党组织领导班子；经理层成员与党组织领导班子成员适度交叉任职；董事长、总经理原则上分设，党组织书记、董事长一般由一人担任。

参考文献

[1] 中共中央、国务院关于深化国有企业改革的指导意见，2015.
[2] 王鸥. 法商结合对促进我国金融企业发展的思考[J]. 中国经贸导刊，2013（11）.
[3] 王文钦. 公司治理结构之研究[M]. 北京：中国人民大学出版社，2005.
[4] 郑海航. 完善中国特色的国有公司治理结构[N]. 光明日报，2008-01-29.

Legal and Business Management to Promote the Reform of State-Owned Enterprises in China

Peng Shigang

【Abstract】 State-owned enterprises are owned by the whole people, which is an important force to promote the national modernization and protect the common interests of the people, is an important material basis and political basis for the development of our party and the country's cause. The success or failure of the reform of state-owned enterprises is related to the core interests of the country and the welfare of the people. In recent years, the reform and development of state-owned enterprises has made great progress, but there are still some outstanding contradictions and problems that need to be solved urgently. Such as some enterprise market main body status is not really established, the modern enterprise system is not perfect, the state-owned assets supervision and management system is not perfect, the operation efficiency of the state-owned capital is lower, and there is some confusion of enterprise management, for example, internal control, transfer of benefits, loss of state assets and other prominent. The legal and business management initiated by Professor Sun Xuanzhong of China University of Political Science and Law business school provides new ideas and methods to solve these problems. The core of business management is the legal and commercial rules applied to the optimization process of modern corporate governance structure, to improve the enterprise's legal compliance management ability. This article is to explore how legal and business management promotes the reform of the state-owned enterprise of our country, firstly reviewed the development process of the reform of the state-owned enterprises of our country and the positive role of legal and business management; secondly pointes out some problems existing in the reform of state-owned enterprises; finally from the perspective of legal and business management, the paper puts forward some measures to solve the problems above.

【Key Words】State-Owned Enterprises; The Reform; Business Management

法商管理评论 （第二辑）
Legal-Business Management Review

法商管理实践研究

Practice Research

中国上市公司法商管理指数研究

武 闯[①]

【摘要】本文从基础研究及实际操作两个层面对医药企业法商管理指数的方法学和具体应用进行阐述,从而发现该行业法商管理指数的共性,为医药企业在未来提升法商管理指数工作提供帮助。本研究在目前常见评估方法的基础上,提出了新的评估方法,构建了新的法商管理指数评估模型。该法商管理指数评估模型既包括财务方面的项目,又包括非财务方面的指标,通过案例公司分析,对该方法进行了应用和验证,从而证明了该方法的实用性,取得了良好的效果。可见,该方法适用于医药企业法商管理指数的实际情况,在我国现阶段医药企业法商管理指数提升过程中具有良好的适用性和应用价值。

【关键词】上市公司;法商管理指数;医药行业

一、绪 论

(一) 研究背景与研究意义

1. 研究背景

随着市场经济的逐步完善,公司作为核心经济主体的地位日益彰显。在竞争

[①] 中国政法大学商学院本科生,邮箱:wuchuang1949@163.com。

日益激烈与市场环境变幻莫测的背景下,公司既面临丰厚的经济回报,也承担着更多的风险。公司风险主要有自然风险、商业风险和法律风险。前两种风险分别是以不可抗力和市场因素为特征,具有不可预期性。而法律风险以势必承担法律责任为特征,具有可预期性和可控性。因此,面对纷繁复杂、非规则化的法律实践,公司经营者必须树立一种全新的法律管理理念,使其在实现经营目标并获得可持续发展的利润空间的同时,达到最大限度规避公司法律风险的目的。

公司作为一种组织体,从筹建到成立之后的运营时刻都处于动态之中,其所从事的决策或交易之间往往具有一定的关联性,因此法律风险的发生或法律问题的出现常常是全局运作中因果链条中的一环。在这种现状下,解决公司各种法律困境、有效预防风险,最好也最实用的手段就是融法律于公司运营的全过程,通过法律专业人士对公司运营细节的把握,实现规范管理。

2. 研究意义

何谓法商管理指数?法商管理指数在公司发展中发挥着怎样的作用?如何充分有效地进行法商管理指数的提升?探究这些问题的答案对于公司决胜商海是至关重要的。但实践中很多公司对此并未形成清晰的认识,也无法给出正确的答案。面对这种尴尬的现状,我们认为有必要以此为契机,通过运用专业知识并结合实践工作经验,帮助公司找到解决上述问题的方法与钥匙。

随着社会主义市场经济法律体系的完善,法商指数对于上市公司的重要性日益凸显。公司是一个以盈利为目的的社会个体,公司的负责人就是为了追求公司及股东利益最大值的操盘手,必须综观全场,带领公司实现经济效益和社会效益。公司法商管理指数提升管理的目标应该是在充分理解法律规定的基础上,规避法律风险,使公司的经济效益达到最大化。因此,本研究对于国内上市公司提高法商管理指数具有积极意义,对于后续研究者也有一定的参考价值。

(二) 研究方法

本文旨在以我国上市公司案例为研究对象,对上市公司法商管理指数的模式、问题、局限与对策等进行深入分析,本文研究方法如下:

(1) 文献研究法:通过广泛收集、阅读文献资料,对上市公司法商管理指数的相关理论如公司治理理论等进行归纳和总结。掌握上市公司法商管理指数领域研究的最新动态,为本文研究奠定理论基础。

(2) 实证研究法:通过对××上市公司在上市公司法商管理指数方面资料

的研究以及实地访谈和观察,发现该公司在上市公司法商管理指数方面存在的问题。再针对发现的问题设计上市公司法商管理指数方面的访谈提纲和调查问卷,进一步挖掘深层次的问题。

(3)统计分析法:通过样本统计和比较对调查结果的数据进行分析,采用定量分析和定性分析相结合的方法,确定××公司人员上市公司法商管理指数的影响因素和评价指标。根据前期的调查研究结果,为××公司制定科学合理的解决上市公司法商管理指数问题的对策。研究的总体思路为"提出问题—分析问题—解决问题"。

(三)研究创新点

本研究创新之处主要体现在以下几个方面:

第一,本研究以我国上市公司案例为研究对象,分析了上市公司法商管理指数管理的模式、问题、局限与对策等,丰富了上市公司法商管理指数管理的相关研究。

第二,本研究率先从上市公司法商管理指数管理的模式、问题、局限与对策方面深入剖析上市公司法商管理指数管理的主要影响因素,并在此基础上提出科学合理的上市公司法商管理指数的发展建议与对策。

第三,本研究有针对性地对实际情况进行了周密具体的考查和研究,为相关部门的决策提供了有价值的参考资料。

二、文献综述

(一)上市公司法商管理指数相关概念与研究

法商管理就是运用法律知识和管理知识等学科知识,对企业生产、经营、营销等活动进行全面统筹规划和管理。上市公司法商管理指数就是衡量上市公司法商管理水平与绩效的系列指标。

目前,对于上市公司法商管理指数的研究较少。孙选中(2010)指出,基于经商智慧与法律精神结合的法商管理是解决我国目前公司治理问题的重要一环。柴小青（2011）在《论法商管理理论创建的现实需求与逻辑基础》中首次详细界定了法商管理的概念与内涵，分析了法律与管理在目标、功能、学科特点方面的异同点。罗雯（2013）以中国远洋为案例提出了上市公司法商管理指数的相应指标，并且进行了分析与检验。

（二）上市公司法商管理指数相关理论研究

广义的公司治理认为应考虑利害关系人（Stakeholder）在公司治理中所扮演的重要角色，此处所指的利害关系人，是不包括股东在内的其他与公司利益相关之人，如员工、客户、供应商、债权人等。

公司治理（Corporate Governance）一般泛指公司管理与监控的方法。管理是"兴利"的观点，指公司通过自治方式来统管或经理业务；监控则是"除弊"的观点，强调采取适当机制监督或控制公司事务。公司治理（Corporate Governance）在美国及欧洲已具有相当历史，在20世纪30年代，即有学者开始探讨公司治理机制，但当时并未受到广泛的关注。公司治理这个名词出现在20世纪60年代，直到1997年爆发亚洲金融危机，公司治理议题再度被学界及实务界广泛讨论。2001年底，陆续爆发的安然、世界通讯财务舞弊事件更是引起全世界的震惊。

公司治理的权威定义为，通过法律、经济与公司营运的规范，协助公司充实财务与人力资源，增进股东的财富。John和Senbet（1998）、Shleifer和Vishny（1997）曾提出公司治理的定义为各利害关系人如何通过内部控制机制（董事会），确保其利益得到公平的维护。其中心议题在于：如何确保公司的负责人或高级管理人善尽其对公司资金供应者（股东）的责任，同时容许负责人或高级管理人保有经营的诱因、管理的自由度，以利于运用公司资源创造利润、分享成果。1997年亚洲金融风暴造成许多国家经济成长大幅衰退时，Rajan和Zingales（1998）、Prowse（1998）指出，东亚国家公司的股权集中度高于其他地区，且公司治理机制不完善是导致金融风暴的主要因素之一。

张维迎（1995）指出，公司治理的目的就消极面而言是监督公司的运作以防止公司舞弊案的发生，就积极面而言才是股东利益的极大化。英国金融时报（1997）指出，狭义上，公司治理是公司对股东的关系；广义上，则是公司对社会的关系。Andrei Shleifer和Robert Vishny（1997）也在研究中更具体地解释公司治理为：①防范管理者伤害公司价值；②强化公司竞争力与管理效能；③保障资金提供者与其他利害关系人的权益。

李维安（2000）认为，公司治理就是如何使得公司投资者和各利益相关者都得到合理、公平的对待，以确保各投资人的信任。应该健全企业的董监事组成与运作，减少少数企业主掏空公司资产的机会，使公司在长远发展中合理发挥董监事的角色功能。公司所有权与经营权分离后，为防止经营者在掌控公司大权后不负责任、浪费奢侈甚至发生利益输送的事情，法律设计使得公司所有权者得以制衡监控经营者。法比尤斯（2011）探讨了如何将有关公司决策、营运与监督等权限，在股东、经营者、债权人、员工甚或公司周遭居民等利害关系人之间，进行合理且公平的分配，从而促使公司得以在效率性与公平性之间求得平衡的发展。

（三）上市公司法商管理指数相关指数效用测试

1. 里昂证券的公司治理评等

里昂证券公司以市值较大或较具投资兴趣两项为选样依据，于2001年首度发表针对全球25个国家的新兴市场中495家公司的公司治理报告。该报告中对于个别公司的公司治理评分内容主要从管理纪律（Management Discipline）、透明度（Transparency）、独立性（Independence）、可归责性（Accountability）、责任（Responsibility）、公平性（Fairness）与社会责任（Social Responsibility）7个维度、共57个项目展开。

里昂证券的公司治理评等系统采取问卷设计评分方式，以"是/否"的明确答案，降低分析人员的主观影响。70%以上的评分项目着重客观事实依据，另外30%虽包含分析师个人意见，但必须附加说明解释。各项目经评估后，依加权方式得出公司治理分数，得分越高者表示公司治理实务品质越好。

2. 标准普尔的公司治理评等

标准普尔公司也在2001年起推出一项评等服务。初步先评分欧美的企业，到了2002年则锁定亚洲地区的公司作为重点推动地区。标准普尔的公司治理评等系统与里昂证券的相同，其评分也采用问卷调查设计方式。评分内容从所有权结构与投资者关系（Ownership Structure and Investor Relations）、财务透明度与信息披露（Financial Transparency and Information Disclosure）、董事会结构与运作程序（Board Structure and Process）3个维度、共97个项目展开，2002年后则加入了财务利害关系人维度（Financial Stakeholders）。

标准普尔公司针对每个维度给予 1~10 分的评分，得分总和越高者表示该公司越重视股东的权益、越负责、运作越透明、小股东越能受到公平的对待。投资人可以依据此评等结果评估投资风险与投资保障。

针对法商指数相关实证文献的整理汇总及对现有法商指数评等系统的分析比较，有助于本研究确定法商指数评等指标应包含的维度与衡量变数，以建构适用于衡量国内企业的法商指数评等指标。至于探讨有关法商指数评等指标测试的相关文献，将有助于本研究进一步测试法商指数评等指标的效用。

三、研究设计

（一）研究对象

××医药公司成立于1992年，1996年8月在上海证券交易所挂牌上市，在中国医药行业企业中处于领先地位。××医药公司经过长期的发展，不仅具备了稳定的市场份额，而且善于抓住中国医药市场快速增长的机遇，频繁并购其他医药公司。××医药公司近年来财务情况如表1所示。

表1　××医药公司近年来财务情况

单位：元

每股指标	2013-12-31	2012-12-31	2011-12-31	2010-12-31	2009-12-31	2008-12-31	2007-12-31	2006-12-31	2005-12-31
基本每股收益	0.8000	0.6100	0.4600	2.0200	0.5600	0.5100	0.2720	0.1910	0.2610
扣非每股收益	0.4400	0.3000	0.2000	0.3000	0.2600	0.2900	0.0798	0.1640	0.2390
稀释每股收益	0.8000	0.6100	0.4600	2.0200	0.5600	—	—	—	—
每股净资产	6.0518	5.1300	4.4200	5.2300	3.2400	3.1300	3.2500	2.8740	2.7880
每股公积金	1.9136	1.1612	0.9605	0.9336	0.8572	1.2038	1.4978	0.9852	0.9172
每股未分配利润	2.5455	2.3543	1.9522	2.6323	0.9572	0.5778	0.2761	0.4199	0.4977
每股经营现金流	0.2970	0.1700	0.1100	0.2100	0.1900	0.1100	0.1940	0.2260	0.2480

续表

成长能力指标	2012-12-31	2011-12-31	2010-12-31	2009-12-31	2008-12-31	2007-12-31	2006-12-31	2005-12-31
营业收入（亿元）	73.4	64.9	45.6	38.7	37.7	36.9	31.0	29.9
毛利润（亿元）	31.5	24.4	15.4	12.4	10.4	9.82	8.06	8.96
归属净利润（亿元）	15.6	11.7	8.64	25.0	6.91	6.26	2.59	1.59
扣非净利润（亿元）	8.61	5.65	3.74	3.74	3.26	3.60	0.76	1.37
营业收入同比增长（%）	13.19	42.37	17.64	2.62	2.16	19.06	3.8	23.22
归属净利润同比增长（%）	34.17	34.96	-65.43	261.61	10.4	141.47	62.96	-26.15
扣非净利润同比增长（%）	52.37	50.98	0.07	14.79	-9.54	374.33	-44.37	-30.83
营业收入滚动环比增长（%）	1.38	10.69	3.35	4.05	-1.03	1.64	2.26	15.06
归属净利润滚动环比增长（%）	31.28	-2.31	-15.25	8.66	-27.37	71.07	60.59	-27.34

（二）研究指标体系

本研究结合行业实际情况，创造性地提出法商管理指数体系，如表 2 所示：

表 2　法商管理指数体系

一级指标	二级指标	三级指标
经营绩效指标	盈利能力指标	静态投资回收期
		动态投资回收期
		财务收益率
		财务净现值
		投资利润率
		投资利税率
		资本金利润率
	偿还能力指标	借款偿还期
		资产负债率
		流动比率
		速动比率

续表

一级指标	二级指标	三级指标
发展趋势指标	品牌价值	产品质量
		广告投放水平
		市场影响力评估
		市场占有率评估
		法律顾问费用投入水平
	渠道价值	现有供应商情况
		代理商情况及模式
		销售团队数量及覆盖
	产品价值	产品价值
公司治理指标	股权结构	机构法人持股比例
		经理人持股比例
		盈余股份比
	股东权益	资产报酬率
		权益报酬率
		每股盈余
	董事会特性	外部董事比例
		外部监事比例
		外部董监持股率
		董事会效率
法律风险指标	法律风险指标	违规处罚情况
		案件的诉讼与仲裁情况
		担保/受限资产
		法律争议业务情况
		信息披露情况

值得一提的是，在品牌价值评估时，本研究采取消费者认知评估法，该方法是依据顾客对品牌的认知度、联想度和忠诚度等对品牌价值进行评估。有很多国际医药品牌评估公司在实践中常采用这种方法。这种方法的根本基础是一个品牌价值的大小，最终来自品牌与消费者（医生/患者）之间的关系，即使营销工作的最终目标是希望努力增加销量，但首先必须在消费者心中建立一个

良好的品牌认知度，让消费者应对品牌营销时能侧重于品牌良好的方面。这种方法的优点在于品牌资产的几个来源具有良好的诊断性，可以被用来预测该品牌的潜力。

在进行产品价值评估时，可以采取模糊综合评价法。这种方法的基本思路是医药产品的产品价值带有一定程度的模糊性。因此，可采用模糊综合评估方法对医药产品资产进行价值评估。当评估渠道的价值时，本研究将以市场绩效作为评估方法。该方法认为渠道价值应该与渠道的市场表现紧密关联，譬如渠道的溢价和市场占有率等方面。该方法的优点是较为全面，可以反映渠道的增加值，也有利于相关数据的收集。

四、实证分析

（一）上市公司法商管理指数的构建

1. 上市公司法商管理指数的度量

上市公司法商管理指数的设置首先应当考虑上市公司法商管理评价目的的要求。上市公司法商管理指数应该符合公司本身的特点，力求科学、合理，能够准确、全面地反映法商管理状况。由于指标较多，而且各指标之间可能具有一定的相关性，我们必须选择一种既能克服各指标之间的相关性、重叠性，又能将较多的变量分类处理的分析方法，而因子分析正是处理该类问题的较好方法。因此，本文采用因子分析法衡量上市公司法商管理指数。

法商管理的涉及范围极其广泛，包括经营绩效、发展趋势、公司治理、法律风险等。从理论角度出发，本文在构建上市公司法商管理指数时尽可能地将各类具有代表意义的上市公司法商管理因素纳入构建体系，分别对其标准化后通过主成分分析法筛选生成一个综合性的"上市公司法商管理指数"，以全面反映上市公司法商管理状况。但是，在选取指标的过程中，我们应当考虑到合理性，选择能够切实获取的数据作为指标，并且尽量使其全面反映上市公司法商管理状况。考虑到样本数据的可获得性，本文没有考虑对上市公司法商管理起到一定影响的外部指标，而是从较容易获取的经营绩效、发展趋势、公司治理、法律风险四个层面选取了35个指标（X_1, X_2, …, X_{35}）。

2. 上市公司法商管理指数的权重

本评估模型根据笔者对医药行业的研究以及征集的医药行业并购方面的专家意见，从而给予不同的指标、不同比例的赋值。由于DEA法为多投入与多产出的数学规划分析衡量模型，以所得数据代入，可得到一个效率边界，计算出各受评单位的相对效率值，也由于此线性规划的技巧可处理无限的投入产出项，是衡量效率的优良方法，可由效率指针的位置是否位于效率边界来区别单位的效率表现优劣，所以近年已被政府单位或非营利机构广泛运用于单位部门的效率评核。因此，为了对各项指标进行科学合理的赋值，本研究使用DEA方法对法商管理指数的各项指标进行分析，结果如表3所示：

表3 投入与产出变数的相关系数分析

	经营绩效指标	发展趋势指标	公司治理指标	法律风险指标
经营绩效指标	1	0.864725	0.407169	0.240441
发展趋势指标	0.864725	1	0.407562	0.360622
公司治理指标	0.407169	0.407562	1	0.767084
法律风险指标	0.240441	0.360622	0.767084	1

在一级指标方面，鉴于经营绩效指标仍是医药行业法商管理水平中优先与重点考虑的内容，因此给予经营绩效指标高达40%的权重，而发展趋势指标的重要性次之，占30%的比例。在细分指标方面，在盈利能力指标体系中，财务收益率和财务净现值比重较为重要，因此各占较高权重。在偿还能力指标中，流动比率和速动比率是目前非常流行的财务评估项目，可以很好地体现被收购企业的现金流状况，而对于医药企业来说，由于未来若干年仍保持快速增长，所以借款偿还期的重要性不太突出，因此赋予3%的权重。该指标体系适用于目前国内医药企业法商管理指数的评估（见表4）。

表4 上市公司法商管理指数评估模型

一级指标	二级指标	三级指标	权重（%）
经营绩效指标（40%）	盈利能力指标	静态投资回收期	8
		动态投资回收期	8
		财务收益率	4
		财务净现值	4
		投资利润率	3
		投资利税率	3
		资本金利润率	3
	偿还能力指标	借款偿还期	3
		资产负债率	2
		流动比率	1
		速动比率	1
发展趋势指标（30%）	品牌价值	产品质量	4
		广告投放水平	4
		市场影响力评估	3
		市场占有率评估	3
		法律顾问费用投入水平	3
	渠道价值	现有供应商情况	3
		代理商情况及模式	3
		销售团队数量及覆盖	3
	产品价值	产品价值	4
公司治理指标（20%）	股权结构	机构法人持股比例	4
		经理人持股比例	4
		盈余股份比	2
	股东权益	资产报酬率	2
		权益报酬率	2
		每股盈余	2
	董事会特性	外部董事比例	2
		外部监事比例	2
		外部董监持股率	1
		董事会效率	1
法律风险指标（10%）	法律风险指标	违规处罚情况	2
		案件的诉讼与仲裁情况	2
		担保/受限资产	2
		法律争议业务情况	2
		信息披露情况	2

(二)实证分析

1. 市场比较法

(1)方法介绍。市场分析法是指公司的价值可通过其他相似的上市公司的市值计算出来。

(2)样本选取。样本公司的选取,主要是针对我国目前上市医药企业中业务或规模(资本额、营业额)与TG公司相近的企业。由于上市公司的股票流动性较未上市公司更好,公司的任何信息都会及时反映在股价波动上。经筛选后,选出A、B、C、D四家公司。这四家公司的主打产品A1、B1、C1、D1与TG公司的主打产品属于同一大类,在品牌价值、市场占有率、销售渠道等方面有很大的相似性。具体如表5~表8所示。

表5 A1产品未来五年市场增长情况预测

产品名称	类别	基数	2014年	2015年	2016年	2017年	2018年
A1	产品年销售额(万元)	1766	4122	8096	11482	15898	20976
	产品年销售量(万盒)	48	112	220	312	432	570
	年均增长率(%)		133.30	96.40	41.80	38.50	31.90
	医院覆盖数	800	1400	2000	2400	2700	3000
	单网点年销量(盒)	600	800	1100	1300	1600	1900
	出厂价(元)	36.8	36.8	36.8	36.8	36.8	36.8

表6 B1产品未来五年市场增长情况预测

产品名称	类别	基数	2014年	2015年	2016年	2017年	2018年
B1	产品年销售额(万元)	1289	2864	5119	6981	9738	12584
	产品年销售量(万盒)	72	160	286	390	544	703
	年均增长率(%)		122.20	78.80	36.40	39.50	29.20
	医院覆盖数	1200	2000	2600	3000	3400	3700
	单网点年销量(盒)	600	800	1100	1300	1600	1900
	出厂价(元)	17.9	17.9	17.9	17.9	17.9	17.9

表 7　C1 产品未来五年市场增长情况预测

产品名称	类别	基数	2014年	2015年	2016年	2017年	2018年
C1	产品年销售额（万元）	1018	2671	5512	8141	11448	15900
	产品年销售量（万盒）	48	126	260	384	540	750
	年均增长率（%）		162.50	106.30	47.70	40.60	38.90
	医院覆盖数	800	1400	2000	2400	2700	3000
	单网点年销量（盒）	600	900	1300	1600	2000	2500
	出厂价（元）	21.2	21.2	21.2	21.2	21.2	21.2

表 8　D1 产品未来五年市场增长情况预测

产品名称	类别	基数	2014年	2015年	2016年	2017年	2018年
D1	产品年销售额（万元）	1214	3188	6578	9715	12296	15180
	产品年销售量（万盒）	48	126	260	384	486	600
	年均增长率（%）		162.50	106.30	47.70	26.60	23.50
	医院覆盖数	800	1400	2000	2400	2700	3000
	单网点年销量（盒）	600	900	1300	1600	1800	2000
	出厂价（元）	25.3	25.3	25.3	25.3	25.3	25.3

TG 公司研发推出的重磅产品 TG1 已完成审批，预计未来五年市场增长情况如表 9 所示。

表 9　TG1 产品未来五年市场增长情况预测

产品名称	类别	基数	2014年	2015年	2016年	2017年	2018年
TG1	产品年销售额（万元）	751	2191	6260	9014	13070	19344
	产品年销售量（万盒）	24	70	200	288	417	618
	年均增长率（%）		191.70	185.70	44.00	45.00	48.00
	医院覆盖数	800	1400	2000	2400	2700	3000
	单网点年销量（盒）	300	500	1000	1200	1500	1800
	出厂价（元）	31.3	31.3	31.3	31.3	31.3	31.3

（3）乘数计算方法。市场乘数是以与该产业特性有关的财务特征为主要考虑因素。经观察后发现，医药公司在财务上大都具有总资产多和研发成本高的特征。所有乘数资料以 2011~2013 年三年为选取时间。

各市场乘数的权重，根据市场乘数信息反应时间及能否确实反映出该产业特性而定，越稳定的乘数及越近期的乘数，其重要性越高，所给予的权重也越高。经实际计算后，本研究发现资产及营业收入的乘数最稳定，确实能反映其财务上的特性——固定资产多，营业额大，重要性也自然较高。我们以样本公司乘数之中的位数作为 TG 公司的乘数的预估值，权益乘数（Equity Multipliers）中，较重要的乘数为 P/E，其次为 P/Asset，再次为 P/3E 及 P/3Asset。由于本年度的信息重要性高于近三年平均，因此，给予较高的权重。总资本乘数方面，EV/Sales 及 EV/Asset 为当期乘数，给予较高权重，其次为 EV/3Sales 及 EV/3Asset。

由于样本公司均有负债，总资本乘数不易受负债影响而能真实反映出目标公司的价值，故此，我们认为总资本乘数的重要性较权益乘数大，而给予总资本乘数较大的权重（见表 10），和权益乘数加权后，求得 TG 公司的合理价值。

表 10　权益乘数

乘数	权重（%）
总资本乘数	60
权益乘数	40

（4）计算结果。

1）权益乘数。

权益乘数计算结果如表 11 所示。

表 11　权益乘数计算结果

	A	B	C	D	中位数	算术平均数
p/1-E	40.0875	67.8478	30.7059	66.6585	53.373	51.3249
p/3-E	41.2918	87.5047	39.7014	(37.2682)*	40.4966	56.166
p/1-sales	14.6448	3.6907	4.6984	4.333	4.5157	6.8417
p/3-sales	13.9677	4.1624	6.3281	4.4426	5.3853	7.2252
p/1-EBIT	159.6218*	31.5234	52.2183	35.6512	43.9348	39.7976
p/3-EBIT	55.2047*	455.1348	112.8338	(20.4787)*	84.0193	283.9843
p/1-OI	77.3086	39.7432	29.7138	53.2414	46.4923	50.0017
p/3-OI	108.8396	56.2685	97.3573	(65.2513)*	76.8129	87.4885
p/1-Asset BV	2.9209	1.2287	1.4441	1.0836	1.3364	1.6695
p/3-Asset BV	3.1099	1.1324	1.4684	1.0552	1.3004	1.6801

续表

Equity Multipliers	中位数（mo）	TG	Mo TG	权重（%）	加权合计
p/1-sales	4.5157	2.06	9.3023	30	2.7907
p/3-sales	5.3853	18.8095	101.2957	20	20.2591
p/1-Asset BV	1.3364	33.0832	44.2124	30	6.6208

每股预估价值为42.9345元。

2）总资本乘数。

总资本乘数计算结果如表12所示。

表12 总资本乘数计算结果

	A	B	C	D	中位数	算术平均数
EV/1-sales	15.5652	5.1061	5.9185	1.2785	5.5123	6.9671
EV/3-sales	18.7296	6.4874	9.2869	1.6107	7.8871	9.0286
EV/5-sales	23.8093	8.5818	12.9058	2.6518	10.7438	11.9872
EV/1-EBIT	169.6539*	43.6127	65.7795	10.5190	54.6961	72.3913
EV/3-EBIT	82.8275*	750.3364	203.6184	(8.3876)*	143.2229	257.0986
EV/1-OI	82.1675	54.9847	37.4305	15.7091	46.2076	47.5729
EV/3-OI	143.2667	92.8035	121.4654	(24.7071)*	107.1344	83.2071
EV/1-Asset BV	3.1044	1.7000	1.8191	0.3197	1.7595	1.7358
EV/3-Asset BV	4.0323	1.7941	2.2200	0.3810	2.0071	2.1069

使用市场比较法评估TG公司的每股价格应为：

42.93×40%+13.42×60%=25.22（元）

2. 现金流量比较法

现金流量比较法认为一个企业通过预测未来的财务表现及现金流量，并以反映资金成本的利率将该企业未来所产生的现金流量加以折现的总和即可算出该企业的合理价值。

设定预测时间：

本研究将预测期间定为五年，主要原因包括以下几点：

（1）假设机器设备的使用期限为五年。

(2) 在目前医药技术升级快速的环境下，时期越长的预测，准确性越低。

(3) 避免预测时期过长或过短而造成重大偏误。

现金流量计算的各项预测值设定：

(1) 所有现金均在年底流入。

(2) 资金成本。

由于 TG 公司有举债，因此，我们以 WACC 为其资金成本。其中，权益资金成本以 CAPM 公式计算，负债成本则按照财报上所示的利息比率计算。本研究采用银行一年定存利率 5% 作为无风险利率，以加权股票指数平均报酬率 12.44% 为市场报酬率。β 值则以样本公司的平均 Beta 值为参考值，用以预估 TG 公司的 Beta 值。但首先需要将其 Beta 调成无负债状态，因此以下列公式将样本公司的 Beta 值调成无负债的 Beta 值：

0.9×[1+(1−0.17)×0.31] = 1.13

经计算，结果如下：

WACC：13.44%×0.7646+5.5%×0.2354=11.57%

现金流量法计算结果如表 13 所示。

表 13　现金流量法计算结果

单位：元

年份	2013	2014	2015	2016	2017	2018
营业收入	243742175	452600000	452600000	452600000	452600000	452600000
营业毛利	85309761	158410000	158410000	158410000	158410000	158410000
营业费用	24374218	45260000	45260000	45260000	45260000	45260000
税前收益	60935544	113150000	113150000	113150000	113150000	113150000
预计所得税	10359042	19235500	19235500	19235500	19235500	19235500
本期纯收益	50576501	93914500	93914500	93914500	93914500	93914500
利息费用（1−t）	4469592	4469592	4469592	4469592	4469592	4469592
折旧费用	93685030	93685030	93685030	93685030	93685030	0
营运现金	24374218	45260000	45260000	45260000	45260000	45260000
资本支出	30000000	0	0	0	0	0
自由现金流量	94356905	146809122	146809122	146809122	146809122	53124092
资金成本	11.57%	11.57%	11.57%	11.57%	11.57%	11.57%
折现因子	0.89629829	0.80335062	0.72004179	0.64537222	0.57844602	0.51846017
现值	84571933	117939199	105708702	94746529	84921152	

由表 13 的计算可得知,在设定的假设条件下,以现金流量折现法计算出来的 TG 公司股价为每股 35.38 元。

3. 基于医药企业兼并重组新模型的加权结果

根据本研究提出的医药企业兼并重组模型,对 TG 公司各项指标进行评估并与同行业对比得出以下得分。以产品价值一项为例,将 TG 公司未来五年产品销售情况根据产品所占比例进行加总得出总分,然后根据竞争对手市场份额情况进行加权调整得出分值。

上市公司法商管理指数评估得分如表 14 所示。

表 14 上市公司法商管理指数评估得分

一级指标	二级指标	三级指标	得分
经营绩效指标 (40%)	盈利能力指标	静态投资回收期	6
		动态投资回收期	7
		财务收益率	3
		财务净现值	3
		投资利润率	1
		投资利税率	2
		资本金利润率	2
	偿还能力指标	借款偿还期	1
		资产负债率	1
		流动比率	1
		速动比率	1
发展趋势指标 (30%)	品牌价值	产品质量	3
		广告投放水平	3
		市场影响力评估	1
		市场占有率评估	1
		法律顾问费用投入水平	2
	渠道价值	现有供应商情况	2
		代理商情况及模式	2
		销售团队数量及覆盖	1
	产品价值	产品价值	3

续表

一级指标	二级指标	三级指标	得分
公司治理指标（20%）	股权结构	机构法人持股比例	3
		经理人持股比例	3
		盈余股份比	1
	股东权益	资产报酬率	1
		权益报酬率	1
		每股盈余	1
	董事会特性	外部董事比例	1
		外部监事比例	2
		外部董监持股率	1
		董事会效率	1
法律风险指标（10%）	法律风险指标	违规处罚情况	1
		案件的诉讼与仲裁情况	1
		担保/受限资产	1
		法律争议业务情况	2
		信息披露情况	1

综上所述，本研究案例公司法商指数得分为 67 分。结果显示案例公司具有良好的法商管理水平，但仍有一定的提升空间。

五、结　语

在我国深化改革、加速建设法治社会的背景下，法律治理水平对于上市公司的发展至关重要。医药行业是指包括医药的生产、销售等环节在内的产业链的总称。由于医药行业关系到百姓健康和人民福祉，而且是高科技、高附加价值的产业，因而加强法律管理，提高法商指数显得尤为重要。本研究从基础研究及实际操作两个层面对医药企业在法商管理指数方面的方法学和具体应用进行阐述，从而发现该行业法商管理指数的共性，为医药企业在未来提升法商管理指数工作提供帮助。

本研究在目前常见评估方法的基础上，提出了新的评估方法，构建了新的法商管理指数评估模型。该法商管理指数评估模型既包括财务方面的项目，又包括非财务方面的指标，通过案例公司分析，对该方法进行了应用和验证，从而证明了该方法的实用性，取得了良好的效果。可见，该方法适用于医药企业法商管理指数的实际情况，在我国现阶段医药企业法商管理指数提升过程中具有良好的适用性和应用价值。

参考文献

[1] 高汉祥. 价值创造视角下的公司治理分析 [J]. 当代经济科学，2009（5）.

[2] 许叶枚. 利益相关者、公司治理与企业的社会责任 [J]. 现代经济探讨，2009（1）.

[3] 曾小青，张恭杰. 论公司治理与社会责任 [J]. 中南财经政法大学学报，2009（1）.

[4] 王阳. 基于社会责任的公司治理模式重塑 [J]. 西北师大学报（社会科学版），2009（1）.

[5] 罗雯. 上市公司法商管理指数研究 [D]. 中国政法大学硕士学位论文，2013.

[6] 白重恩，刘俏，陆洲，宋敏，张俊喜. 中国上市公司治理结构的实证研究 [J]. 经济研究，2005（2）.

Research in Law and Business Management Indexing of Chinese Listed Companies

Wu Chuang

【Abstract】 This research expounds on the methodology and specific applications of law and business management indexing in pharmaceutical enterprises from the perspective of basic research and practical operation. In this way, this research may find out the commonality of law and business management indexing in this industry, thus offering help to pharmaceutical companies in enhancing their law and business management indexing work in the future.

On the basis of the current common assessment methodology, this research proposes new assessment methods to construct a new evaluation model for law and business management indexing. The evaluation model for law and business management indexing will be applied in both financial projects and non-financial projects. Moreover, this method will be applied and validated in case analysis to prove its usefulness and effectiveness. It is proved that this method is applicable to the actual situation in law and business management indexes of pharmaceutical companies and this method is endowed with the ability to significantly promote law and business management indexing in China's current pharmaceutical companies.

【Key Words】 Listed Companies; Law and Business Management Indexing; Pharmaceutical Companies

"互联网+"推动中国企业法商化

陈万林[①]

【摘要】 法商是中国商道的发展方向。本文从技术角度出发,提出并论述了"互联网+"是法商管理的重要技术支撑,不仅可以帮助企业更好地做生意和做到法商管理,还可以帮助企业从产业化角度出发重塑企业,规避一窝蜂盲目同质化、低附加值的恶性竞争。最后阐述了为更好地发挥"互联网+"平台的整合作用,可以采用8×6创新体系使企业整合升值。

【关键词】 法商;"互联网+";平台;8×6创新体系

一、中国商道发展的简单回顾

从1949年到1978年是中国商道被彻底摧毁的历史时期,所有商人几乎一夜之间不复存在,完全走到统一的、纯正的、封闭的人民公社化公有经济模式。1978年,十一届三中全会的春风使中国商道开始复苏。但在后续30年左右的时间里,整个中国经济围绕着如何更好地保护和更好地发展国有企业而进行着各种改革尝试,政府既当裁判又当运动员。

[①] 深圳百胜扬工业电子商务平台发展有限公司创始人兼总裁、中国政法大学法商管理研究中心研究员、多伦多大学博士,曾任北京理工大学讲师(1996~2000年),著有 *A Big Bridge Ahead*:*Develop the Future Enterprise Execution System*(全英文版,美国发行)和《实用六西格玛质量突破——迅速—精准企业管理之路》(清华大学出版社)。

庆幸的是，中国最终真正开始遵循自然经济规则，融合各种经济所有制模式。在这样的大背景下，中国呈现出传统商道与现代经济发展相融合的模式。例如，一些居于某一地的小生意人也可以通过互联网电子商务等把生意做到其他地方去，企业可以通过品牌推广等手段让生意找上门来。中国的商人和企业开始广泛学习和运用各种先进的管理和市场营销理论及经验，公司的技术、产品、服务、市场网络、效益等都在一定程度上得到了提升。并且中国涌现出一大批优秀的企业家，他们基本上每一个都是标杆，他们的经营之道都是对中国商道的极大贡献。例如，万科的王石建立了一种整洁规范的安居模式，联想的柳传志奠定了一种中国人主导的国际化企业运营体系，华为任正非开创了一个中国企业全球化技术创新时代等。这些企业家既有机融合了中国传统商道，把控天时、地利、人和，游刃有余地发展与政府、社区、商会、客户、供应商、合作伙伴等各方面的关系，又抓住了发展机遇，做出了特色，做出了品牌。

但我们也注意到，我国在快速发展过程中遇到了不少挑战性的问题。一些企业通过野蛮生长成就了小家，却在一定程度上损害了大家。最明显的问题之一就是一些企业为挣钱不顾环境，随意排放污水废气，造成中国不少城市雾霾"流行"。据有关方面报道，我国主要污染物排放量已超过环境自净能力。工业固体废弃产生量由1998年的6.4万亿吨上升到2012年的32.9万亿吨；废水排放量从1998年的171.2亿吨上升到2012年的684.8亿吨，七大水系近一半河段严重污染。许多城市空气污染严重，酸雨面积已占全国面积的1/3；全国水土流失面积达3.6亿公顷，每年新增1.5万平方公里；沙漠化面积达174万平方公里，占国土面积的18.2%，每年新增3436平方公里。90%以上的草场退化，每年增加退化草原2.5万公顷；北方河流资源开发利用率大大超过了国际警戒线（30%~40%），其中黄河、淮河、辽河达60%，海河达90%。1998~2012年这十五年间，在人均GDP不断增长的同时，工业废水、废气、固体废物排放量也随之增加。

还有的问题凸显了一些企业不择手段、漠视生命、践踏资源、破坏公平的危险做法或倾向。例如，为挣钱不顾生命，肆无忌惮地销售地沟油、三聚氰胺毒奶粉；为挣钱不顾技术进步，好像还有不少赫赫有名的企业或企业家挣钱不少，但在技术进步上有几个像Google、Apple、IBM、微软、GE呢？只要挣钱，偷技术比自创来得快。甚至在投资意向或兼并购买的幌子下偷学创新创业小企业的技术，然后自己厚颜无耻地单干起来，利了自己，却损了整个科技创新的氛围，损了国家科技进步；为挣钱不顾社会，重小义（表面上的做人）、轻大义（社会公义），重小利（目光短浅，不择手段的自私自利）、轻大利（整个社会和子孙万代的长远发展大业）；为挣钱趋炎附势，唯权唯钱而论，花了太多心思在人与人之间、在权谋上，活得不阳光、很累。

我们震惊地发现，在中国有不少企业一般自己挣了钱（虽然也或多或少地缴了一些税），但对社会和人类的发展贡献并不大。不少企业家有了钱，但却沉迷于钱，过着自己奢侈的小家日子，忘了作为企业家和社会精英应肩负起促进社会环境提升的大义和大利责任，忘了为他们的子孙后代营造良性发展的社会体系。虽然中国商人和企业家也开始学习和运用先进的管理经营理论和经验来提升产品、技术、服务，但在世界50强管理大师排行榜上只有中国两千多年前的《孙子兵法》创立者孙武入选，确实令人汗颜。到现在我们还在吃老祖宗的这点家底。在中国鲜见百年传承的企业，富也一般过不了三代，因为富人们、精英们都在忙自己的小家，没人真正去建造承载百年企业的体系。

二、中国商道的发展方向——法商

从以上论述可以看出，中国商道的现状在一定程度上有点类似于美国摩根时代前的企业野蛮生长模式。在几乎每一个领域，数百、数千甚至过万的相似规模的企业在恶性竞争，包括价格战、同质化或低劣产品竞争，这样导致资源耗费大、环境破坏大、社会担当差。中国再也不能这样一直承受企业无休止的野蛮生长和恶性循环，这不利于中国经济和社会发展，不利于中国企业国际化竞争力的提升。所以中国商道必须进行突破，以使中国企业的发展模式转型升级。

显然，中国商道需要一种体系化的法则进行规范和引导。从狭义上来讲，这种法则是国家或国际法律法规。从广义上来讲，这种法则是自然之道、社会公允之道和科学之道。笔者认为，法则与商道结合就是法商之道。法商是中国商道的未来之路，或者换句话说，法商是中国商道的愿景和发展方向，因为从当前的商道达到法商还需要国家和全社会，尤其是中国企业家的共同努力。每一位企业家既要发展好自己的企业，也要共同建立能够产生长青企业的体系，造福子孙万代。

在《法商管理的兴起》一书中,孙选中教授从务实的角度剖析了中国企业家不缺商业智慧但缺乏法商智慧的现状。这是一些企业所面临的重大危机和风险,也是中国企业转型升级的重大机遇。通过法商管理,中国企业可以更好地构筑稳健的经营体系,促进公司方方面面的协同发展,包括公司文化、愿景、战略、社会公共关系、环境生态、产品和技术、市场拓展、上下游产业链、运营管理平台等。这种经营体系是有序的,但有序中又容纳了足以有效促进创新的"无序"。这种无序不断融合到整个经营体系中,从而促进更高层次的有序。

那么如何做到法商管理呢?孙选中教授精准地提出了法商的三个层次:第一层是经营应以消费者利益为根本出发点,不能做背道而驰的事情;第二层是经营行为要守法、讲规则,不能有意或无意地"作恶";第三层应赚取阳光财富,不能挣违心黑心钱。这三层是一个总体纲领性指导。第一层是规范企业与客户之间的关系,第二层是规范企业与竞争对手、合作伙伴以及社会生态之间的关系,第三层是规范生意方向,即应选择什么样的生意领域。笔者认为法商三层模型对中国目前类摩根时代的企业有极大的启示。也就是说,中国企业必须超越产品和生意的经营理念,而从产业的角度思考问题。例如,从消费者利益出发,企业就不要一窝蜂去恶性竞争而制造低劣产品。中国的机会这么多,可以学习以色列人的做法,即别人已经做了某一行业,我就去开创另一个行业;如果自己的企业不够创新,不如就让有创新领导力的企业来统领,进而做出更精尖的产品。我们做企业不仅仅是为了产品、生意和挣钱而存在,而是为了在产业中寻找一个自己能产生正向价值的点。

三、"互联网+"——推动法商化的重要技术手段

当今几乎所有领域都需要技术支撑,包括分析数据、运营数据、规范流程、管理细节、控制风险等,法商管理也不例外,其也需要技术支撑。"互联网+"是推动法商化的重要技术手段。"互联网+"技术是当今多种最新最前沿技术的融合,包括大数据、智能计算、物联网、移动互联网、云计算等。这些技术是第

四次工业革命的核心,将推动几乎所有行业的转型升级(IBM 的调研报告也指出,企业或机构需要高新技术助推升级再造),倒逼各种规则的革命,促进整个经济的突破性发展。

互联网带来的社会和经济效应显著。数据显示,2014 年我国信息消费规模达到 2.8 万亿元,同比增长 18%;2015 年底达到 3.2 万亿元,同比增长 15% 左右。不可否认的是,"互联网+"行动计划必然会对一些行业固有的商业模式造成冲击。在"互联网+"的时代,通过互联网在各个行业的渗透、融合、颠覆,既能改造传统产业实现升级,也能催生新兴产业实现转型,推动存量提升和增量发展,真正实现腾笼换鸟和凤凰涅槃。A 股市场早就对互联网的渗透做出了反应:不管是什么行业,只要沾上互联网这三个字,必然会迎来股价的飙升。互联网作为产业创新转型的新方向,一定会迎来各路资金的追捧。

通过"互联网+"技术,企业可以更好地做到法商管理。第一,通过不同层次和要素间的互联,企业可以更好地为客户服务。第二,由于互联带来的信息对称,企业间的竞争以及生态中的合作过程更加透明,进而促使企业更加自觉地遵守法则。第三,由于互联带来的大数据分析结果,企业可以更好地进行选择,合规合法地开创一个新的领域,推动整个国家的经济和社会进步,而不至于一窝蜂地挤在一个领域进行同质化和低附加值的恶性竞争。从综合方面来说,"互联网+"技术可以帮助企业更好地做生意,也可以帮助国家更好地规划和发展产业,适当地调控行业集中度。

四、"互联网+"平台化战略

我国企业尤其是中小企业如何借助"互联网+"推动或做到法商管理呢?做法一:企业在阿里巴巴上开网店,但这个越来越行不通了,因为阿里作为"房东"只关心按时收租金,无法也无心解决"房客"的问题。房客以为发了,但只是在为房东打工。做法二:企业自建网店,但最终发现自己花费巨大,还无论如何不专业,也做不好。做法三:在产业链生态圈中共建网上门店。由于共处一个上下游产业链生态圈,不同企业将形成一个生态圈合力。这不是传统卖东西的电商门店,而是基于制造业思想、"互联网+"/工业 4.0 思想以及生态圈思想建立的，也就是我们定义的工业电子商务"互联网+"平台。

所谓工业电子商务思想，有两个重要特点（见图1）：一是深度，不同于阿里等 B2B 平台的卖东西电商模式，这个圈子平台实现了用户和制造者之间的直接联系，而不会出现因只关注流通环节而造成假货等情况。二是垂直。这个生态圈不是针对单个企业，也不是针对全行业企业，而是专注特定领域的一部分企业。这个圈子内外是有别的，就像是一个"微信"，圈子外部的要与我交流必须加我的微信。在圈子里可以实现规模化销售、规模集约化"团购"/采购、规模集约化运营和物流、公司 A 的订单可以由公司 B 执行，因为有些公司有订单没产能，而有些公司有产能没订单。所以一个产业链生态圈一定能胜过单个企业，无论这个企业有多强大。

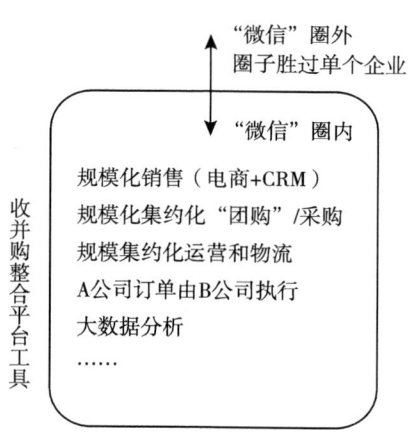

图1　垂直平台示意图

可见，我国企业将来必然要按照上面的第三种做法创建基于生态圈的"互联网+"平台。

如何构建"互联网+"平台？这是一个很大的课题。中国乃至全世界有很多家 IT 公司均在从事相关的平台研发工作。"互联网+"平台的难点在于企业级信息化处理部分，应该遵循 DSN 架构模型，如图2所示。由于如何构建"互联网+"平台不是本文的重点。所以具体细节不在此处讨论。

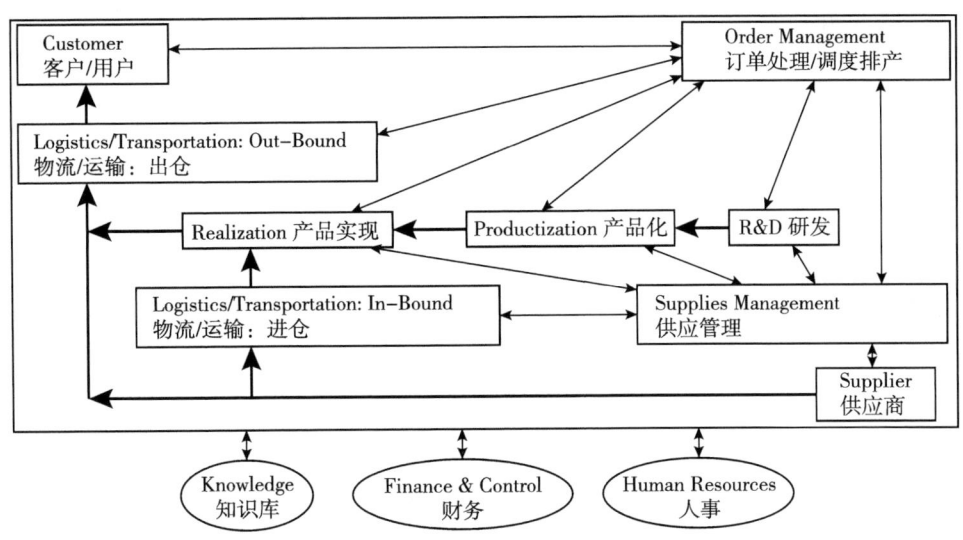

图 2　企业级信息处理的 DSN 架构模型

五、基于平台的企业收并购整合和产业化重塑

基于"互联网+"平台，企业与消费者直接相连，与圈内的其他企业也直接相连。这种互联可以帮助企业更好地做生意，一方面企业可以更好地满足客户的需求，另一方面可以加快圈内企业间的内循环，即在圈内企业间产生业务。这样立足于一个圈子的企业可以更好地与外部企业进行竞争（一个生态圈一定会战胜单个企业，无论这个企业多么强大），最终给对手施加强大的压力，并获取超额的利润。

平台除了从企业生意角度出发给企业带来巨大价值，还会给圈内企业从产业角度出发进行优化调整。基于圈子，一个企业可以及时决定有所为而有所不为，既可以转让出没有竞争优势或者与其他企业重复的部分，也可以并购其他企业的全部或一部分以增强自己的优势领域。这样通过平台的协同作用，圈子所专注的产业内将优化组合，促进行业集中度处于一个合理的范围内，规避一窝蜂恶性低附加值竞争的情形。

从产业化角度出发进行优化调整将具有巨大的发展空间。我国企业的收并购整合和产业化重塑的时代正在来临。近十几年来，中国经济发展迅速，现已达到一定的经济规模和形态，类似于北美的摩根时代。在摩根时代，美国出现了铁路，发明了电报、电话，工厂的产品可以卖到外地去，能够运到外地去，企业的规模不再受当地市场规模的局限，通铁路的地方整个区域变成了统一的大市场，大市场催生大产业，大产业造就大企业，北美进入大工业时代。这个时候冒出很多大产业，汽车、化工、石油、铁路产业都很大，造成很大的机会，大家都在抢这个机会。钢铁是当时的第一大产业，是最风光的产业。大家争上钢铁厂，一下上了几千家，结果打起了价格战，最后打到全行业亏损，厂商面临生存危机，也危及金融资本的安全。金融家摩根用信贷杠杆金融的力量，将785家的中小钢铁企业并到卡内基钢铁厂，更名为美国钢铁，这就是人类历史上第一家资产超过10亿美元的公司，控制了美国钢铁产业70%的产量，有足够的盈利确保研发投入，也愿意对产业长远前景负责，领导这个产业进入升级换代的有序状态，升级到世界领先的钢铁工业。与此同时，勒克菲勒在重组石油产业，杜兰特把200多家上规模的汽车厂合并为通用汽车。这个时代真正的企业英雄，都在做产业整合。这一轮产业重组波及美国几乎所有的工业部门，整个工业部门经济都出现了，美国产业过度竞争的格局被彻底改变，许多传奇般的美国公司崭露头角，美国现代大工业异军突起，一举把欧洲甩在后面。

哥伦布发现了美洲新大陆，但摩根整合重组了美洲新大陆。没有摩根时代的收并购整合，或许就没有美国今天的强大。根据美国摩根时代的发展经验，中国实体经济野蛮生长到当今阶段，企业也必然走向收并购和产业链整合，以使实体经济更加优化、资源更加集约、经济发展更加可持续。随着资本市场的发展和功能恢复，必将掀起持续的产业整合和企业重组，企业收并购和产业链整合必将成为未来经济转型和企业发展的新常态。

六、整合升值 8×6 创新体系的导入

"互联网+"平台为中国企业产业化重塑和做到法商管理提供了巨大支撑。为了使平台更好地为企业和产业服务，我们还要基于平台进行企业的整合升值。这里笔者列出所在百胜扬公司内部研究报告的部分内容，即企业整合升值的八个

要素,以及基于每一个要素的六步走。八要素和六步走合为 8×6 创新体系。

软性整合三要素:

(1) 企业文化整合——如何将两家公司的文化一体化。

(2) 企业目标整合——如何将两家公司的目标一体化。

(3) 企业战略整合——如何将两家公司的战略一体化。

硬性整合五要素:

(1) 产品、技术整合——如何将两家公司的产品和技术进行系统化、规整化,合并"同类项",精简资源投入。

(2) 市场整合——如何将两家公司的市场及渠道进行系统化、规整化,合并"同类项",精简资源投入。

(3) 产业链整合——如何将两家公司的上下游产业链进行系统化、规整化,合并"同类项",精简资源投入。

(4) 企业运营评估体系整合——如何将两家公司的运营平台包括运营评估体系进行同化、整合。

(5) 资本资产整合——如何将两家公司的资本资产或所有权进行合规化、规整化、明晰化。

针对上述八要素,逐一实施六步走,必然实现"1+1>2"的整合效果。

第一步,设计矩阵组织架构(用更稳健有效的矩阵型组织结构代替传统上下层次型组织结构是关键,如图 3 所示)。

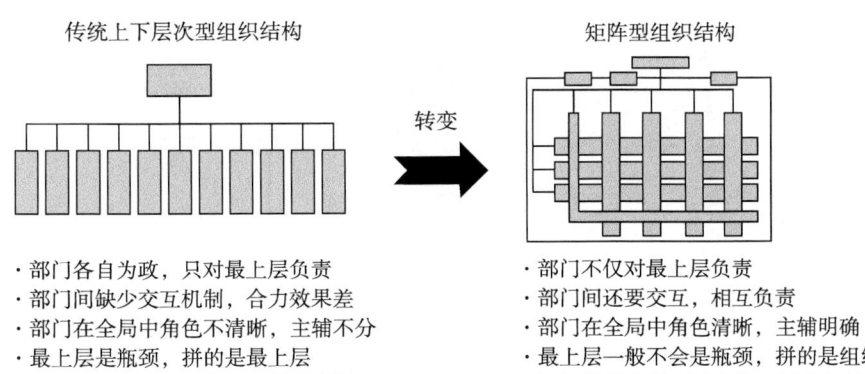

图 3　组织架构的转换

第二步,通过物品流水账使产品流通畅(产品是广义的,使产品流通畅是核心,也就是使整个公司"经络"通畅,如图4所示)。

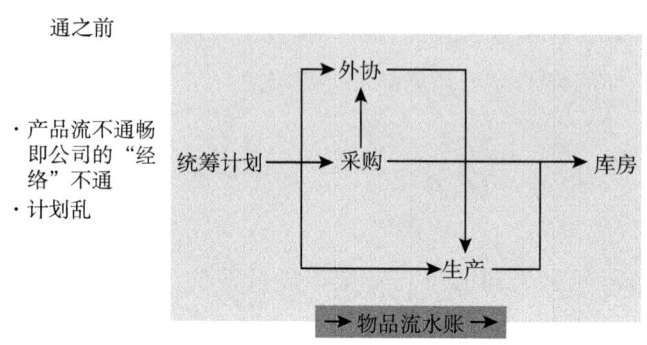

图4 产品流通畅

第三步,实施价值流分析和标准化作业(在产品流通畅的基础上进行量化、标准化和精细化,如图5所示)。

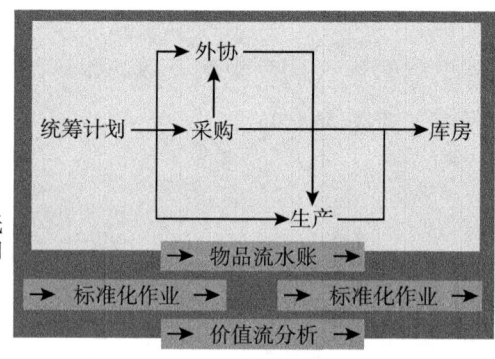

图5 价值流分析和标准化作业

第四步,使质量数据可追溯、对号入座(在量化基础上使数据可追溯,这是更高层级的现代化企业管理,如图6所示)。

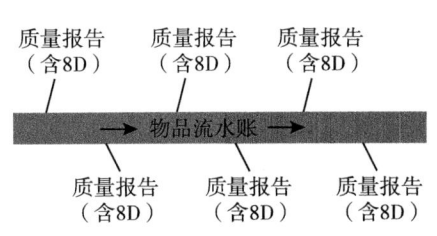

图 6 追溯性

第五步,实施现场及可视化管理(在前四步达到的内在升级基础上进行外在的"包装"或"打扮",如图7所示)。

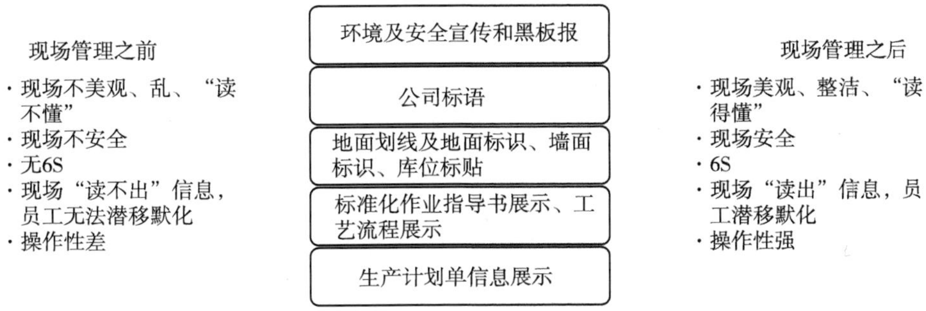

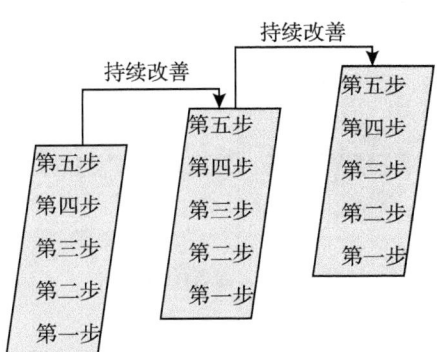

图 7 现场及可视化管理

第六步,基于任务清单的项目管理和持续改善(第一个层次的前五步、第二个层次的前五步、第三个层次的前五步等,不断循环升级,如图8所示)。

图 8 持续改善

收并购整合八要素与六步走的矩阵关系如图9所示:

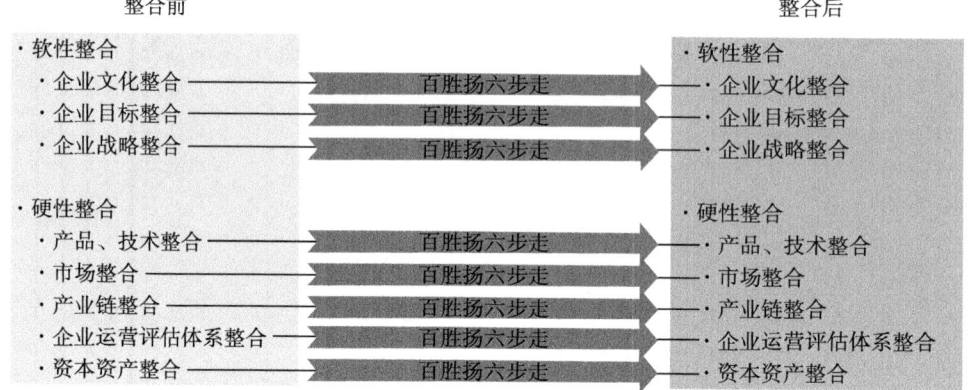

图9 八要素与六步走的矩阵关系

参考文献

[1] 施小兰. 中国经济发展中的环境问题浅析 [J]. 智富时代, 2014 (12).

[2] 孙选中. 法商管理的兴起 [M]. 北京: 经济管理出版社, 2013.

[3] 钱大群. 把握创新机遇引领转型升级 [C]. 新一代信息技术产业发展高峰论坛, 2014.

[4] 阎岳. 如何分享"互联网+"时代带来的超额收益 [N]. 证券日报, 2015 (3).

[5] 百胜扬公司. 内部平台开发和收并购整合资料 [Z]. 未公开发表, 2015.

[6] Verner Chan. A Big Bridge Ahead: Develop the Future Enterprise Execution System [M]. Toronto, Canada: MacPonds Publishing, 2010.

[7] 王明夫. 并购重组、产业整合与企业成长 [J]. 企业管理, 2012 (9).

"Internet +" to Promote the Chinese Enterprise Commercialized

Chen Wanlin

【Abstract】 Legal business is the direction of the Chinese business. From the technology point of view, the author has pointed out and justified that "Internet +" is the critically important base for the legal business. It will help the entrepreneurs better do their business and achieve legal business management. Furthermore, it will help effectively re-engineer the industry in a vertical area by avoiding serious homogenization and low value-adding of competition. In the last section of this article, the author introduced the 8 × 6 innovation framework to further enhance the effectiveness of the "Internet +" platform.

【Key Words】 Legal Business; "Internet +"; Platform; 8×6 Innovation Framework

互联网金融众筹风险及应对措施

董子豪[①]

【摘要】 随着互联网金融的高速发展，众筹这一新型的模式得到了越来越多民众的认同。但是众筹给大家带来利益的同时也产生了新的风险，探索众筹中的风险并且提出相应的举措显得尤为重要。之前学者的研究大多关注股权众筹的风险，本文对股权众筹、债权众筹、产品众筹、捐赠众筹四个方面的众筹风险做了较为详尽的研究，并且提出了针对风险的举措建议，以期帮助我国众筹有序发展。

【关键词】 众筹分类；众筹风险；政策建议

一、引 言

互联网技术的迅猛发展掀起了一场关于思想观念与运营模式的变革，尤其在传统的金融资本方面有了质的飞跃，引发了民众对于金融更高的需求，也对传统的金融模式产生了巨大的冲击。互联网金融支付快捷、信息透明化的优势非常明显；资金借贷双方直接交易，省去了传统金融中介的介入；资源配置效率高，交易成本反而更加低。更为重要的是，互联网金融模式能够使不同层次的群体得到金融服务，真正达到普惠金融的目的。

何谓互联网金融？其准确定义还存在较大的分歧，在学术界大致分为两类：

---

① 中国政法大学商学院硕士，研究领域：区域经济学，邮箱：410943425@qq.com。

一类认为互联网金融模式就是传统金融模式的互联网化；另一类认为互联网金融模式是一种不同于传统金融模式的创新，通俗来讲，互联网金融模式是传统金融业务的延伸和补充，使以往得不到金融服务的群体能够获得金融服务。就目前人们对于互联网金融的理解来看，第二种解释似乎更为贴近其准确定义。比特币、"宝"类理财产品、第三方移动支付、P2P网络信贷、众筹模式等都是互联网金融的产物，其形式也在民众中逐渐流行，甚至对传统金融领域产生了不小的冲击。

创业是国家经济发展中动力最强的一部分，同时也是国家经济发展的原动力，但是创业项目面临的最大难题是创业资金。传统创业融资项目的交易费用高昂，银行的贷款力度有限，且手续繁杂，利息高，这就在一定程度上制约了创新创业的发展。而互联网金融众筹融资模式能够有效地解决这一难题，为跨时空地域资源的交流提供了可能，降低了交易成本，而创业通过众筹也获得了长足的发展，融资难这一问题得到了有效的解决。

众筹，即大众筹资，是指项目发起人以产品或创意展示的形式，获得支持并以此筹集项目资金的模式。众筹打破了传统的模式，投资不再是有钱人的专属，资金的来源不仅是银行等金融机构，民众也可以参与其中。这样的模式不仅帮助了在创业初期的小微企业和个人创业，同时也使得投资人获得了高于银行存款数倍的收益，其创新的运作方式有一定的现实意义。

二、众筹的分类

现如今的众筹模式中必然存在三类主体：项目发起者、众筹平台和项目支持者。项目发起者为资金的需求方，一般由两类人组成：一类是有创造力，但缺乏资金难以付诸实践的人；另一类是已经将创意付诸实践，有一定雏形但资金难以满足进一步开发和推广的人。项目支持者为资金的供给方，也大致分为两类：一类是具有闲置资金的个人，认同发起者的项目，并期望从投资中获得收益或利润；另一类是政府部门、银行、大型企业等，将资金更高效地运用于项目。独立的第三方众筹平台开展业务的形式包含"作为资金的中介"和"作为信息的中介"两种，前者中的自有资金主要用于民间借贷，会承担一定风险，可以收取利息；后者不直接参与借贷活动，也不承担相应风险，只需在交易达成后收取中介费用。我国众筹融资模式的流程如图 1 所示：

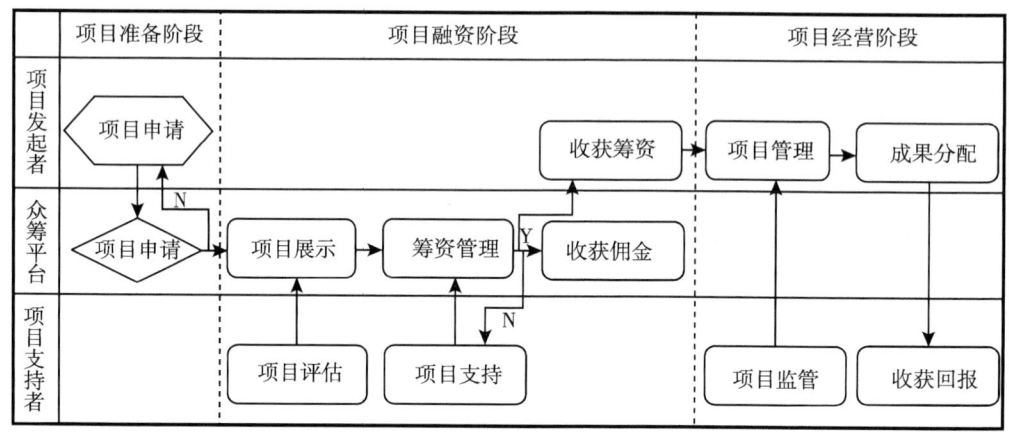

图 1　众筹融资流程

无论哪一种众筹形式，都离不开项目发起者、众筹平台和项目支持者三类主体。股权众筹、债权众筹、产品（回报）众筹和捐赠众筹是主要的四种众筹方式。

（一）股权众筹

股权众筹是指参与众筹的项目或公司向不特定的普通投资者公开募集资金，将融资企业放到众筹平台上，并对投资者出让一部分原始股份作为回报，达到以股权交换资金的目的。

首先，筹资企业要向众筹平台提交商业计划书及拟出让的股份数目、价格等材料。平台通常还需要筹资方提交企业经营许可证及公司财务报表等，以证明商业计划书的可靠性。其次，投资者在平台上从可投资项目中选择有价值的企业进行投资。确定后，投资者把钱投入平台委托的开户行账户。在此过程中，大部分众筹平台会为了增加其平台上的项目吸引力以及降低投资者的投资风险，联合投资公司或是律师事务所处理以上文件，其中主要是有限合伙基金模式，也就是由领投人先按比例投，再由其他投资者跟投，大家成立有限合伙基金入股项目公司。这种模式下的领投人通常是担当基金管理公司的有限合伙人，负责项目的管理运营，但是投资人不直接参与。然而在缺乏准入门槛的情况下，难以保证筹集人、管理人信息的真实性，存在一定的风险。

（二）债权众筹

债权众筹是指投资者对项目或企业进行投资，以期未来获取利息收益及收回本金。目前，主流的债权众筹有两种模式，一种是大众所知的 P2P 网络信贷模式，另一种是企业债的模式。

两种模式的运营机理是类似的。首先项目借款人要进行贷款申请，然后众筹平台会对贷款人进行贷款审核和风控评级。贷款获批后，平台将会把款项先贷给借款人，同时将贷款信息发布到众筹网站平台供投资人进行投资。在互联网上，投资者在大量借款人中选择符合个人风险偏好的优质项目进行投资，如果在指定时间内借款人筹到 100% 的资金则意味着此众筹成功。需要说明的是，债权众筹是一种投资方式，也存在项目的成功与否，其在众筹平台上的收益利率是根据项目进行的估计值，并不能作为日后还款利息的标准，也可能高于或低于此值。所以债权众筹这一方式也存在一定的风险性。

（三）产品（回报）众筹

产品众筹是指投资人把钱投给筹款人用以开发某种产品（或服务），等到该产品（或服务）开始对外销售或达到对外销售标准时，筹款人依照约定将产品或服务回报给投资人。

在产品众筹过程中，筹资人需向平台提供包含项目内容介绍、进程安排、投资回报和必要风险提醒在内的详细资料。平台出于可行性等原因可能会在审核过程中要求筹资人提供产品原型、技能证书、筹资人履历证明等材料。等到进入上线准备阶段，筹资人需要进行宣传策划、图案设计和视频拍摄等，然后项目正式接受投资。若在筹资期限内成功筹到目标金额，项目便进入正式生产阶段，一直到投资者得到承诺的产品。产品发售后，筹资人可能还需要承担一些产品的后续升级服务。但是如果项目无法在预定时间内筹集到预订金额，项目（如果项目选择的是固定模式）会被终止。投资者将被退还所有已付资金，项目失败。

（四）捐赠众筹

捐赠众筹是指投资者对项目或公司的一种无偿捐赠。投资者一般不会在乎出资额，通常带有明显的公益性质，所以捐赠众筹主要用于公益事业。在国内做的比较多的是募捐制和奖励制项目，但整体来看国内的捐赠众筹占所有众筹方式的比例只有1%左右。红十字在线捐款平台类似于捐赠众筹的雏形。捐赠众筹除了对公益之外，也可以对其他事物或者人进行捐赠，这种捐赠是不计回报的，主要是为了获得参与感。

但这种方式仍旧需要有众筹网站对筹款人的项目进行评估，只有符合规定才可以将其项目发布在众筹网络平台，而公益性质的捐赠众筹相对于一般项目涉及金额更大，所以对发起者的资质资历需要进行验证，对其公益项目也需进行考察。

三、众筹的风险

针对众筹风险，大多数的研究都围绕着股权众筹或者对众筹这个整体的概念进行阐述，但笔者认为不同类型的众筹模式可能会形成有各自特点的风险，那么对不同众筹模式风险的细分则显得尤为重要。

（一）股权众筹的风险

1. 公开发行证券或非法集资的法律风险

《最高人民法院关于审理非法集资刑事案件具体应用法律若干问题的解释》规定："未经国家有关主管部门批准，向社会不特定对象发行、以转让股权等方式变相发行股票或者公司、企业债券，或者向特定对象发行、变相发行股票或者公司、企业债券累计超过200人的，应当认定为擅自发行股票、公司、企业债券罪。"而股权众筹的运作模式就是通过出让公司股权向不特定对象集资，所以股权众筹很容易触及非法集资这一法律红线。同时因为股权众筹平台对于项目投资人数量一般没有特定限制，所以不特定项目投资人极易超过200人。而发行股票和证券则需要向相关部门报备审批，现如今的法律对此并没有特别明确的规定，所以在法律层面可以说股权众筹是游走在法律的灰色地带。

2. 投资欺诈的信用风险

为了拉动股权众筹这一模式的发展，鼓励更多的投资者参与到这一投资行为中来，目前我国多数的平台采用的是"领投+跟投"的投资模式。就是由有丰富投资经验或对项目很了解的专业投资人作领投人，普通投资人针对领投人所选项目跟进投资，这完全是基于对"领投人"的专业投资能力的信任。但是在实际操作中，因平台对"领投人"身份和专业素养缺少确认和监督机制，而且存在和普通投资者之间的信息不对称，这使得"领投人"的专业化角色很难确定，同时缺乏相关部门的监督，且众筹平台监管能力也有限，容易形成"领投人"和项目发起者相互串通，使投资人将钱投到不恰当的项目上去，当融资人获取大量融资款后便携款潜逃，并以投资失败的借口使投资者遭受财产损失。在现实中，这样的实例也确实不胜枚举。

3. 投资项目估值风险

众筹融资的项目一般都处于初创期，难以确定产品成型及其市场发展前景，投资者仅凭平台发布的消息资料难以对项目有全局性的把握，更不能有效评估项目价值。同时融资者发布信息的有效性和可实现性缺少第三方的认证，而完全是由平台认证部门认证的，其真实度也有待考量。所以投资者对于项目价值判断的风险很大。

4. 投资回报及资金管理风险

在资本市场运作中，任何投资都伴随着不确定性风险，尤其对于初创期的融资公司，其未来的盈利能力和经营状况是没有办法进行保证的，所以投资者的投资风险很大。而众筹平台有一个显而易见的问题就是运用互联网技术远程进行投资和获得资金使用情况的真实性是没有办法验证的，公司资金的运用情况无法追踪。虽然平台有追踪的义务，但在实际操作中却难以实现，同时也没有相关部门进行监督或监控，所以这也就成为了一个巨大的风险漏洞，而一旦众筹过程完成，融资者获得金钱但以经营不善为借口携款潜逃、宣告破产等，对于投资者来说损失将是巨大的，所以投资者的投资回报风险和其平台的资金管理之间存在一定的联系。

（二）债权众筹风险

1. 借款人违约风险

债权众筹相当于民间借贷，所有的借贷行为都存在违约风险，因为借款人通常对自身能力估计不准，而且会有一些偶发因素引发财务危机，因此小额借贷也存在一定风险。债权众筹在虚拟环境下具有信用及道德约束模糊的特点，外加异地催收的高难度，导致借款人的违约及欺诈风险增加。

2. 众筹平台运营的风险

债权众筹和其他形式的众筹有所不同。债权众筹的盈利模式决定了其得先"烧钱",到一定规模才可以盈利,因此由资金不足、经营管理不善导致倒闭的现象多有出现。盈利模式设计方面的问题也会让平台的风险增加。

3. 信息泄露风险

债权众筹类似于网络借贷,需要保证借贷双方个人资料的真实性,借助账户密码进行资金的转移,但是账户密码一旦泄露,轻则遭遇生活干扰,重则危及资金安全,将给平台的客户带来一定的财产损失。

4. 网络诈骗

利用网络的跨地域性,借款人有可能编造虚假个人信息恶意骗贷,使投资者遭受损失。还有一种情况就是未经过严格审核的平台方进行恶意骗钱或者进行非法集资,使投资者蒙受巨大损失,这也是网络信贷还没有很快发展起来的重要原因。

(三) 产品(回报)众筹风险

1. 产品质量风险

因为众筹过程都是在网上进行的,其产品和成果也是一个预期的产品,所以产品众筹对于产品的质量难以保证,产品质量的良莠不齐可能会对投资者造成一定的损失。现阶段还没有第三方对众筹产品进行质量检测,直到众筹完成,产品到达投资者手中才知道其产品的质量如何,可能做出的产品特质不突出,也可能在实用性上有所欠缺,从而产生对投资者的风险。

2. 产品售后风险

实体店中或者成熟的网店中的产品如果遇到质量问题或者损坏,可以及时找店家更换或者维修,然而产品众筹中的产品大多是创新的、实用新型的,在现有的市场上是未出现过的或者很少出现的,这就陷入了产品损坏无法进行维修的窘境,投资者的售后权利也无处申诉。从这一方面来看,众筹中的产品更像是"一锤子买卖"。

3. 因筹资人资质和实力无法保证而产生的风险

筹资人没有在产品众筹时向投资者展现资质和相关的实力。特别是对一些创新性产品来说,由于投资人无法了解其实力,造成双方信息的不对称,从而延误了项目的融资,造成项目失败。另外,因为有可能不了解筹资人的真正实力,所以在产品宣传过程中存在虚假宣传和夸大宣传，使得投资人的资金用途没有达到最好的配置，同时在后期维权中也较难以实现。

4. 知识产权风险

产品众筹主要是为了以众筹筹资的方式来实现好的创意和想法。在产品众筹过程中，筹资人必须向平台提供介绍项目内容及进程安排的详细资料。然后由众筹平台审核项目资料，平台可能因为可行性等因素要求筹资人提交技能证书、履历证明及产品原型等相关资料。但是这些没有申请知识产权的项目，在几个月的项目展示期很容易被盗用，所以产品众筹对筹资者来说存在相当大的知识产权风险。

（四）捐赠众筹风险

捐赠众筹是为了参与或者单纯地支持某项事业，并且不要求回报，所以从某种意义上来说应该是不存在什么法律风险的，但是在实际操作中可能会存在以下一些问题。

1. 项目信息虚假风险

捐赠众筹可以是公益性质的，也可以是为某人达成愿望的非公益性质的，但是无论哪种性质，如果发布信息者发布虚假信息，那么就是对投资者的一种欺诈，让投资者的资金没有流向更有效的方向，久而久之，投资者可能将不再信任捐赠众筹。如果涉及资金数额大，而平台方对于融资者没有很好地审查，那么投资方会有资金被诈骗的风险。

2. 募集资金使用不透明

有些虚假项目（或者是平台自行编造的虚假项目）因为众筹平台的失职，导致其上线且接受了捐赠，即使真实单位将捐赠资金使用，但是项目发起人依旧涉嫌集资诈骗罪，因为平台方没尽到审查义务，其声誉的不良影响会导致投融资双方的客户大量减少，投资方的资金也就面临巨大损失。

四、应对措施

互联网金融的高速发展产生了越来越多的投资理财方式，众筹便是其中之一，上文中已经对四类众筹模式的风险做了概述，发现在普惠金融的今天，科技金融在带给我们诸多方便的同时也带来了更多的风险，如何有效地规避风险似乎是更为重要的方面。笔者将从以下几个方面提出建议和应对举措：

（一）制定相关法律，填补监督空缺

现如今，众筹越来越被大众所接受，但是现行的众筹却是行走在法律的灰色地带，稍不注意就会触碰法律的红线。而在法律方面，只有相关众筹的试行办法和之前的《证券法》、《公司法》等成文法律做参考。众筹虽然不是非法集资，但是法律也没有明确其地位，这对于众筹融资的健康发展十分不利。因此，需要在此方面尽快立法，可以参照有经验国家的成熟法案，如美国的 JOBS 法案。同时要加强信息监管，成立相应的互联网金融监管部门，保护投资者和筹资者的隐私，督促筹资者进行信息披露，从程序规则等层面提高信息透明度，消除信息的不对称性。同时监控资金方向，保障投资者资金安全。

（二）完善投融资人资格审核，合理设置准入门槛

设置准入门槛并非限制互联网金融的发展，反而是为了让互联网普惠金融更好更优质地发展。不过，虽然设置了投融资人的资格审核，但也并不代表风险完全消除。应该对投资方的收入要求、风险识别及承担能力、认购金额规定相应要求，同时也应对融资方的资质和责任以及市场准入机制等进行相关把控，将投资者的风险降至最低，并变相要求融资者拥有更强的资金配置能力。

（三）引入第三方支付平台，完善资金流管理

在互联网这个广阔的领域中，资金流安全似乎是最重要的。资金流的问题关系到投资者的资金安全，也是保护投资者资金的重要方面。平台必须是独立的，防止跟其他投融资方产生利益相关关系，保证其自身的独立性和公平性。在资金流转方面，投资者与筹资者可以委托银行或第三方平台实现，这样众筹平台既不会经手资金，也不用提供资金，仅仅是发挥中介作用，有助于保障资金流安全。

（四）众筹平台应加强项目审核，掌握资金使用和项目实施情况

众筹平台是一个中介机构，掌握着融资方和投资方双方的资料，所以有必要起到一个桥梁作用，同时保障双方的利益。在项目的审查阶段，应该严格审查项

目的可行性和成功概率、融资人资质、预期效果等。还要进行后期的追踪，看融资人披露的信息是否全面准确。在项目的实施过程中，应监控资金的使用情况并告知投资者。同时也要督促和督察融资者的项目实施，如实向投资者汇报项目进程预期等情况，让投资者了解自己投资的去向。

（五）对投资者进行教育及权益保护

鉴于互联网众筹的主要投资群体是普通投资者，他们缺乏专业的投资经验，且风险防范意识相对不足，因此众筹行业协会可以加强对投资者的风险防范培训。同时众筹平台应在网站上进行投资风险相关提示，或者通过其他方式进行投资风险教育。注意提醒投资者融资方是初创公司，其并不是达到公开发行上市要求的成熟企业。除此之外，政府监管部门还应尽快建立完善的众筹投资者权益保护机制。

五、结束语

众筹作为一种新兴的互联网融资方式，具有得天独厚的优势，对于提升我国经济活力、拓宽小微企业融资渠道、支持创业有着重要意义。但是我们同时也应该看清楚，在互联网飞速发展的今天，危机也逐渐多了起来，而且每一个风险都不容小觑。甄别其中的风险，有效地降低风险才能使互联网金融走得更加扎实，才能更好地让民众享受到普惠金融的好处。

参考文献

[1] 张雪梅. 中国互联网金融模式分析及启示 [D]. 外交学院硕士学位论文, 2014.

[2] 郑联盛. 中国互联网金融：模式、影响、本质与风险 [J]. 国际经济评论, 2014 (5).

[3] 马亮. P2P 网贷的风险分析及防控对策 [J]. 金融经济（下半月）, 2014 (6).

[4] 肖本华. 美国众筹融资模式的发展及其对我国的启示 [J]. 南方金融, 2013, 1 (1).

[5] 李雪静. 众筹融资模式的发展探析 [J]. 上海金融学院学报, 2013 (6).

［6］邓建鹏．互联网金融时代众筹模式的法律风险分析［J］．江苏行政学院学报，2014（3）．

［7］范家琛．众筹商业模式研究［J］．企业经济，2013（8）．

［8］王晓曦．我国政府融资平台的制度缺陷和风险机理研究［J］．财政研究，2010（6）．

［9］王阿娜．众筹融资运营模式及风险分析［J］．财经理论研究，2014（3）．

［10］利国，杨子皎．中国式众筹的4大模式与N种可能［J］．经理人，2014（11）．

The Risks of Internet Financial Crowd-Funding and Corresponding Measures

Dong Zihao

【Abstract】 In recent years, crowd-funding seems to become a valuable source of funding with the development of Internet finance. The emergence of the crowd-funding brings about impressive benefits to our life. However, it is also facing risks in China. It is significant for us to investigate the risk and solutions. This paper offers a detailed description of the risks among deferent kinds of crowd-funding and corresponding solutions. The results offer insight into the emerging phenomenon of crowd-funding, which may have implications for the entrepreneurial financing.

【Key Words】 Classification of Crowd-Funding; Crowd-Funding Risk; Policy Suggestion

"互联网+"的安全持续发展

——基于法商管理视角

何立丹[①]

【摘要】 本文基于法商管理的视角,对"互联网+"的内涵、现状、面临的挑战和发展建议进行阐释。指出"互联网+"的发展面临着地域和行业间的不平衡、法律监管的滞后、诚信的缺失及网络安全隐患等挑战。"互联网+"的安全持续发展需要创新培育引导模式,优化提升基础设施建设,培育全民创新思维;同时需要加快相关的法制建设和商业信用数据库的建设;更需要实体经济企业勇于担当、主动作为。

【关键词】 法商管理;"互联网+";挑战;建议

一、引 言

2015年3月5日,李克强总理在第十二届全国人民代表大会政府工作报告中第一次提出了"互联网+"行动计划,提出了要将移动互联网、云计算、大数据、物联网等与现代制造业相结合,促进电子商务、工业互联网和互联网金融的健康发展,引导互联网企业拓展国际市场。这是总理政府工作报告中第一次出现"互联网+"的概念,也将"互联网+"概念提到了一个前所未有的高度。目前,在交通、金融、物流、零售、医疗等行业,互联网已经展开了与传统产业的联

[①] 中国政法大学研究生院,研究领域:企业管理,邮箱:1471271182@qq.com。

合，并取得了一些成果。随着互联网与传统产业的深度融合、线上线下的紧密联系，"互联网+"在得到迅速发展的同时，也面临着许多挑战。因此，在现在的经济环境和网络环境下，从法商管理的视角讨论"互联网+"的安全持续发展具有重要的现实意义。

二、"互联网+"的内涵

"互联网+"是指以互联网为主的新一代信息技术，包括移动互联网、云计算、物联网、大数据等，在经济、社会生活各部门的扩散、应用与深度融合的过程。"互联网+"的本质是传统产业的在线化、数据化。这种业务模式改变了以往仅仅封闭在某个部门或企业内部的传统模式，可以随时在产业上下游、协作主体之间以最低的成本流动和交换。

"互联网+"代表着一种新的经济形态，依托互联网信息技术实现互联网与传统产业的联合，以优化生产要素、更新业务体系、重构商业模式等途径来完成经济转型和升级。互联网将开放、平等、互动等网络特性运用于传统产业，通过大数据的分析与整合，试图厘清供求关系，通过改造传统产业的生产方式、产业结构等内容，增强经济发展动力，提升效益，从而促进国民经济健康有序地发展。

三、"互联网+"的发展

（一）发展现状

目前，在零售、交通、医疗、金融、教育等行业，互联网已经展开了与传统产业的结合，并取得了一些成果。

1. 互联网与零售业的结合

电子商务的高速发展得益于互联网与零售业的深度融合。互联网提供的在线销售模式为消费者提供了新的购物方式选择。利用互联网，一方面企业完成了对产品全方位的展示，使产品的供应信息得以透明化、公开化；另一方面，消费者根据相对完整的产品展示信息进行购物，自身需求得到了满足。互联网与零售业的融合使原有产业链渠道发生改变，产品成本减少，消费者能够得到更优质的服务。例如，苏宁、国美传统电器卖场通过开设网上商城的形式，全方位展示商品参数信息，通过送货上门服务使消费者足不出户便可以购买大宗家电。而2014年9月阿里巴巴在美国的成功上市，也昭示着电子商务巨大的发展潜力和活力。

2. 互联网与交通业的结合

传统的交通系统一直都是相对封闭的，信息无法交换，出行效率受限。基于互联网特别是移动互联网的地理位置更新，互联网与交通业的结合使用户出行更加便利。在公共交通工具上，"车来了"等移动应用可以为用户提供公交车实时位置更新。基于实时网络数据传送，用户出门延误和等待时间得到减少。在出租车方面，移动互联技术催生了打车、租车软件，如国外的优步，国内的滴滴打车、快的打车等。它们将移动互联网与传统的交通出行相结合，达到了增加汽车实载率、减少道路车辆、缓解城市交通拥堵的目的，从而改善了人们的出行方式，使闲置车辆资源得到充分利用。移动互联网也实现了智能交通系统，电子不停车收费系统是用户体验最直接的智能交通系统服务，随着移动互联技术的发展，智能交通系统越来越注重用户体验。电子商务与智能交通的结合，使得出行体验与消费服务相融合，补充了智能交通服务的内容。

3. 互联网与医疗行业的结合

"互联网+医疗"是以互联网为载体，在线提供健康教育、电子健康档案、医疗信息查询、疾病风险评估、电子处方及远程治疗康复等多种形式的健康管家服务。医院通过网络挂号、专家预约、网上问诊的方式，节省了患者排队就医的时间成本。同时，基于互联网建立患者的电子病历、患者数据库或者健康数据库进行数据留存，是更好地为患者服务、推动医疗业发展的有效途径。自2014年以来，互联网企业掀起了互联网医疗建设的热潮，如阿里巴巴推出"未来医院"计划，收购全国仅有的药品电子监管码体系以及药品流通的庞大数据库。目前，互联网医疗市场格局大致可分为四类：以患者为入口的春雨医生与好大夫在线；以医生为入口的全科医生与丁香园；以医院为入口的挂号网；以药店消费者为入口的掌上药店。不仅互联网企业加入互联网医疗的建设中，北京各大医院也纷纷参与其中，部分三甲医院已经实现了微信预约挂号、在线疾病咨询等服务。

4. 互联网与金融业的结合

"互联网+金融"的发展模式包括：第三方支付、P2P/P2C 网贷、众筹、虚拟货币、大数据金融、信息化金融机构和互联网金融门户。互联网与金融的结合，由于政策的支持鼓励，其进入门槛较低，全民理财的积极性得到极大提高，资金流动加快。大数据让征信工作更加容易，网络众筹让更多想法付诸实施。据中国互联网金融行业协会统计，截至 2014 年底，中国的互联网金融规模已突破 10 万亿元人民币，P2P 网贷平台数量达到 1500 家。通过互联网金融，客户将对各种金融信息进行有效的筛选，选择有利于自身的信息，从而更加理性地进行投资决策判断。对于机构方面，则可以充分利用大数据时代的数据挖掘技术，针对网络客户的个人兴趣、购买历史以及浏览习惯等网络特征，挖掘出客户的风险偏好、信用信息等，从而有利于机构的贷款审批发放和对总体风险控制的把握。在互联网平台上，双方信息都能得到最大的透明化，减少欺诈行为的发生。

5. 互联网与教育行业的结合

在教育领域，教育信息化成为推动全球范围内教育理念和教育方法、学术环境和学术模式深刻变革的重要力量。习近平总书记在给"国际教育信息化大会"的贺信中明确指出，要建设"人人皆学、处处能学、时时可学的学习型社会"，培养大批的创新人才。教育行业纷纷构建以数字教材为引领的立体化教育体系。我国教育事业的发展经历了函授教育、远程教育、在线教育等几个阶段，运用互联网的大数据，促使互联网教育产业朝个性化、移动化方向发展，成为传统在线教育模式变革的大方向。在 2014 年，K12 在线教育、在线外语培训、在线职业教育等细分领域成为中国在线教育市场规模增长的主要动力。企业网络大学的迅速发展，引导学员充分利用闲散时间进行碎片化学习，实行在线课程分类、学分制、证书认证等，不断提高在线课程质量，提高公司员工的知识储备和综合能力。慕课作为一种新兴的教学模式，也是互联网与教育相结合最明显的例证。慕课是一种大规模开放式的网络在线教学模式，利用互联网这个主要的传播媒介，吸引众多参与者，极具规模性、包容性和随意性，对我国教育事业的发展有着重要的作用。

（二）发展路径

"互联网+"的发展不是一蹴而就的，而是循序渐进，有一个逐渐发展的过程。由于互联网从起步的广告、电商、游戏开始，它一直和第三产业如教育、医疗、餐馆、酒店、旅游、媒体、零售等多个行业关系密切，因此互联网对第三产业的渗透较早。如今，以第四次工业革命、供应链金融、公私合作模式为主线的互联网正向第二产业渗透，同时农产品电商、农村供应链金融业、民间贷款将互联网与第一产业进行对接。至此，互联网对第一、第二、第三产业已然实现了全面覆盖。

（三）发展特点

随着"互联网+"的不断发展，其逐渐呈现出以下特点：

1. 移动端应用程序大量涌现

利用"互联网+"思维，电商企业纷纷开发移动端手机软件程序，不断推出相关产品，并且利用个性化服务的思维自动推送产品促销活动信息。

2. 碎片化思维

碎片化即地点碎片化、时间碎片化、需求碎片化，由于智能手机的普及，越来越多的用户被吸引到移动端，利用碎片化的时间、碎片化的地点随时随地进行购物、学习。现代人快速的生活节奏决定了人们很难有整块的学习时间，所以碎片化、高效化的学习将超过私人电脑端，成为未来最主要的学习、购物方式。

3. 线上、线下相结合

线上、线下相结合即O2O模式，线下商务活动与互联网结合在一起，互联网成为线下交易的平台。线下服务可以在线上揽客，消费者在线上筛选服务、达成结算交易，然后线下进行消费。例如，北京的物美超市与支付宝联合，通过手机应用程序查看超市最新优惠，用支付宝应用程序扫描购物条码完成付款。

四、面临的挑战

"互联网+"最大的特征是依托互联网把原本孤立的各传统产业相连，通过大数据完成行业间的信息交换。以云计算、物联网、移动互联网为代表的新信息技术，为改变信息的闭塞与孤立提供了可能。伴随着"互联网+"及其经济新业态的快速发展，一些挑战和风险也逐渐呈现出来。

1. 发展的不平衡

"互联网+"的发展存在地域和行业间的不平衡，在北上广等大城市发展较快，其他中小城市发展较为缓慢；服务业发展较快，其他行业发展较为缓慢。究其原因，首先是因为创新、创业环境营造得还不够，新形势下传统企业的互联网意识不强，缺乏与互联网结合进行商业模式创新的勇气；其次，部分企业缺乏技术创新，企业核心竞争力不强，进一步发展受到约束；最后，基础设施有待进一步优化提升，信息技术推广应用的深度广度、信息资源的开发利用程度、信息化和工业化的深度融合水平有待进一步提高。

2. 相关法律监管的滞后

伴随着"互联网+"的快速发展，相关领域的法律监管体系存在滞后现象。近年来，我国依托互联网迅速发展起来的各类交易、支付、金融服务等，都还缺乏相应的全面、细致的法律法规。网络第三方支付掀起的"金融风暴"，使传统意义上的商业银行遇到了非银行金融机构的巨大挑战，竞争格局发生很大变化，但相关法律并没有做出调整；金融中介服务的载体正在从实体的门店向移动互联网转移，牵涉到很多合同契约方面的法律条款，对此也还没有更新。法律的滞后性在互联网时代日益凸显，已经成为"互联网+"安全持续发展面临的重要问题。

3. 诚信的缺失

诚信问题是我国互联网经济发展过程中暴露出的比较严重的问题，伴随"互联网+"时代的到来更应引起对诚信问题的重视。目前，在我国互联网经济中还存在着网络商务信息不真实、购买的产品与交付的产品不一致、拿货不付款、拿款不发货、产品的售后服务得不到保证、信息的安全性得不到保障、物流配套不健全与不安全等问题。这种非诚信行为给社会、企业和消费者带来了重大的危害，同时也严重制约了"互联网+"经济的发展。

4. 网络安全隐患

"互联网+"发展的一个重要特点就是大数据的分析与整合，然而由于存在的网络安全隐患，大数据的应用受到了严重威胁。一方面，数据库安全面临内外部双重威胁，容易造成数据泄露。如黑客利用数据库安全漏洞，侵入数据库，窃取个人信息；互联网企业内部某些程序人员恶意利用操作程序的缺陷，在应用程序中埋下后门程序，非法下载有价值的信息以获取不正当利益等。另一方面，隐私保护困难。在大数据发展愈演愈烈的今天，手机、平板电脑等每个电子设备都有可能成为数据记录端口,大数据的获取、存储和应用的每一个环节都涉及隐私问题,给个人信息保护带来巨大挑战。

五、发展建议

可以看出,"互联网+"的发展不仅涉及经济问题、管理问题,同时涉及法律问题。法商管理提倡的便是综合管理学、法学相关知识对企业经营活动进行计划、组织、管理和控制,强调从商业经营规则和相关法律规则两个方面加强对企业经营活动的管理,以规避企业经营风险和法律风险,促进企业对内规范各个部门以及个人的行为,提高企业的管理效率和管理水平。法商管理思想小到为某个企业,大到为整个国家的经济管理活动都指明了一个新的方向。基于法商管理的视角,对"互联网+"的发展进行全面规划,必然能够促进"互联网+"的健康、快速、安全、持续发展。

(一) 加强管理促进"互联网+"发展

1. 创新"互联网+"的培育引导模式

"互联网+"的快速发展离不开建立健全和创新工作机制,研究制定"互联网+"发展的优惠政策,向互联网、物联网、云计算、大数据、电子商务等新兴服务产业倾斜;相关资金重点向"互联网+"倾斜,支持组建混合所有制、多方融资的联合性产业基金,加强对创新应用和新型产业的投资;拓宽直接融资渠道,鼓励和支持符合条件的企业吸收社会资金、上市发行债券等,加大对创新型中小企业的资金支持,扶持中小企业发展。

2. 优化提升基础设施建设

为了使"互联网+"能更好地发挥大众创业、万众创新的平台作用,需要完善公共服务,加大对信息基础设施的投入,建设面向中小企业服务的云计算中心,提升宽带网速,降低流量资费,便利大众创业。在保护国家安全和公民隐私的情况下,政府开放数据,激励创新发展。

3. 培育全民创新思维

互联网能显著降低创新门槛,基于移动应用软件平台,专业人员和普通网民可以开发出各类移动应用软件。培育创新思维，应注重技术创新、商业模式创新、开发模式创新和经营管理创新。产业的互联网化，需要既了解产业流程又熟悉信息技术的人才，兼并收购、开放合作和众包模式是互联网企业利用外部创新资源的有效方式。互联网开放、包容、群智的创新思维必能引发发展模式的变革与潜力的释放。

（二）加快相关的法制建设

"互联网+"健康发展的基本保障是加快法制建设，要尽早出台政府与公共信息资源开放共享的管理办法。积极推进网络信息安全、个人信息保护、网络交易监管等方面的地方立法，加强基础信息资源和个人信息保护，强化互联网信息安全管控，规范网络市场秩序。

1. 加强立法

在立法方面，由国家立法机关制定基本的法律原则，具体监督反馈的细则和机制可以交由行业协会来制定与实施，通过这一平台将广大民众纳入其中，不仅可以适时地发现"痛点"问题，还可以及时反映其法律诉求，为立法提供重要参考。鼓励发挥行业协会的监督作用，发挥行业协会熟悉业务，针对具体问题具体解决的效率优势。互联网新业态的监管工作应该符合开放、互动和体验的特点，这样才有助于立法工作做出成效。法律法规的完善对"互联网+"的顺利开展起着至关重要的作用。

2. 严格执法

在执法方面，应通过加强执法监督力度，保障互联网经济活动秩序。强有力的执法监督是法律法规顺利执行的重要保障，各地政府行政管理部门要加强协调，打击非法经营活动，增加失信行为的成本，保护消费者权益，增加消费者对互联网经济的信任度。打击网络犯罪，尤其是信息犯罪，加强对数据信息和个人隐私的保护力度，消除网络安全隐患。没有对互联网经济活动的制度化监督，法律法规将是一纸空文。

（三）加强商业信用数据库的建设

在某种程度上说，商业信用可以比较真实地反映企业和个人的信用状况。通过商业数据库的建立，不断收集和积累企业与消费者个人的信用信息，从而建立起第三方信用认证制度，对于促进互联网经济诚信建设具有重要的推进作用。建立基于互联网的全国范围的商业信用信息网络，通过该网络可以查询到所有企业、个人的信用记录，通过自动运行信用评估模型，信息网络还能提供对企业和个人的信用评价、信用等级，以形成对企业和个人信用的公开、公平的评估制度和对信用的社会监督制度，解决"互联网+"发展中存在的诚信问题。

（四）实体经济企业勇于担当

"互联网+"是互联网化的新阶段，"互联网+"阶段与消费互联网阶段不同。在消费互联网阶段，网络是互联网发展的载体，网民的需求是驱动力，互联网企业是主体。在"互联网+"阶段，线上与线下结合是载体，市场是驱动力，实体经济企业是主体，互联网企业在"互联网+"的发展中发挥开拓者的作用，但"互联网+"的成功更需要实体经济企业发挥主力作用。"互联网+"的发展需要实体经济企业的主动作为，需要更多中小企业的参与，努力发展、创新技术，提高核心竞争力，构建"互联网+"的良好发展生态。

参考文献

［1］郑联盛．中国互联网金融：模式、影响、本质与风险［J］．国际经济评论，2014（5）．

［2］李海舰，田跃新，李文杰．互联网思维与传统企业再造［J］．中国工业经济，2014（10）．

［3］黄楚新，王丹．"互联网+"意味着什么——对"互联网+"的深层认识［J］．新闻与写作，2015（5）．

［4］罗珉，李亮宇．互联网时代的商业模式创新：价值创造视角［J］．中国工业经济，2015（1）．

［5］郑志来．互联网金融对我国商业银行的影响路径——基于"互联网+"对零售业的影响视角［J］．财经科学，2015（5）．

［6］天津经济课题组，张丽恒，闫威，虞冬青，孟力，曲宁，仲成春．早谋划、早布局、早下手 抢占"互联网+"制高点［J］．天津经济，2015（4）．

［7］徐争荣．"互联网+"时代传统行业的创新与机遇分析［J］．互联网天地，2015（5）．

［8］徐赟．"互联网+"：新融合、新机遇、新引擎［J］．电信技术，2015（4）．

［9］邬贺铨．"互联网+"行动计划：机遇与挑战［J］．人民论坛·学术前沿，2015（10）．

［10］宁家骏．"互联网+"行动计划的实施背景、内涵及主要内容［J］．电子政务，

2015 (6).

[11] 吴志攀. "互联网+"的兴起与法律的滞后性 [J]. 国家行政学院学报, 2015 (3).

[12] 柴小青. 论法商管理理论创建的逻辑基础、现实需求与研究领域拓展 [J]. 商业经济研究, 2015 (15).

Safe and Sustainable Development of "Internet +"

—from the Perspective of the Law and Business Management

He Lidan

【Abstract】 This paper explains the connotation of "Internet +", present situation, challenges and development proposal from the perspective of the law and business management. And this paper suggests that the development of "Internet +" faces many challenges such as regional and industrial imbalance, legal regulatory lag, lack of integrity and network security risks. The safe and continuous development of "Internet +" need innovate cultivation mode, improvement in infrastructure construction, cultivate people's creative thinking, speed up the construction of legal system and business credit database, at the same time, it also need entity enterprise to take an active part in the development of "Internet +".

【Key Words】 Law and Business Management; "Internet +"; Challenges; Proposal

法商管理背景下的《管理运筹学》教学改革创新[①]

赵杭莉[②] 曾照延[③] 李晓宁[④] 张荣刚[⑤]

【摘要】 当前中国经济的发展已经进入"新常态",经济发展方式发生了转变;十八届四中全会提出全面依法治国的战略部署,社会对管理人才的要求越来越高,法商结合的复合型管理人才培养模式迎合了时代潮流,西北政法大学商学院的历史定位使其义不容辞地担负起此重任。文章以该学院《管理运筹学》课程教学改革为切入点,分析当前法商管理背景下政法类院校应该如何塑造发挥自身优势的人才培养模式。

【关键词】 法商管理;管理运筹学;教学改革

一、引 言

十八届四中全会提出了全面依法治国的战略,建设中国特色社会主义法治体

[①] 本文受到西北政法大学教学改革研究项目"量化分析能力培养导向的《管理运筹学》课程教学探索"资助（项目编号：XJY201412）。
[②] 西北政法大学商学院副教授,资源冲突与利用研究所所长,陕西师范大学旅游与环境学院博士后流动站研究人员,研究方向：法商管理创新、资源风险管理,邮箱：songsiyi88@sohu.com。
[③] 西北政法大学商学院本科生,研究方向：法商管理创新。
[④] 西北政法大学商学院教授,研究方向：法商管理创新、风险管理。
[⑤] 西北政法大学商学院教授,研究方向：法商管理创新、风险投资。

系是全面深化改革、建设小康社会、实现伟大中国梦、提高党的执政能力和执政水平的前提条件,这些改革相应地也提出了对人才培养的要求,要创新法治人才的培养方式,培养符合依法治国体系的法商复合型人才。

2012年以来,中国经济的增长速度开始进入换挡期,由高速增长转入中高速增长,这意味着经济发展开始进入"新常态",以往的经济发展方式显然已经不适合当今态势。在这一转变过程中,经济发展开始由资源整合向制度整合转变,法商管理概念应运而生。在新常态市场经济背景下,市场法治化进一步加强,市场需要的不仅仅是能够利用和整合资源的人,还包括能够整合和建立规则的人,那么培养"法商结合"复合型人才的重要性就显而易见了。

在中国设有法律专业的院校多如牛毛,设有商科专业的院校可能更多,但法商结合,培养既懂法律又懂管理的复合型人才的院校却寥寥无几。要培养法商复合型人才,必须具备培养人才的条件及实力。西北政法大学是著名的"五院四系"成员高校,学校法学师资力量强,法学底蕴深厚,是国家卓越法律人才教育培养基地、西北地区法学研究中心,具有博士学位授予权。而该校商学院最早可追溯到党在民主革命时期创办的陕北公学的民主经济系,经过多次的院系调整,从2006年成立经济管理学院到2014年4月成立商学院,为了形成特色,商学院依托自己雄厚的法律资源努力找准自己的特色与优势,集中力量,突破发展,确立具有自身特点的法商复合型人才培养模式,培养懂经济、懂管理、懂法律的适应地方经济发展需求的人才。西北政法大学商学院把"尊法"写入了自己的办院理念中,"法"即规则,要拥有合作的诚信和胸怀、根深蒂固的规则意识,内心要时刻充满对规则的崇尚、敬畏、尊重和敬重,创新西方先进的管理之"规",以遵循商业规则、合众协作的姿态获得共赢[①]。

西北政法大学"法商结合"的人才培养模式从2009年开始探索,并在教学与管理工作中全面渗透了这一理念。为了培养"三懂"人才,商学院各专业适时地依据社会需求调整学生培养方案,在开设专业课的同时,加强法学基础理论培养。如人力资源管理专业开设有劳动法学与社会保障法学、行政诉讼法学和公务员法等具有自己专业特色的法学课程。在课程体系中融入"法商结合"理念,同时通过多种方式的实践教学着重培养学生专业基础上的"法管"综合素质与能力,这种顺应历史的实践不仅培养出了符合社会需要的"法商"复合型人才,

---

① 引自西北政法大学商学院院长张荣刚教授对办学理念的解释。

还充分发挥了本校优势资源,体现了商学院培养特色,找准了学院社会定位。

二、"法商管理"和《管理运筹学》

(一)"法商管理"内涵的界定及理论分析

中国政法大学商学院最早提出"法商管理"的理念,成为中国"法商管理"教育培养模式的开创者和推动者。"法商管理"经历了提出理念、探索实践、深入发展的形成过程,历经七年的摸索发展形成"法商互动,知行合一"的人才培养理念。2007年商学院设立国家级"质量工程"建设项目——"法商型人才培养模式创新实验区",标志着法商管理教育已经具备了比较系统的培养思路和坚实的学术基础。在孙选中院长的带领下,一群管理学的学者经过辛勤耕耘和深入研究,在2010年11月正式提出了"法商管理"的概念,代表着法商管理学派的成立。同年,开启了法商管理MBA教育模式从理论到实践的全面探索,明确提出"法商管理MBA是以培养具有法商智慧的新时代管理者为培养目标"。自此,法商管理教育理念经历了一个从"法商结合"到"法商管理"再到"法商智慧"的升华。

从企业的视角分析,法商管理就是把法学和管理学、经济学进行一次有机的结合,确保企业在合法的前提下获得最大的利润。就"法商管理"的概念而言,它是一个复合的概念,把这个词拆开来理解,法商管理由"法"、"商"、"管理"三个子概念构成,"管理"是最终的目的,是法商管理概念的核心,这也表明法商管理的概念属于管理学与管理方法的范畴;"商"泛指营利性组织的经营活动,是管理的对象;"法"主要指与"商"相关的法律法规的集合。柴小青(2010)认为,法商管理是综合应用管理学、法学相关知识,对企业经营活动进行计划、组织、管理和控制的理论和方法。广义的法商管理强调从商业经营规则和相关法律规则两个方面加强对企业经营活动的管理,以规避企业的经营风险和法律风险,这是法商管理概念的显著特征,也是对传统管理理论与方法的突破与创新。市场经济本质上是法制经济,中国目前正处于市场经济制度不断完善的过程中，因此"法商管理"理论和方法的提出具有重要的现实意义。①

在教学管理领域，孙选中（2010）等认为：培养法商结合的应用型人才尤其要注重融合"法"和"商"两种思维；在具备扎实的经济管理知识的同时要具备过硬的法律知识功底，在考虑成本与效益的同时要兼顾合法性问题。只有具备这样法商结合素质的人才，才能够适应日益激烈的市场竞争。要培养出真正的法商结合的应用型人才，必然要求学生在思维、观念层面上有所突破，如果"法"讲的是公平、合法，"商"讲的就是效率，不同的思维意味着不同的价值导向，决不能局限于"法"和"商"两种知识的简单相加。那么对于专业的人才培养机构而言，要求完全领悟"法商管理"的内涵，并且将其渗透到日常的教学及管理工作中，这是一项伟大而艰巨的工作任务。②

（二）《管理运筹学》学科内容与定位

《管理运筹学》是经济管理类专业普遍开设的一门课程，它综合了经济学、管理学、数学、物理学等学科，这些学科相互交叉、相互渗透共同支撑着它的学科内容。该课程研究如何把复杂的问题归结为模型，然后使用计算机和数学的方法求解、分析，从而得到最优的解决方案，常用于解决现实生活中复杂的管理问题，特别是优化现有系统的效率，具有很强的实用性。该课程成为商学院、工学院以及应用数学、计算机等专业的基本课程之一。目前，在本科生层次，该课程是管理类专业学生的必修课；在硕士和博士生层次，一般也将其设置为必修课或学位课。

《管理运筹学》课程旨在培养学生运用数学的方法对管理问题进行定量分析与决策优化的科学思维方式。教会学生如何根据问题的要求，确定目标、制定方案、建立模型、进行求解分析，继而得出最优方案，进行合理科学的安排。该学科是西北政法大学商学院的基础核心课程，为了贯彻法商结合的理念，学院对该课程进行了致力于"提高学生量化分析管理能力及对企业运营相关法律法规整合能力"的教学改革，通过教学实践期望能够让学生体验如何在坚持"法"的原则下，利用《管理运筹学》的方法论寻求最优的解决方案，培养学生法商结合的思维及解决问题的能力。

---

① 引自2010年中国法商管理高端论坛上柴小青的主题发言《法商管理概念解读与法商管理学派创建》。

② 引自孙选中教授在公开场合发言中对法商管理的解释。

(三) 市场对复合型管理人才的需求

中国经济步入新常态,代表着经济增长从粗放式发展转向集约式发展,这一过程中出现了一系列的矛盾和障碍,如国家治理理念落后,公平公正缺失,腐败问题尚未得到完全解决,复合型、创新型人才缺乏等,这些问题均体现在法治的瓶颈上,使得中国经济发展缺乏动力,发展缓慢。从人力资源发展角度看,经济的转型和进一步发展均需要复合型人才的支撑,特别是有法商结合理念的人才支撑。

新常态不仅是经济上的新常态,也是人才上的新常态,新常态下要向人才要红利,当然对人才也提出了新的要求。随着社会的发展、多学科的融合,交叉性的学科越来越多,传统的人才需求结构和人才供应关系已经不能适应新常态下经济发展的需要,面对新常态下的机遇和挑战,复合型人才培养显然是经济发展的必然要求。

从中国经济发展过程看,当受到新旧体制转轨之际各种主客观因素的限制时,一些已经出现的新的商事关系由于缺乏相应统一的法律调整,会形成商事关系法律保护的真空,导致市场经济难以健康运转,现在的转型正处于这样的时期。为此,培养能够驾驭规则的管理人才显得尤为迫切。

三、法商管理背景下《管理运筹学》教学改革创新

(一) 教学改革思路

政法类院校的优势在于法律资源雄厚,借助这一优势,西北政法大学商学院的此次《管理运筹学》改革不仅重视学生对课程相关知识的运用,提升学生们的实际应用能力,而且特别重视对学生法律意识的培养,期望培养学生运用"法商"思想分析问题、解决问题的思维模式。具体的改革方法主要期望在正常教学的基础上加入"实训"教学手段,实现"培养能够整合资源和驾驭规则的复合型人才"的目标。实训主要是让学生深入企业实际去找问题,解决问题,并能够运用该课程的方法论及法学的相关知识。这次教改的目标有两个:

第一,针对《管理运筹学》的教学方式做出尝试。该课程是一门应用性极强的学科,单纯的理论教学不能满足课程的需要,理论和实践结合的教学方式有助于培养学生整体优化及法规整合的思维方式和实践应用能力。

第二,贯彻西北政法大学商学院"法商"结合的教学思想。企业运营过程中必然会涉及法律问题,通过实际调研,不仅要让学生了解企业运营过程,而且要认识到企业运营的规则,实现法商结合思想对学生潜移默化的影响。通过这次教学改革,应使学生体会到即使要追求资源最大效益也要遵从法律规则,从而提高学生的法律意识。

计划在十二周次左右的理论教学之后,学生对主要方法论已经有了初步掌握之后[①],以一定标准对学生进行分组,去调研现实中某一组织的现状,结合实际情况运用相关方法论给出解决方案,并分析其中所涉及的法律条规,以此提升学生的实际应用能力,将理论学习与现实相结合,深化对法商课程的认识,同时实际体验何谓"法",何谓"商",实际中企业应该如何在遵法的前提下追求利润最大化。

(二)西北政法大学《管理运筹学》教学改革探索

如果"商"代表的是效率,则《管理运筹学》是比较注重效率的一门学科了,之所以选择这门课进行教学改革,是与学院一直强调的公平与效率的法商结合思想的教学方式分不开的,教学改革的目的是培养学生运用法商结合的思维分析问题,要求他们不仅会运用法学思维,在合法的前提下去思考问题,遵守、驾驭规则,还能够从市场等角度妥善地处理实际问题,找出最优的解决方案。而法商结合的一个重要环节和关键点就是实践,为此,学院对该课程教学进行了改革,主要从教学内容和方式两方面进行。

在这次《管理运筹学》的教学改革中,首先,依据商学院学生法商知识基础,选定教改授课班级,结合专业方向,有重点地讲授相关模型,并注重教学软件的运用,提高学生实际应用能力。其次,一改以往教学模式,从教学的第十二周开始加入"实训"环节,将学生组成不同的实训小组,要求学生深入企业,结合所学的法学和运筹学知识,挖掘企业在运营过程中涉及的"商"和"法"的问题,并运用已经学到的知识解决这些问题,增强学生发现问题、解决问题的

---

① 该课程学习者为大三的学生,已经接受相关法律课程的培养,具有一定的法律法规整合能力。

实践能力，强化量化分析、法规整合和应用能力，建立学生专业实践性学习的基本框架，进而拓展学生的知识结构，渗透法商管理的理念。要求各小组在深入调研的基础上，完成一份调研报告，并在教学的倒数第二周，通过举办《管理运筹学》的建模大赛来激励学生展示本组的成果，相互交流学习。在这些小组中，有的使用线性规划模型解决在一定约束条件下求某一目标函数最大（或最小）值的问题；有的使用层次分析法将目标分解、比较权重，从而找出最优目标；有的在已知每个产地的供应量和每个销地的需求量的情况下，确定某种产品从若干个产地调运到若干个销地总运输费最少的方案。每种方法论的应用，都与企业运营的实践相结合，解决了企业的实际问题，达到了实践教学的目的。

法商管理的思维是效率与公平的均衡，而其规则是如何追求安全持续的创造财富。[①] 以该课程改革中一个小组的调研为例，该组调研了一个混凝土生产企业如何利用"有限"的原材料达到最优生产的问题。因为这次课程改革除了解决现实问题外，格外重视实际过程中学生对法商结合的运用，所以对案例中涉及法律的问题也格外重视，导师组不仅有商科背景的老师，还有法学背景的老师。在这个案例中，因为不同型号的混凝土产品国家对其质量有明确规定，产品质量法中也有相应的要求，所以该组同学建模的前提就是要考虑在法律规则的要求下，如何达到最优的生产。这次建模改革的目的就是要求学生不仅能够整合资源，而且能够整合法规。

（三）《管理运筹学》教学改革效果评价

1. 相关主体总体评价

实训结束后，西北政法大学教务处专家认为这次建模大赛不仅对学生理论知识的掌握有一定帮助，而且对学生实践应用能力的提升有重要的意义。专家联系学院的学科结构，指出《管理运筹学》迎合了法商结合的时代潮流的需要，对于商科学生以后工作中的实际应用有很大帮助。同行专家在观摩了比赛后认为，传统的《管理运筹学》教学多是纯理论的教学，这种模式下，虽然学生学习的理论知识丰富，但没有与实践相结合，多数院校往往还停留在和数学学习一样的学习模式上，不断地进行各个模型的建模，然后利用数学方法求解来达到对一个模型的理解、掌握。然而对于实践性、应用性非常强的课程来说，这样学习显然

---

① 引自2015年全国法商管理师人才培养研讨会上孙选中教授首次提出的法商管理范式革命。

是刻板的、不深刻的，这次教学改革通过建模比赛的形式使学生在理论知识提升的同时锻炼了实践能力，另外，在建模的过程中要求学生重视企业运营过程中涉及的法律问题，也体现了西北政法大学商学院法商结合教学的初衷。法学老师也评价了学生在这次建模中涉及的法律问题，指出运用得好的地方及存在的问题。学生们也一致认为通过这次建模大赛他们的实践应用能力得到了很大的提升，同时认识到了理论与实践结合的重要性，体会到了法商结合思想的重要性。

2. 参与教改学生评价

为了解学生对此次教改的反响，课题组对参与此次教改的学生进行调研，调研样本总数为133人，有效样本数为133人，其中包括人力资源管理及公共事业管理专业学生。

调查显示，82.71%的人认为该课程对专业学习非常重要，16.54%的人认为一般重要，仅有0.75%的人认为本专业不需要开设该课程。可见，经过一学期的学习，学生对该课程有了更深刻的认识，感受到了该学科对于自身专业的重要性。本学期教师在课堂讲授的同时引入了实训环节，以强化学生对知识的掌握、提升学生量化分析及运用法律法规分析的能力，锻炼学生理论联系实际的能力，从调查结果来看，97.74%的人认为开设"法商结合"实训是必要的。

以往教师在课堂上以理论教学为主，辅之以课后作业；本学期加入了实际应用环节，要求学生对实际问题进行分析讲解。调查显示，75.19%的人认为老师在上课时应该兼顾理论教学与实际应用。在授课方式上，调查显示，47.37%的人认为教学方式应该以案例分析为主，而学生对于教师指导实训这一方式反响非常好，有34.59%的人认为教学方式应该以指导实训为主（见图1）。

课堂内容的掌握程度主要受学生个人学习能力和教师授课方式的影响。调查显示，有23.31%的人认为能够掌握课堂内容的30%~50%；50.38%的人认为能够掌握课堂内容的50%~80%；18.8%的人认为能够掌握课堂内容的80%~95%；还有1.5%的学生能够掌握100%的课程内容。对比对往届学生的调查，能够掌握课程内容50%以上的学生增加了20多个百分点。可见经过教学改革之后，该课程的教学效果得到了相对改善，而同学们对课堂内容的掌握程度也有所提高。

实训项目要求学生必须以实际中的企业为研究对象进行分析，这锻炼了学生对知识的实际应用能力。在对往届学生的调查中，有27.08%的人表示不会应用本课程所教授的量化分析方法，有19.79%的学生表示没用过量化方法，仅有

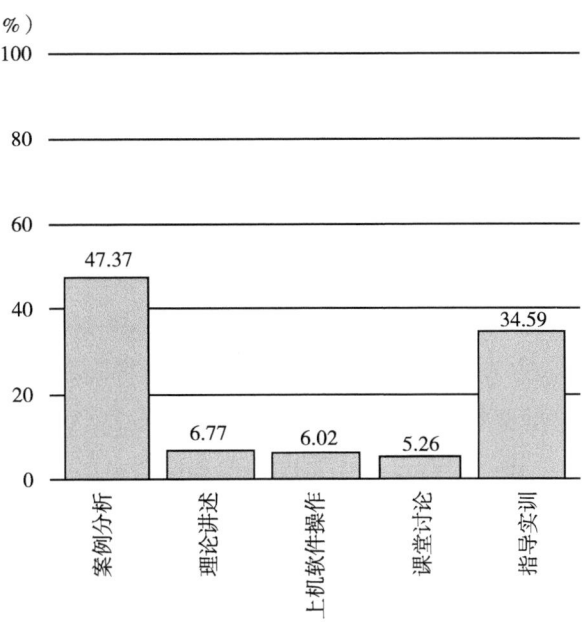

图 1　该课程学生最喜欢的授课方式调查结果

48.96%的学生会用相关方法；而本次调查显示，86.47%的人能够简单应用所学知识并有过相关实践经历。由此可以看出，这次实训项目对于学生量化分析及法规整合能力的提高有很大帮助，对本届学生的调查中有96.24%的人认为实训对量化分析的提升有帮助（见图2）。

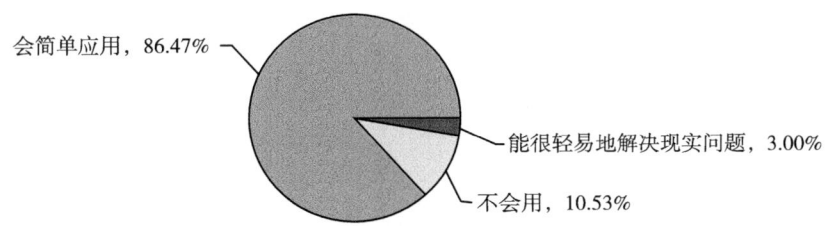

图 2　学生对该课程量化方法的应用程度

　　该课程与数学和统计学联系密切，对于大部分文科学生来说是一个很大的挑战，很多内容难以理解和掌握。调查中79.7%的学生认为该课程内容较难，因此更加需要改革传统教学方式，丰富授课方法和教学手段，使学生更好地掌握该学科知识，学会将其中的量化方法应用到实际生活中，解决现实问题。

　　对于是否应该在该课程教学改革中加入法规整合训练，83.1%的人认为有必要,只有1.6%的人认为有喧宾夺主之嫌,不应该放在一起,说明大多数学生还是比较认同"法商"综合训练的。

量化分析能力一直都是文科学生的软肋,将量化分析方法应用到现实生活或是毕业论文中更是鲜少有人。在对往届学生的调查中,显示有43.75%的人会在毕业论文中选择应用管理运筹学的相关方法论,但其实在现实运用中通常会遇到很多难题,有些学生到最后就放弃了运用运筹学的相关方法,所以实际会运用运筹学方法的人不到43.75%(见图3)。而本学期的教学改革不仅巩固了学生所学的知识,同时也提高了学生的量化分析能力。本次调查显示,有76.69%的人表示会在毕业论文中借鉴该学科的相关方法及思想,23.31%的人表示不会运用(见图4)。可见,选择运用运筹学相关方法的人数明显增多了。

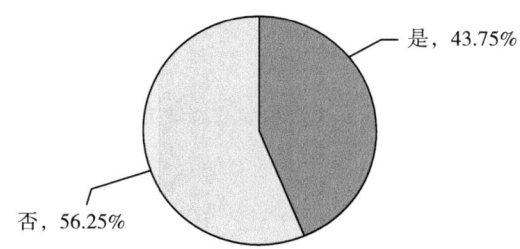

图3 往届学生毕业论文中应用相关方法论的比例

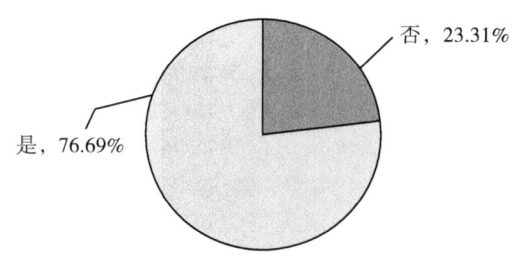

图4 本届学生毕业论文中应用相关方法论的比例

总体来看,本次教改的效果是相当不错的。通过将参与本次教改的学生与往届学生的调查问卷显示结果进行比较,可以看出本届学生对课堂内容的掌握程度、对该课程教授的量化方法的应用程度比往届学生均有所提高,有更多的学生表示会在毕业论文中选择应用相关方法论。可见,本次教改不仅改善了教学效果,而且提高了学生量化分析及法规整合的能力。其中,实训项目产生了较大影响，它让学生积极参与到实践中，将理论联系实际，使学生对量化分析方法及相关法律法规的认识更深刻，知识掌握得更好，更能体会到《管理运筹学》的实用性和重要性。另外，学生也切实体会到法商结合的内涵及"法商结合"复合型人才的精髓。

四、结　语

此次法商结合的《管理运筹学》教改是西北政法大学商学院培养法商结合人才的又一次努力尝试，通过实际的案例调研，引导学生在实践中掌握知识，突破原有的思维方式，增强了学生法商结合的意识。引导学生关注企业经营过程中"法"、"商"两个方面，既了解企业经营的过程，也学会重视经营过程中可能遇到的各种法律问题，能够根据以往学习的理论知识解决现实问题。

法商结合人才的培养是一个系统的工程，对于商学院的学生来说，学习法律并不要求像法学专业的学生那样判案断案，法商结合对于商学院的学生更多意味着在自身专业学习的同时能够对法律有一种思考，形成一种法律的思维。让学生认识到法律本身应有的价值，学会承担责任，成为"法商结合、知行合一"的优秀复合型管理人才，这也是政法大学商学院的历史责任。

参考文献

［1］孙选中．中国为何需要法商管理？［EB/OL］．http：//money.163.com/14/0618/16/9V1KBQOK00254QML.html．

［2］赵云君．地方院校经济管理专业"法商结合"培养模式探究［J］．西安文理学院学报，2011，6（14）．

［3］赵明星．探究法商管理理论创建的现实需求与逻辑基础［J］．企业改革与管理，2014（2）．

［4］卢丽刚，魏美玉．经济新常态下的依法治国［J］．南昌航空大学学报，2015（3）．

［5］史金平等．积极适应新常态，加快人才发展［J］．北方经贸，2015（8）．

［6］姚莉英．论商法融合的科学内涵及其现实意义［J］．社会科学家，1998（3）．

Teaching Reform and Innovation in Management Operational Research under the Background of Law and Business Combination Management

Zhao Hangli Zeng Zhaoyan Li Xiaoning Zhang Ronggang

【Abstract】 The current development of China's economy has entered a "new normal" and the way of economic development has changed; Strategic deployment of governing the country by law proposed in the fourth Plenary Session of the 18th CPC Central Committee, our country requires more and more talents for management. Compound management talent (have both law and business background) training mode to meet the trend of the times. The historical position makes Northwest University of politics and law business school to take on this important task. This paper intends to take the curriculum (Management Operations Research) teaching reform as the breakthrough point, analysis how to take the advantage to build the business talent training mode in college of political science and law.

【Key Words】 Law and Business Combination Management; Management Operational Research; Teaching Reform and Innovation

互联网安全持续发展下信息化政府推动之研究

陈铭聪 周 宁[①]

【摘要】 互联网的快速发展，已经对传统政府施政的形态或信息公开的理念造成冲击，由于国家发展阶段与程度的差异，此种冲击在不同的国家也不尽相同。在党的十八届三中全会之后，我国政府积极推动国家治理体系和治理能力现代化，而信息化政府的推动是其中的重要措施之一。虽然政府积极推动信息通信基础建设，也在相当程度内表现出对信息公开的积极态度。然而，不论是政府或民间，对信息公开的理念仍存在消极的态度，非短时间所能完全改变。因此，在互联网时代下，我国信息化政府的推动在基础的信息公开理念与制度上仍有欠缺，结合民众参与的部分更是没有规划。本文认为，信息化政府不应局限于政府信息单向提供或施政过程中的便民，更应利用互联网纳入民众参与行政程序的制度，达到在互联网上信息化参与的目标。

【关键词】 互联网；信息化政府；信息公开；国家治理现代化；行政程序

一、国家发展过程中信息化政府的推动

进入信息化时代，现代国家不断面临内外施政环境变迁的冲击与挑战，而信

[①] 陈铭聪，男，南京工业大学法学院副教授；周宁，女，郑州大学法学院硕士研究生。

息科技的快速发展与广泛应用所带来的信息化革命,在对产业界带来无限商机之余,更直接冲击政府的功能定位、运作形态与官民之间的互动。在发展相对平稳的欧美先进国家,信息化革命已经在商业、教育等层面造成广泛的影响;在发展快速变迁的发展中国家,信息化革命对国家发展的冲击更是具有挑战性。这波信息化革命正在广泛且快速地冲击全球的每一个角落,而国家发展的程度也将影响信息流通的程度以及信息的供给与需求结构,但更重要的是影响国家与民众的信息观。

其中,民主化、国际化与经济自由化的程度,将影响国家发展过程中信息化政府的推动,分述如下:

首先是民主化。国家民主化的程度愈高,政府受民意监督的需求就愈大,对信息公开理念的接纳程度也就愈高;而在社会走向多元化、民主参与的发展趋势下,随着不断强化集会结社的功能及增强监督政府施政的动因,民众对政府信息公开的需求也愈加殷切。

其次是国际化。在国际化的潮流下,国家的发展与国际秩序的互动愈加频繁,政府施政不断与国际接轨,面对信息化政府的要求与压力增大,进而日渐接受信息公开的理念与制度,而民众对政府信息公开的需求也将扩展至国际层面。因此,国际化程度愈高的国家,运用信息科技强化信息流通的量能也愈大。

最后是经济自由化。在经济自由化的趋势下,国家经济愈是自由化,政府对市场机能的信心愈强,进而鼓励民众积极主动参与政府的施政,愈能接受政府信息公开的理念与制度。而民众在市场机能内的决策空间日增,不论产业活动的政策或施政内容的措施,对政府信息公开的需求在质或量上均相应提高。因此,经济自由化程度愈高的国家,运用信息科技强化信息流通的量能也愈大。

若以民主化、国际化与经济自由化等因素为基调,衡量国家发展与信息化的关联因素,则从改革开放后我国政治、经济、社会发展的历程可以看出政府与民众对信息公开的需求与供给结构的演变。

二、信息化政府时代看政府施政的变迁

我国在政治民主化、发展国际化、经济自由化的转型历程中,对信息化政府

的需求也经历了信息消极、信息放任及信息积极的变迁。然而，这种信息观如何表现在政府施政之中？这必须从信息化政府推动的观点出发，包括政府信息的取得与公开，拟定政府施政的对应图像。以下将以信息公开的机能认知与政府和民众互动的机能认知，说明信息化政府时代政府施政的变迁。

(一) 信息公开的机能认知

政府所拥有的信息是否必须对民众公开，固然随着信息观的演变而有所差别，但即使在信息化政府的重要性与必要性的前提下，背后支持的理由也是历经变动的过程。为什么政府所拥有的信息原则上应对民众公开？主张信息公开背后的理念，起源于对政府不信任下的监督立场，随后则在法律制度中建构民众知情权，作为信息公开的理论基础。近来，随着国际社会的互动与竞争，信息公开已成为提升国家竞争力的重要机制。关于信息公开的机能认知，主要有以下三点：

1. 监督政府的施政

信息公开的实现，将使某些本来不为人知的事情透明化，达到民众因了解政府运作而监督政府施政的目的。通过信息公开而揭发弊案，也成为许多民意代表或民众对信息公开的期待。政府若以此作为信息公开的机能认知，则较倾向于采取信息消极的信息观。

2. 满足民众知情权

当国家发展进入民主务实阶段，民主宪政的理念逐渐形成，社会逐渐多元化，政府的威权色彩逐渐淡化，民众的权利意识逐渐抬头，要求政府公开信息的呼声逐渐高涨。在这一阶段，信息公开不再只是政府基于施政需要的政令倡导，民众也逐渐主张"知情权"。在此时空背景下，信息公开的功能被定位为满足民众知情权，政府若以此作为信息公开的机能认知，则较倾向于采取信息放任的信息观。

3. 强化国家的竞争力

当国家发展进入国际深化阶段，与国际秩序的互动日益密切。由于信息科技的长足进步，国际互动更为快速，国家在经贸上的竞争也日渐激烈。一方面，政府是否仍通过畅通的渠道与民众互动，将具体影响政府因应时局的能力。另一方面，民众是否能有效率地获取政府信息，以便迅速做判断，将直接影响国家在国际社会上的竞争力。

(二) 政府与民众互动的机能认知

政府与民众之间信息流通的机制，反映出政府与民众互动的形态。在信息消极的信息观下，民众只是政府施政被告知的对象，单向互动仍是主轴。在信息积极的信息观下，政府与民众的互动必然双向发展。因此，从国家发展的历程观察，政府与民众的互动也应随着信息观与信息公开机能认知的演变而相应调整。基本上，此种调整可以从三个层面观察：

1. 倡导与控制

政府的施政只着重于片面决定及力求政策的贯彻执行。为了强化执行效果，若有任何信息流通，也只是单向的政令倡导。倡导是达成政府认定目标的手段而已，倡导的内容也紧扣狭隘的工具价值而定。政府在信息消极的信息观下，较倾向于此机能认知。

2. 效能与便民

政府的施政固然仍以片面决定与注重执行为基本，但已意识到提升行政效能与便利民众申办的需求，相关信息流通上的施为着眼于行政效能的提升与便民。政府在信息放任的信息观下，较倾向于采取此机能认知。

3. 共识与参与

政府的施政固然仍着重于执行的确实性，但正因如此，并不以片面决定为主轴，而是强化参与，相应信息流通上的施为乃是出于强化参与的考虑。政府在信息积极的信息观下，较倾向于采取此机能认知。

根据上述说明，在我国的现实情况下，国家治理体系就是在党的领导下管理国家的制度体系，包括经济、政治、文化、社会、生态文明和党的建设等各领域的体制机制、法律法规安排。国家治理能力是运用国家制度管理社会事务的能力。要更好地发挥中国特色社会主义制度优越性，必须从各个领域推进国家治理体系和治理能力的现代化。

三、互联网时代对信息化政府的深化

党的十八届三中全会提出了完善和发展中国特色社会主义制度、推进国家治理体系和治理能力现代化的全面深化改革总目标。其中，信息化政府的推动是充分认识行政体制改革在推进国家治理体系和治理能力现代化中的作用与深化行政体制改革的主要任务，这在全面深化改革的总体布局中，同行政体制改革与各领域改革都有紧密联系。从互联网的发展可以看出，信息化政府仍有许多发展的纵深，信息的加值利用可以说是深化信息化政府的主轴。关于互联网的发展对信息化政府的深化，我们可以从互联网的发展与信息的加值利用、信息公开的三层重叠形态两个方面来探讨：

（一）互联网的发展与信息的加值利用

随着互联网的发展，信息化政府的意义已发生变化，不仅政府信息公开的渠道变得更加多元，政府与民众的互动也变得更快速有效。如何对政府主动将信息信息化并上网公开做加值利用，乃是产业界、社会团体及政府本身的重要课题。

互联网的发展所带动的信息公开的加值利用可分为两大类：一是政府信息的商业加值利用，二是政府信息的决策加值利用。

1. 政府信息的商业加值利用

政府信息公开所带动的商业加值利用较易理解，而且实际上也已多有成例。随着政府信息主动且有系统地上网，产业界对政府信息的加值利用将进入另一境界。通过从互联网上取用政府信息，业者得以取得较完整且有公信力的信息素材进行各种加值利用，进一步活络信息产业。

2. 政府信息的决策加值利用

除了民间产业外，政府所公开信息的另一种加值表现在政府决策上，因为当政府将所拥有的信息通过互联网主动且有系统地提供时，便可获得来自各方的数据提供或意见参与，达到对决策加值的效果。政府通过互联网所做的信息公开，将不仅是消极地将信息公开出去而已，而是进一步积极地对信息公开机制做加值利用。

（二）信息公开的三个层面

在上述两种加值利用的情况下，互联网的发展将使政府信息公开形成三个层面：

1. 单向公开信息

信息公开的第一个层面，也是最基础的信息公开形态，就是政府信息的单向公开，通过公开判决书、立法进度、政策方向或其他各种政府信息的上网，满足民众知情的需求，进而促进民间活力或产业竞争力。

2. 联结便民信息化施政

信息公开的第二个层面，则使政府信息的提供成为行政行为的一环，如通过互联网申请户口本、缴交罚款和费用、获取税单和申报单等，均可实现便民的目标，也促成行政目的的达成。

3. 联结决策参与机制

信息公开的第三个层面，则是政府信息公开系统本身已成为决策机制的一部分，机关通过信息互联网与民众或利害关系人产生互动，实现民众参与行政程序的目标，借以提升行政决策的程序理性及行政效能。

四、推动信息化政府的途径与注意事项

若以上述三层重叠形态观察，第一层信息单向公开的完整度与细腻度将影响第二层与第三层的加值利用。我国信息化政府的推动，在联结便民信息化施政方面，方向相当正确，仅是公开范围与程度的问题。以下将说明我国推动信息化政府的途径与注意事项：

（一）推动信息化政府的途径

推动信息化政府，可以大幅增加信息公开的效能。一般而言，可以采取以下三种途径：

1. 媒体交付

将信息载于磁盘、磁带、光盘或其他标准计算机储存媒体上交付给民众，民众则自备所需的读取设备（计算机及软件）。这种方式与传统纸本信息的交付并无不同，只是记录信息的媒体形式发生改变而已。此种方式的主要优点有：一是硬件与外围配合的要求较低，在计算机互联网仍不普及的地区，此乃唯一的可行方式；二是有利于传送极大量的信息，避免占用目前仍极有限的计算机互联网频宽资源。不过，此种方式的缺点在于必须利用人工传输，时效性相对较差，不利于经常更新信息，而且民众必须先知道所希望公开的信息在哪里。但是，对于大

量时效性不高且有保存价值的信息，则是相当理想的公开途径。

2. 信息邮递

各机关可以在民众互联网上设立信息邮递信箱，供民众以信息邮递方式申请信息公开，行政机关也以信息邮递方式通知、回复及传输信息。此种方式的建置成本低廉，使用便利，传输快速。另外，不但可以用于被动性地响应民众请求，还可用于主动公开信息。例如，行政机关可以发行信息版的公报供民众订阅，然后建立订阅户的信息邮递名单，即可定期将公报传送至订阅户的信息邮递信箱之中。不过，此方式的主要缺点有：一是不利于信息检索，民众仍必须先知道所需信息何在；二是利用者必须拥有信息邮递地址，否则只能用第一种方式。

3. 在线查询系统

所谓在线查询系统，是指行政机关将即将公开的信息建置在开放式的数据库中，供社会大众自由查询。以查询设备的设置而言，行政机关可以仅在机关所在地设置公用的终端查询设备让民众使用，也可以在民众场所（如图书馆）提供终端机，供民众直接查询，更可以设立专线，供民众拨接上线，进行查询、检索、传输。然而，最理想的方式可能是在开放式的公用数据互联网上建置标准服务系统，使民众可以用一般性的客户端软件进行检索。

（二）推动信息化政府应注意的事项

虽然利用现代信息科技推动信息化政府有前述优点，但仍有以下事项应该考虑：

1. 信息真实问题

此部分又包含两个问题：首先，信息文件通常没有传统意义下的签名，因此无从确定其制作或公布是否出于有权者之意志。纵使有某种类似签名的做法，也比较容易伪造。其次，信息文件容易修改，修改又不露痕迹，使得草稿与定稿、原版与修正版、正版与伪版之间辨别不易。不过，随着科技的发展，在此方面可谓大有进展，几项信息身份鉴别系统已经在发展中，有些甚至已经很接近可商业化的程度，而新的操作系统在数据安全性方面的进步也有目共睹。

2. 信息系统问题

信息系统若过分地依赖某种特定的硬件、操作系统或应用软件，则不仅有不公平竞争的问题，更严重的是将对信息的"未来性"产生忧虑，因为软硬件的改变将可能使原有信息不能再利用。一般认为，这个问题最适当的解决之道乃是标准化，尤其是信息格式的标准化。另外，当软硬件转换时一并将原有数据加以转换也是可行的办法，但对数据量庞大的机关而言，其成本将十分高昂。另外，保存至少一套原有系统是另一种对策，但这只对软件的转换有效，因为硬件的保存十分困难且有一定年限。

3. 信息动态问题

这和前面所提的信息化信息易于修改的特性有关。人们很难清楚地区分一份文件与另一份文件、一个记录与另一个记录，信息的更新是动态地进行的，信息的"版本"很难正确地加以追踪。这个问题的解决必须多管齐下，但首先应加强系统设计，从而妥善地为信息的异动留下记录。

4. 信息保存问题

储存信息的媒体并不一定都比纸张长寿，而且再长寿的媒体也有损坏的一日。但良好的备份作业、适时的媒体更新与适当的储存环境都可以使信息尽可能地保存良好。

五、信息化政府建构下的公民参与

（一）信息参与的基本构想

信息的信息化与数字化，已是当今国际社会最受瞩目的问题之一。尤其是当各国、国际组织乃至全球都在为信息的基础建设进行规整与着力之际，传统以书面为意念图像的信息公开已面临严峻的考验。由于信息化与数字化，政府主动通过信息互联网提供信息，已经悄悄地改变了政府与民众信息的供需局面。

大多数民众参与直接立法的成本太高，且其取得相关部门信息的费用也不在少数，但随着互联网的盛行，许多过去认为不可能实现的信息供需方式，已得到技术层面的解决。以法国的《互联网宪章》草案的立法过程来说，政府于1995年11月设立一个网站，将互联网法草案公布其上，任何人都可以在网站上发表意见，同时也设计了有关互联网问题的相关问卷，借此公开实施民意调查。就此来看，信息化政府的建构将颠覆传统的政府与民众之间的信息供需关系与施政形态。

(二) 利用互联网联结民众参与的途径

在互联网上联结民众参与的方式，在最初构想上与一般的行政程序并无不同，依现行行政程序的基本架构，民众通过互联网的参与方式约有以下三种：

1. 意见表达

民众通过互联网媒介自由地发表意见，提出批评建议，讨论国家和社会的各种问题。政府应该鼓励各类企业依法依规为民众提供丰富多样的互联网信息服务业务，为民众获取和交流信息创造良好环境，使日益清朗的网络空间成为民间获取信息和表达意见的重要场所。

2. 听证

原本应现场举行的听证会，改为在互联网上让民众同步发言讨论。我国的听证制度存在缺陷，行政程序中的听证没有约束力；立法程序中的听证由于透明度不够，听证代表很难充分恰当地表述意见，缺少民主机制。因此，各级政府应在网络上构建听证平台，让其规范化、制度化，广纳民意，以赢得广大民众的理解和支持。

3. 协商

民众参与政治生活需要以一定的信息为基础，对相关信息掌握的程度直接影响政治参与的水平。这就需要建立相关政务信息的网络发布平台或问政平台，及时公布党委政府工作中的重大信息，及时公布区域内发生的重大事件，及时公布政协的各种活动以方便群众及政协委员了解政协的工作情况。

(三) 互联网参与应注意的事项

上述借互联网等信息化方式联结民众参与的可能途径，必须依赖许多软硬件条件才能合理运行，具体如下：

1. 民众参与的法律要求

在互联网广泛运用以前，民众参与行政程序的时机、方法、作用等本来就是国家治理和政府施政现代化的重要议题，互联网的发展只是提供了意见传输的管道，民众参与的问题仍然需要有相关的法律规定作为基础。有法律规定的参与情形，较容易在程序上借助互联网架设参与机制。

2. 参与机会的公平性

计算机与互联网的使用在城市地区虽然已经相当普及，但当互联网成为参与的主轴,将使不能接近互联网的偏远地区的民众丧失参与的优势,甚至造成参与的困难。因此,至少在前期的考量中,除了应维持原来的参与渠道外,也应该提供相应的参与渠道,保障少数人的参与权,确保参与机会的公平性。

3. 参与者的代表性

互联网的参与若逐渐扩大范围和规模,除了上述不能接近互联网的偏远地区的民众参与存在公平性的疑虑外,也必须考虑有没有部分人有过度参与的嫌疑,从而造成对相关政策或议题发言代表性的扭曲。事实上,对参与者代表性扭曲的疑虑,在传统参与中就已经存在,互联网参与实施后,更必须重视此问题。

4. 信息卷宗的维护与公开

民众参与的一项重要基础条件为卷宗对当事人的公开。在信息化参与的机制出现之后,民众必须在线轻易地掌握信息卷宗(Electronic Docket)的最新动态,以便立即参与。因此,信息卷宗的维护与公开变得更加重要。所有程序进行中所提供或产生的信息都必须纳入卷宗管理系统中,作为日后决策的基础。

5. 商业秘密和隐私权的考虑

信息化政府的本质是保障公众对政府信息的知情权,自《政府信息公开条例》出台以来,其在保障公民知情权和监督权、提高政府工作透明度和公信力等方面起到了积极作用,同时也暴露出一些值得思考和亟待解决的问题,如关于"商业秘密"和"个人隐私"的认定。《政府信息公开条例》第十四条第四款规定,行政机关不得公开涉及国家秘密、商业秘密、个人隐私的政府信息。但是,经权利人同意公开或者行政机关认为不公开可能对公共利益造成重大影响的涉及商业秘密、个人隐私的政府信息,可以予以公开。第二十三条规定,行政机关认为申请公开的政府信息涉及商业秘密、个人隐私,公开后可能损害第三方合法权益的,应当书面征求第三方的意见;第三方不同意公开的,不得公开。但是,行政机关认为不公开可能对公共利益造成重大影响的,应当予以公开,并将决定公开的政府信息内容和理由书面通知第三方。

六、结 论

党的十八届中央委员会第三次全体会议通过了《中共中央关于全面深化改

革若干重大问题的决定》,其中关于政治体制改革中提到,围绕提高科学执政、民主执政、依法执政水平,深化党的建设制度改革,加强民主集中制建设,完善党的领导体制和执政方式,保持党的先进性和纯洁性,为改革开放和社会主义现代化建设提供坚强政治保障的指导原则,完全和本文所主张的精神相符合。尤其是近年来互联网的发展对信息化政府的理念或制度均已造成相当程度的冲击,但是由于每个国家发展阶段与程度的差异,此种冲击的程度与内涵在不同的国家也不尽相同。由于国家发展的演变,不论是政府或民众,对信息公开的理念、信息公开的机能以及信息公开的模式均有所变化,此种变化将实际影响互联网时代下的信息化政府的推动。

参考文献

[1] 叶俊荣. 迈向电子化政府 [J]. 经社法制论丛, 1998 (22).

[2] 林明锵. 公务机密与行政信息公开 [J]. 中国台大法学论丛, 1995, 23 (1).

[3] 马荣安. 法国因特网宪章,保障隐私权 [N]. 中国时报, 1997-06-17.

Research on the Promotion of Information Government in Internet Security Development

Chen Mingcong　Zhou Ning

【Abstract】The rapid development of the Internet has already caused a shock to the idea of the traditional information public or the form of government governance, because of the differences in the stage and degree of the national development, the connotation of this kind of impact is not the same in different countries. Especially after the three sessions of the eighteen sessions of the party, the government actively promotes the national governance system and governance capacity modernization, and the promotion of information technology is one of the important measures. Although the government actively promotes the construction of information and communication, but also to a considerable extent, showing the positive attitude of the information disclosure. However, whether it is the government or the public on the information disclosure of the idea, still remnants of a negative position, not a short time can be completely removed. Therefore, the information government in our country to promote, in the foundation of information disclosure philosophy and system is still lack of business, in the combination of public participation in the forward part of the people to participate in the planning. In this paper, the information government should not be limited to the government information in the way to provide convenience, but should use the Internet to participate in the public participation in the administrative procedure system, to achieve the goal of information on the Internet.

【Key Words】 Internet; Information Government; Information Publicity; Modernization of National Governance; Administrative Procedure

"互联网+"环境下的消费者权益保护

苏晖阳[①]　张炳璇[②]

【摘要】 如何在"互联网+"的新环境下对消费者权益进行保护，对于立法者、执法者以及消费者来说都是当务之急。本文首先对"互联网+"环境下消费者权益保护的重要性和必要性进行了简要阐释；其次分析了"互联网+"环境下诸如消费者个人信息的保护、网络消费维权的盲区、人身健康权利的保护等消费者权益保护的困境；最后提出了完善并落实相应法律法规制度、完善法律救济的途径、互联网由"监管"向"治理"转变等方面的建议。

【关键词】 互联网；消费者权益保护

一、"互联网+"环境下消费者权益保护的重要性和必要性

"互联网+"已经不是一个陌生的名词，以云计算、大数据、物联网为主的产业正在蓬勃发展。尤其在网络交易过程中，随着"互联网+"的完善，消费者在此环境下进行消费不仅节约了时间成本、空间成本，而且享有相对应的价格优势。吸引消费者的节日如"双十一"等也造就了网络消费市场上一个又一个神

---

① 北京大学法学院，研究方向：民商法，邮箱：xmsuhy@foxmail.com。
② 四川大学法学院，研究方向：民商法，邮箱：842024415@qq.com。

话。但因互联网本身所具有的虚拟化、开放化等特点，出现了欺诈行为、不正当竞争、个人信息的泄露和滥用等问题，侵犯了消费者的权益，使消费者对于互联网缺乏信心，严重影响到"互联网+"环境的良性发展。

与"互联网+"的急速发展相对的，应该有关于"互联网+"领域的法律法规、部门规章制度的及时更新。然而，目前没有与网购专门相对应的法律，《合同法》、《产品质量法》、新修订的《消费者权益保护法》（以下简称消保法）只概括性地对网络消费进行了规制。同时消费者维权意识的缺乏共同导致网络消费者很难通过法律去解决消费者权益受侵害的问题。所以研究如何在"互联网+"的新环境下对消费者权益进行保护，对于立法者、执法者以及消费者来说都是当务之急。

二、"互联网+"环境下消费者权益保护的困境分析

（一）消费者个人信息的保护

在"互联网+"的环境下，任何的社会行为、任何的行业都与互联网发生相互协同作用，消费者的消费行为也不例外，消费者在网购过程中为保证交易正常进行，无可避免地将姓名、电话、住址等提供给经营者，然而经营者是否做到了安全地保护消费者的个人信息并合法利用呢？

1. 消费者个人信息的非主动泄露

"互联网+"直接造就了智能城市的发展，消费者通过手中的智能手机或其他智能设备进行着衣食住行等一切所需的消费。消费者通过在线支付软件购买其所需的物品，进行餐饮消费、酒店住宿等行为，都留下了相应的数字化痕迹，相关信息不知不觉都被记录下来。同时，RFID（Radio Frequency Identification）新技术的产生，也存在泄露个人信息的风险，尤其是通过一定的技术手段，能够在不经本人允许的情况下获取个人信息，如查询到本人当前所在的位置，在何时何地进行消费等。这些简单信息的汇总和分析能给整个营销产业带来不菲的收益，然而对于消费者而言，隐私权被侵犯所带来的后果将会越来越严重。

2. 网络提供商对消费者个人信息的侵犯

网络服务提供商（ISP）和网络内容提供商（ICP）作为为消费者提供网络服务的机构，在侵犯消费者个人信息上可以说是有先天的便利。由于信息储存的集中性和信息传输的多向性，越来越多的个人信息通过网络储存于 ISP 和 ICP 提供的计算资源共享池，多点收集的信息源源不断地汇集于提供商的存储系统，拥有大量信息的提供商掌握了消费者各方面的个人信息。各个机构在各种各样的信息共享过程中，相互传输、提供信息，甚至出现共享信息再次向外共享，使信息不断向外扩散。[①]

（二）网络消费维权的盲区

消保法的重新修订，加之工商总局出台了《工商行政管理部门处理消费者投诉办法》、《侵害消费者权益行为处罚办法》等规章，有关部门在推动执法协作、创新维权机制等方面做了大量工作，群众也都寄予厚望。但落地实践以来，发现仍然存在诸多盲区。

1. "无理由退货"条款形同虚设

《消费者权益保护法》第二十五条规定了采用网络购物可以七日内无条件退货。但在实际生活中，这一条的利用率并不高。大多数消费者在退货时需要跟经营者沟通，得到同意后取得经营者的地址并允许后，才能退货成功，然而在与经营者沟通的过程中，经营者往往以不符合退货标准为由不予退货。如有些经营者要求商品保持发货时的状态而不影响二次交易，种种不公平的理由和要求极大地阻碍了退货，让无理由退货成为虚设。[②]

2. 商品真伪无法保障

互联网购物的虚拟性导致经营者和消费者对于商品信息的掌握存在不对称，经营者发布的商品宣传标语无法严格地得到审核，加上商品描述、照片拍摄角度、明星代言等由经营者自身的条件而决定，没有信息纰漏，消费者只能通过直观感受和购买经验做出相应的交易判断，这种现象不仅侵犯了消费者的知情权，而且构成了不正当竞争行为，严重时将触及刑法，构成制造、销售假冒伪劣产品罪。然而，网络销售假冒商品的行为很难通过简单的法律条文规定而加以规制，

---

① 李朝晖. "互联网+"环境下的个人信息保护 [J]. 南方论丛，2015（4）：1-5.
② 澎湃网：http://www.thepaper.cn/newsDetail_forward_1391877。

更多的是需要提升整个网络环境的透明度。

3. "微商"交易中的侵权行为频发

与传统电商基于PC终端的单纯的网络不同，"微商"所依托的则是基于移动终端的移动互联网，且"微商"交易随时涉及每个消费者的日常生活空间，其载体较为单一，有时寄托于私人的影响力，对消费者而言更具吸引力和诱导性，导致消费者的交易风险更大。其侵权主要有以下特征：

（1）侵犯消费者的知情权。"微商"的零门槛和监管空白使商家往往通过拍照技巧掩盖商品缺陷，过分突出商品优点，并在对商品进行描述时多利用偶像心理等夸大描述误导消费者，甚至通过展示伪造的售后评价和聊天记录、支付页面提高销售额和可信度，这些行为都影响了消费者做出正确的消费决策。

（2）侵犯消费者的隐私权。许多消费者通过扫描"微商"提供的二维码，无意间泄露了自己的所在位置和个人信息，有的不法商家甚至在二维码中植入手机病毒，不仅盗取消费者个人信息甚至有非法取得消费者财产的行为。

（3）侵犯消费者的求偿权。大多数消费者在"微商"交易中往往没有留下相应合法、有效的交易凭证，即使权益受到侵害，也很难通过法律这种正规渠道得到解决。同时由于交易金额往往较小，求偿程序烦琐复杂，使得很多消费者在权益受到损害后放弃行使自己的合法权益。

（三）人身健康权利的保护

"互联网+"环境下的一大特点就是智能设备的崛起和广泛运用，智能手环、智能手表等智能设备给消费者提供了诸多方便，其提供健康分析和健康数据的功能更是时尚新颖，引起了大众对其的关注和喜爱。但这项看似促进消费者健康的服务，却存在着严重侵害消费者人身权利的隐患。

1. 不正确的健康比拼

前几年微博流行一种新的"运动形式"叫作"冰桶挑战"，后来因官方多家媒体报道了"冰桶挑战"对身体造成极为不好的影响甚至会导致死亡的新闻，才使得这一病态趋势停止。而今天，因为微信等社交媒体推出的"微信运动"项目，"朋友圈"这样的社交网站开始了新一轮的非正常运动热，很多年轻人为了得到排名第一以及大家的赞扬而不正常地跑步、走步。① 根据相关新闻报道，

---

① 新华网：http://education.news.cn/2015-08/26/c_128167103.htm。

国内许多城市都发生了因"晒跑"等导致脚踝韧带断裂、应力性骨折、猝死等的事件。无独有偶，网络平台出现的"iPhone6腿"、"A4腰"等非健康身体状态也莫名成为大家追求的目标。

2. 错误的健康数据反馈

许多智能健康设备都有睡眠质量分析、饮食健康分析等功能，但因技术缺陷和人类活动变化程度大等原因，数据不能很准确地反映消费者的身体健康情况。但许多消费者却在广告、舆论等作用下，将智能设备反馈的健康数据奉为真理，依照其数据调整个人的作息、饮食等生活习惯，使得个人身体出现不适应甚至病变等现象。尤其是消费者的个人体质存在差异，使用统一的健康标准要求消费者进行相应的生活调整，无异给消费者的身体造成更大的伤害。

三、"互联网+"环境下保护消费者权益的建议

（一）完善并落实相应的法律法规制度

1. 进一步完善消保法

消保法中对于网络交易的规定较为宽泛，在一些条文的表述上不够严谨容易让经营者钻空子，所以应当首先对消保法中不太明确的条款出台司法解释，规范经营者的经营行为。其次，国家工商总局公布的《网络交易管理办法》（以下简称管理办法），虽然对网络中的交易行为做出了较为明确的规定，但该办法未涉及微商交易等"互联网+"环境下的交易行为，产生了监管的空白区域。众所周知，制定下位法必须以上位法为依据，否则便构成对上位法的抵触。作为管理办法的上位法的消保法尽管有数个条文涉及网络交易，但在法条行文中并未如管理办法一样特别提及移动互联网。因此，作为下位法的管理办法将上位法不曾提及的移动互联网经营活动纳入其款项条文中，是否有对上位法的僭越之嫌？为避免法律法规之间的抵牾，非常有必要对消保法的条文做适当调整，方便相应的法律规定及时落地，保护消费者权益。

此外，相关主管部门要把好网络市场经营主体的准入关，建立权威的评价平台，相关认证可以综合消费者评价信息、银行及认证机构信息、政府有关部门的

认证信息等，并要求第三方公正机构给予公正①，以提升整体运营质量。

2. 加速《个人信息保护法》的立法进程

在"互联网+"时代，保护个人信息已经刻不容缓。信息的整合通过大数据分析可以被多种经营者利用，所谓"法无明文禁止即允许"，也许个人在一天内的消费记录并无法律保护的价值，但如果将所有人的消费记录进行分析则是一种明示的市场规律，而得出这种市场规律的反作用就是对单个消费者权益的损害，各种针对性广告铺天盖地、猝不及防地出现在每个人生活中。所以在顺应"互联网+"的潮流下，建立保护个人信息的《个人信息保护法》是目前刻不容缓的事情，从而真正净化互联网环境。

3. 建立诚信交易平台

消费者权益受到损害时，需要严格的法律制度帮助解决，但事后救济往往不是法律所期望的。建立良好的诚信交易制度，相当于在网络交易之前加了一层防护膜。建设诚信交易平台应当有完善的信用评级机制，并将信用评级公开化，从而不仅实现了交易双方的信息透明，而且净化了整个互联网交易平台。

（二）完善法律救济的途径

1. 引入举证责任倒置

如前所述，消费者的知情权等权利在"互联网+"时代极易受到侵害，因此，在信息极度不对称的情况下仍由消费者来承担举证责任是有失公平的，维权难的原因之一也在于举证责任的负担，如消费者无法当面验货，在收到商品时，拆验包裹时没有及时保留证据导致无法举证。引入举证责任倒置规则，由经营者承担其无侵权行为的举证责任，并承担举证不能的法律后果，能够在程序性环节有效地对消费者权益进行保护。

2. 管辖权异议的解决

几乎所有互联网企业在消费者第一次使用其产品、服务时的同意注册协议中都会对纠纷管辖法院进行约定，一定要在企业所在地的人民法院打官司，若不同意该协议则无法完成注册。而网络消费大多是格式合同，消费者很难在交易时与经营者多次协商合同内容以及争议解决地，当争议发生时，消费者有时也会因跨越地域的起诉而承担巨大成本，加上举证的烦琐和诉讼本身的成本，早已超过商

---

① 周蔚然. "互联网+"时代消费者权益保护法律问题探析 [J]. 法制与社会，2015 (18): 180-181.

品本身的价值,所以绝大多数消费者放弃维护合法权益。因此,为充分保护消费者权益,便于消费者维权,可以约定侵权结果发生地的法院对案件享有管辖权,同时对诉讼过程进行简易化、类型化,在减轻消费者负担的同时提高处理争议的效率。

(三)互联网由"监管"向"治理"转变

长期以来,政府在互联网行业监管中处于垄断地位,而真正要完善互联网治理,不仅要加强政府监管,而且需要更多部门的参与,也只有多元化的监管体系才能有效地应对互联网监管的复杂程度,如企业监管、互联网行业自律以及消费者自我保护意识等。同时,互联网治理应该更多地关注并发挥市场的力量,在市场自由充分的竞争过程中,互联网行业的企业只有改善自身素质,让消费者在消费过程中有更好的用户体验,并保护消费者权益,才能在市场竞争中处于有利地位。因此,在"互联网+"时代,需要政府进一步转变职能,简政放权,在治理中体现"互联网+"思维,充分发挥市场"无形之手"的作用,在"互联网+"时代让企业有更大的作为、更广阔的发展空间。

四、结 语

消费者作为交易关系中弱势的一方,不仅在实体交易中易遭侵权,在"互联网+"的相关交易中更易遭到侵权。正如奥地利经济学家、哲学家哈耶克的"自发秩序原理"所透露出的,诸如"互联网+"等科技的创新和发展既潜藏有巨大的力量,又可能因规制缺位而不免生出事端。因此,我们要树立规则,积极应对,让技术进步真正带来社会福祉。

参考文献

[1] 张慧芳. 我国电子商务中消费者知情权保护研究 [D]. 西南政法大学硕士学位论文,2014.

[2] 刘晓艳. 微商交易中的消费者基本权益的保护 [J]. 赤峰学院学报(自然科学版),2015(19).

The Protection of Consumers' Rights and Interests under the Environment of "Internet +"

Su Huiyang   Zhang Bingxuan

【Abstract】 How to protect the rights and interests of consumers in the new environment of "Internet +" is the first priority for legislators, law enforcement and consumers. In this paper, the importance and necessity of the protection of consumer's rights and interests under the "Internet +" environment is briefly explained; in addition, it analyzes the protection of consumers' private information, the plight of the defense of consumers' rights and interests, the protection of human rights, the protection of personal health protection; and at last it puts forward suggestions to improve and implement the relevant laws and regulations, improve the legal relief, change the Internet from the "supervision" to "governance".

【Key Words】 "Internet +"; Consumer Rights and Interests Protection

法商管理评论 （第二辑）
Legal-Business Management Review

法商管理专题分析

Specialized Analysis

从 P3、2M 国际航运联盟案看商业合作中的反垄断审查

张丽英[1]　谢南希[2]

【摘要】2013 年全球前三大航运公司马士基、地中海航运和达飞签署 P3 网络船舶共享协议（P3 Network Vessel Sharing Agreement，简称 P3），欲建立网络中心，统一协调、管理船舶、航线和箱位等。P3 成功通过了美国联邦海事委员会和欧盟委员会的审查，但却没有通过中国商务部反垄断局的审查。P3 遇到的核心问题主要是控制的市场份额过大，可能限制竞争、扭曲市场。对此，交易方采取了一系列措施。P3 之后，2M 船舶共享协议（Maersk/MSC Vessel Sharing Agreement，简称 2M）降低份额绕开了中国反垄断审查，既没有违反反垄断规则，又为商业合作提供了可能。本文拟通过研究 P3 到 2M 的转型过程，总结该案中交易方面在三个地区的反垄断审查时遇到的问题和采取的措施，并对该案进行法商分析，探索在各国反垄断审查标准不同的背景下商业合作中的反垄断审查问题。

【关键词】P3 网络船舶共享协议；2M 船舶共享协议；反垄断审查；商业合作

2000 年集装箱船的运力平均不到 10000 标准箱，2015 年运力已剧增到 15500~18500 标准箱。伴随着世界范围内集装箱船队数量的大量增加，承运人面临两大风险：一是全球供过于求带来的船队过剩；二是船舶调度存在的运载不

---

[1]　中国政法大学国际法学院教授、博士生导师，研究方向：WTO、海商法，邮箱：zlysea@126.com。
[2]　中国政法大学国际法学院国际经济法方向硕士研究生，现为瑞典斯德哥尔摩大学国际商事仲裁专业在读硕士研究生，邮箱：xie.nanxi@hotmail.com。

足，使得承运人连保本都难。2008年全球经济危机也加剧了航运业运力过剩，加速了承运人之间的横向合作。

2013年10月24日，全球前三大航运公司穆勒马士基集团（A. P. Møller-Maersk A/S，简称马士基）、地中海航运公司（MSC Mediterranean Shipping Company S. A.，简称地中海航运）和达飞海运集团公司（CMA CGM S. A.，简称达飞）签署P3，欲通过设立网络中心（Network Center）这一独立实体，对亚欧航线、跨太平洋航线和跨大西洋航线上的定量船舶进行统一调度、协调、管理和经营。协议因规模太大落入美国、欧盟、中国的反垄断审查范围内，分别接受了美国联邦海事委员会（Federal Maritime Commission，FMC）、欧盟委员会和中国商务部反垄断局的审查。其中，FMC认为P3在当时不大可能因减少竞争而引起不合理的提高运费和降低运输服务质量，不违反《1984年美国航运法》，批准P3生效，同时P3交易方须提交具体的监督报告来保证其运行后在《1984年美国航运法》项下的合规性。欧盟委员会则认为联盟是班轮公司之间标准的商业合作形式，可以提高效率、频率以及港口覆盖率，更好地为客户服务，因此没有启动正式的审查程序，但会对该合作的后续问题保持密切关注。中国商务部反垄断局认为P3构成"紧密性联营"，通过P3将会大幅度提高市场集中度，减少竞争，对其他竞争者、货主、港口都会造成不利影响，最终决定禁止P3。

P3之后，马士基和地中海航运转头签署了2M，放弃设立网络中心，仅建立非独立实体的委员会进行日常管理。2M不在中国《反垄断法》管辖范围内，已通过美国的审查，也完成了欧盟要求的自我评估，已于2015年1月开始运营。三大航运公司的P3联盟降低规格、转向两大公司间的2M联盟这种模式（简称P3-2M模式），为国际背景下公司之间的商业合作提供了全新的法商思路和实践。本文将对P3-2M模式本身以及这个模式在反垄断审查中遇到的问题进行论述。

一、P3-2M模式

美国、中国方面对于P3的关注都集中在网络中心的设立上。三个交易方向美国方面提交的协议文件显示，网络中心是一个独立的法律实体，不依附于各方,完全独立经营、管理,三个交易方通过协议对其进行控制。由于三个交易方所占市场份额巨大,各方都十分关注。根据 FMC 收到的评论,P3 极有可能面临垄断市场、限制竞争的质疑。

具体到法律层面,Clifton M. Hasegawa 紧贴协议条文指出了 P3 可能限制竞争的很多细节。例如,关于 P3 第 4 条脚注 1 关于此协议仅适用于受美国管辖的航线的规定,Hasegawa 明确指出这个脚注具有误导性,需要进一步澄清,因为 FMC 的管辖权是由交易方向 FMC 提交的"并购"协议决定的。在第 4 条中,阿拉斯加州被定义在了太平洋海岸范围内,这忽略了阿拉斯加州并不是一个邻近的州,如果按这个定义,那么还应当包括夏威夷和美国所有离岸领土和属地,如美属萨摩亚、关岛、北马里亚纳群岛、波多黎各和美属维尔京群岛。Hasegawa 认为交易方似乎承认了跨太平洋航线的回程,即美国本土西部到亚太地区是一个已控制的封闭性市场。同时,关于"船舶共享协议"(Vessel Sharing Agreement)、"船舶共享"(Vessel Sharing)、"箱位"(Slots)这几个概念需要进一步说明,还有"合作性工作协议"(Cooperative Working Agreement)、"非运价协商协议"(Non-Rate Discussion Agreement)、"运价协商协议"(Rate Discussion Agreement)、"舱位共享协议"(Slot Charter Agreement)、"舱位租赁协议"(Space Charter Agreement)、"底盘车互用合作体协议"(Consolidated Chassis Management Pool Agreement)词汇的使用。另外,协议第 5.3 条涉及与第三方的交易,Hasegawa 建议 FMC 要求交易方提交一份所有适用于该协议的合法有效、有约束力的安排清单,并确认和证明清单上的远洋运输中介公司、无船承运人已在 FMC 处存档。此外,FMC 还应公布此清单。Hasegawa 也建议 FMC 要求交易方披露所有与交易方有交易往来的码头清单,然后确认和证明这些码头合法合规,最后公布清单。同样的,Hasegawa 也提到 FMC 应严密调查 P3 对整个航运业竞争方面的影响。Hasegawa 还建议在协议中加入一条 FMC 的监督:"交易方同意每年定时向 FMC 提交审计和/或检查记录。所有 FMC 要求的记录都应当提供。寄送之前,'保密财务'、'受保护'的记录需要提前做好识别。不公开的检查之后,FMC 会做出决定。另外,FMC 还要求交易方每年披露其他的委员会认为必要的信息。"第 9 条关于准据法和争端解决,交易方约定在伦敦国际仲裁院进行仲裁,适用英国法。考虑到三个交易方的营业地分别在丹麦、法国和瑞士,且交易方已经向美国 FMC 提交了协议,Hasegawa 建议法律选择应该有进一步的讨论。

因此,在 P3 被禁止之后,2M 缩小了联盟的规模。马士基和地中海航运一方面不再与达飞合作，另一方面取消了设立网络中心的计划，因此 2M 限制竞争、扭曲市场的可能性都大大降低。对比其他航运联盟来看，2M 的市场份额将不再居于首位。

总结 P3-2M 模式的流程大致如下：①设计理想的商业合作框架 P3 尽管可能超越了现有合作模式的规模，也可能在合法性方面存在不确定性，但从商业角度看其在各方面发挥到了极致；②提交 P3、报请当局审查，审批过程中积极沟通；③P3 失败后，详细研究各地区反垄断审查标准，通过降低规模以绕开审查，形成方案 2M；④提交 2M、报请当局审查，审批过程中积极沟通；⑤新方案 2M 通过。

这个流程中公司可能需要考虑的因素如下：①公司对于商业合作的理想预期；②前期的法律研究、实践调研；③合作方案的合规性审查；④针对方案中有所欠缺、相对薄弱的环节的必要解释和说明；⑤审查过程中的积极配合；⑥后备方案；⑦公司与当地政府保持友好关系。这些因素来自于下述 P3、2M 反垄断审查中遇到的问题以及交易方应对反垄断审查时采取的措施总结。

二、反垄断审查中的问题

FMC 收到了各方针对 P3 的评论，评论针对协议的目的、适用范围等提出了十分具体的问题，有的评论中甚至包括面面俱到的问题单。这些评论者来自各行各业，主要的评论者来自国际性组织、美国国内组织以及个人。

（一）全球货方论坛的共同成本理论

全球货方论坛（Global Shippers' Forum）首先提出，网络中心是 P3 承运人不再竞争的例子，这主要是基于经济学的"共同成本"（Commonality of Costs）理论，这个理论为假定的共同定价提供了强有力的理由。承运人通过不竞争和统一节省了越多的成本，就越要去证明他们如何、为何将继续在价格以及服务质量上保持竞争。P3 引起了一个基本问题：P3 承运人是否能够证明他们在协议中关于销售、市场等的条款对于维持竞争的价格充分有效，特别是在欧盟委员会已经对一批通过价格信号联合行为操纵定价的承运人启动正式程序的时候？

从 P3、2M 国际航运联盟案看商业合作中的反垄断审查
A Case Study of P3-2M: From a Business Perspective

全球货方论坛针对协议具体条款提出了一系列问题：①P3 第 2 条协议目的中提到"合作性工作安排"，为了防止因开放式措辞、通过减少竞争（包括定价以及欧美贸易中美方、欧方港口的歧视问题）而引起运输服务不合理下降和费用不合理增加，是否应定义三个主要竞争者之间的这种合作？②如第 4 条脚注 1 所提到的，P3 向委员会提交的协议并不覆盖亚欧贸易，P3 航线是否接受委员会将考虑适用于亚欧贸易的"合作性工作安排"，并称其为合并而通知中国、德国的反垄断机构？③第 5.1(a) 条下 P3 承运人有权进一步增加或撤回已投入的运力。这个全面管理未来投入、运力或限制运力的 P3 是否构成会导致运费不合理增加的定价协议？④第 5.1(c) 条关于船舶，P3 承运人有权逐步采用和逐步弃用按吨位、按比例来分摊整个运力分配的重置成本。这难道不是会造成运费不合理增加的定价安排的证据吗？⑤承运人根据第 5.1(d) 条有权同意网络中心控制船舶"空载"。这是否构成运力限制，证明这其实是造成运费不合理增加的定价协议？⑥第 5.2(b) 条关于箱位容量分配、箱位使用、联盟内部通过内部箱位销售系统的容量限制，这种允许全面增加可供的容量是否构成支持定价的容量限制，进而导致运费不合理增加？⑦第 5.2(i) 和 (j) 条关于箱位容量分配和使用、向第三方销售箱位价格的协议以及限制根据协议价格向第三方出售箱位的规定，是否构成会导致运费不合理增加的定价协议？⑧第 5.3(c) 条关于与第三方交易时，P3 承运人可在时间限制内通过网络中心向第三方有偿出售未使用和未售出箱位。这是否构成会导致运费不合理增加的定价协议？⑨第 5.4(a) 中关于码头、装卸工人以及其他服务，P3 承运人有权考虑交易方在码头选择中的任何经济利益，除非这种选择本身就是基于交易方已同意的客观操作标准。这难道不会构成对美、欧港口、码头的歧视并通过减少竞争造成运输服务质量不合理下降、运费不合理增加吗？⑩在第 5.4(b) 条下两个或所有交易方可以共同达成关于码头、装卸工人的条款（若受美国反垄断法规制且合法），P3 承运人是否能够证明这些条款不会以定价形式减少竞争？⑪第 5.5 条关于转船和集散运输，这种联合协议是否会以定价的形式导致竞争减少？⑫第 5.6(a) 条关于独立身份和敏感信息，P3 承运人如何能够声称其可以在以上的共同成本、定价和运力限制义务方面进行"完全分离、独立的销售、定价、市场运营"，且所有这些都将导致委员会所禁止的竞争减少？⑬第 5.6(b) 条下 P3 承运人有权"在贸易中获得、迫使、维持并交换操作信息，包括但不限于预测、记录、数据、研究、汇编、成本、货物体积、市场共享信息和其他数据"，除非此信息为商业机密。这种内容广泛的信

息交换是否超越了合法合作范围、导致委员会所禁止的定价以及以价格信号的方式减少竞争？

(二) 国际港口工人协会认为 P3 将威胁其竞争者、港口和码头工人

国际港口工人协会（International Longshoremen's Association，ILA）认为 P3 承运人可能利用协议挤出竞争者，最终甚至挤出非承运人实体，如货主和码头经营者。不同于小型承运人之间的船舶共享协议，P3 呈现出世界三大承运人试图主宰市场的企图。如此规模的协议除了需要衡量竞争影响之外，还需考虑附带影响，如对劳动市场的影响——明显威胁工人及其家庭。具体来说，P3 第 5.1（b）和（c）条项下，P3 承运人有权集中力量在价格战中参与竞争，或迫使码头经营者甚至是当地政府机构给予优惠待遇。协议第 5.1（a）条也体现了协议的侵略性：它规定 P3 承运人可以将运力从 130 艘船、每艘由 4000~12250 标准箱增加到 180 艘船、每艘 19200 标准箱。如此增加运力会将其他小型承运人踢出市场。尽管 P3 可能是 P3 承运人对目前市场情况的对策，但是很明显它将重新定义并控制未来市场。

另外，P3 承运人已指定美国海事联盟（USMX）作为其谈判代理人，因 P3 承运人是后者会员，后者是东海岸和墨西哥湾岸区承运人、码头经营者、港口协会的集体谈判代表。USMX 将负责 P3 项下部分操作费用（劳力）的谈判。USMX 之前与 ILA 达成了集体协议，又称主合同（Master Contract），其中的雇佣条款适用于美国大西洋海岸、墨西哥湾岸区的港口工人。目前，有 14000 多工人在适用主合同的船舶上工作。包括 P3 在内的雇主的多元利益和经济状况，很大程度上控制了如 USMX 那样多方雇主谈判代表设想的有利位置。雇主之所以愿意集体谈判是因为他们知道在协会中的其他雇主也会集中力量维护他们的共同利益。

2013 年 4 月，USMX 和 ILA 就下一个六年的主合同条款达成了一致，规定在主合同管辖范围内增加工人的工资——适用于 USMX 所有会员，不论市场份额或运力。一旦 P3 被 FMC 批准通过，P3 承运人将能够与货主协商，为那些目前由其他承运人提供服务但效率又不如 P3 的港口或航线提供升级的服务。例如，若 P3 承运人根据第 5.2 条分配箱位运力、使用箱位，那么 P3 会员就可以降低其箱位需求，不再在特定港口从另一 P3 会员有更多箱位的船舶那里租箱位，进而减少对该港口码头操作、劳力的需求。相应的，码头经营者和其他公司通过当

地合同向附加福利基金（Fringe Benefit Funds）的支付能力就会下降。若他们不再支付，主合同和当地集体谈判协议的完整性将会被削弱。鉴于稳健、充满竞争的航运业带来的收入支撑着几千码头工人家庭和退休人员的生活，而P3将因提高劳动效率而不再需要那么多的主合同签字方，P3进而会威胁其竞争者的商业利益以及他们所雇工人的生活。

（三）国际运输工人联盟关注P3对工人的影响

国际运输工人联盟（International Transport Workers' Federation，ITF）是代表来自150个国家的运输工人、联合约700个工会的国际贸易联盟。ITF主要关注P3对工人的影响，认为如果没有针对雇佣和劳工标准的保护措施，P3整体力量将会对整个行业造成重大威胁。特别是P3为了提高效率、节省成本带来的对其他竞争者的威胁，以及对码头经营者和政府机构关于优惠待遇要求的压力。若P3承运人能够从内部租到船舶箱位，那么一些港口将会遭受码头操作、劳工方面需求降低的损失。另外，节省成本带来的收益也不会通过供应链条传到承包商、顾客或工人，而是仍然在公司和股东手中，这并不能给全球经济带来实在的益处。

三、交易方应对反垄断审查采取的措施

P3通过欧盟审查时，因为市场份额超过了30%，不能根据《航运联盟集体豁免第906/2009号条例》（Consortia Block Exemption Regulation No 906/2009）第5条享有豁免资格。P3通过自我评估成功证明了P3提高了效率并使消费者获利，同时没有限制竞争，最后获得了欧盟委员会的批准。

P3在应对中国反垄断审查时，采取的措施主要是针对政策审批机构提出的问题和顾虑做出阐释，进行商谈，提出救济方案。值得注意的是，中国商务部一共禁止过两件经营者集中的案子，一个是P3案，另一个是可口可乐收购汇源案。但两个案子的背景有所不同，前者是跨国商业合作的背景，所在行业拥有特别的反垄断豁免历史，而后者是跨国并购的背景。

P3之后，尽管2M仍然存在可能限制竞争的效果，但只有欧洲货主委员会

（European Shippers' Council）向 FMC 提交了评论表示反对，认为 2M 会对世界贸易带来巨大的损害，理由如下：首先，2M 不应视作 P3 的降级版，而是大大地提升了船东的地位。世界前两大航运公司集中在一起将在市场中创造出一个大玩家，它将拥有提高价格、减少竞争和扭曲市场的能力。如 2M 第 5.4(a) 条中，交易方有权在码头操作费的配置上进行讨论并达成一致，这给交易方增加了相关附加费的自由。货方认为这应当被尽量避免。其次，2M 第 5.1(d) 条中，在利用率很有可能下降到一定临界值的情况下，交易方有权空载。这种空载很明显可能被交易方滥用，在需要的时候在供应的一面通过恢复运费来操纵市场。再次，2M 第 5.5(b) 条禁止商业敏感信息的交换，除非"十分必要"（Strictly Necessary）。货方要求一个更精确的"必要"的范围和定义。另外，交易方有权根据第 5.7 条讨论并同意行政事务及其实施，这可能对交易方的服务水平和差异性带来负面影响，并会导致交易方之间更少的竞争。欧洲货主委员会无法同意这个条款。欧洲货主委员会建议 FMC 建立控制系统，监督运力和运费之间的关系，任何服务上的更改都需要交易方提前通知。与此同时，建立一个服务质量的检测台。最后，欧洲货主委员会指出 2M 唯一的目标就是盈利，而非升级服务。

基于这些仍然存在的问题，交易方在 2M 反垄断审查中采取的措施更为充分、全面，例如：①派遣核心人员对协议进行积极的解释说明；②针对核心问题书面回应；③与委员会保持沟通、对话；④在被特别关注的问题上保留核心的正面条款，如与第三方、供应商、小型业务和其他服务提供者之间的协商方面、彼此之间继续保持价格和成本之间的竞争方面；⑤接受监督，并定期提交报告，以便 FMC 可以紧密检测 2M 的运作和影响；⑥与政府建立友好关系，如支持就业、支持对国有船舶和登记为美国旗的商业船舶的管理；⑦提供具体的数据来体现对环境问题的关注，如 2M 将带来燃油消耗量、二氧化碳排放量、废气（如颗粒物、硫氧化物、氮氧化物）排放量全面降低 10%。

措施①~⑤正面、集中地从法律的角度解释了 2M 中的核心条款，⑥、⑦体现了交易方并没有局限于 2M 协议本身，而是从商业、社会的角度为整个反垄断审查提供了一个侧面的支持，为交易方建立起一个超越协议本身、法律层面的友好形象——2M 不仅仅是一个船舶共享协议，它还为政府、船舶管理提供支持，同时给环境带来更少的污染。这种结合商业、法律的思维方式正是公司国际化所需要的法商思维，它一方面帮助公司在现有法律框架下探索规模最理想的、可操作的商业合作模式，另一方面将这种商业合作模式拓展开来，也关注它在其他方面带来的积极影响。这种法商思维是一种综合性的思考，既受商业利益驱动，也尽可能在法律框架内可行。公司在实际的操作中更多地涉及与各地区反垄断机构之间的沟通、交流，将商业合作模式的核心尽可能地传达到这些机构，并拿出数据、方案来证明方案的合规性，还可能提交后备或解决方案。

四、结 论

P3、2M 案涉及了世界最主要地区航运业的反垄断审查机构和审查标准，最大限度地展示了各地区航运反垄断审查标准的差异。尽管指向同一个商业合作，但因审查标准不同，这个合作收到的评价乃至最后的结论也不尽相同。虽然评论、结论不同，但涉及的核心问题却又几乎一致，那就是在航运业特殊的反垄断豁免背景下，市场主要竞争者之间的商业合作如何在世界各地反垄断审查标准不同的现实中成功运行。另外，从 2M 反垄断审查中交易方采取的措施中我们可以看到，跨国商业合作不仅仅涉及法律问题，更需要公司从政府关系到社会影响进行全方位的综合判断、考量，最后通过具体的措施将这些考量落到实处。

2M 的成功运行是航运公司之间在世界范围反垄断框架下进行跨国商业合作的成功案例。通过对比各地区反垄断机构对于 P3、2M 的结论和态度以及交易方在 P3、2M 前后采取的措施，我们可以看到交易方根据反垄断审查中提出的问题做出的措施更加充分，从简单的协商、提出解决方案到强调核心条款，面面俱到地阐述方案带来的其他正面影响。分析、总结 P3-2M 模式的现实意义在于为公司在开拓国际市场、扩大自身规模的阶段可能需要面对的反垄断审查提供了先例，是公司将合作规模最大化的有力尝试，是公司国际化战略中法商思维不可或缺的有力证明。

参考文献

[1] Commission Regulation (EC) No 906/2009 of 28 September 2009 on The Application of Article 81 (3) of the Treaty to Certain Categories of Agreements, Decisions and Concerted Practices Between Liner Shipping Companies (Consortia), Art. 5.

[2] FMC 文件："P3 Network Vessel Sharing Agreement FMC Agreement No. 012230"，载于

美国联邦海事委员会官方网站：http：//www.fmc.gov/.

［3］FMC 文件："Maersk/MSC Vessel Sharing Agreement FMC Agreement No. 012293"，载于美国联邦海事委员会官方网站：http：//www.fmc.gov/.

［4］欧盟委员会文件："Written Questions by Members of the European Parliament and Their Answers Given by a European Union institution"，OJ 2014 C216/1.

［5］中国商务部公告《商务部公告 2014 年第 46 号商务部关于禁止马士基、地中海航运、达飞设立网络中心经营者集中反垄断审查决定的公告》.

［6］FMC 文件："Public Comments Submitted to the Commission in Response to 78 FR 64940"，载于美国联邦海事委员会官方网站：http：//www.fmc.gov/.

［7］FMC 文件："Public Comments Submitted to the Commission in Response to 79 FR 52731"，载于美国联邦海事委员会官方网站：http：//www.fmc.gov/.

［8］美国联邦海事委员会于 2014 年 3 月 20 日的报道，"P3 Agreement Clears FMC Regulatory Review"，载于美国联邦海事委员会官方网站：http：//www.fmc.gov/.

［9］美国联邦海事委员会于 2014 年 10 月 9 日的报道，"2M Agreement Clears FMC Regulatory Review"，载于美国联邦海事委员会官方网站：http：//www.fmc.gov/.

［10］美国联邦海事委员会于 2014 年 10 月 9 日的报道："Commissioner Doyle Votes on Maersk/MSC（2M）Vessel Sharing Agreement"，载于美国联邦海事委员会官方网站：http：//www.fmc.gov/.

［11］劳埃德日报（Lloyd's List）于 2014 年 9 月 22 日的报道，"2M Completes European Self-Assessment"，载于劳埃德日报（Lloyd's List）网站：http：//www.lloydslist.com/.

［12］中国海事服务网于 2016 年 4 月 21 日的报道"全球集运联盟大洗牌 内部整合外部收购"和 2016 年 4 月 20 日的报道"全球最大集运班轮联盟诞生"，载于中国海事服务网站：http：//www.cnss.com.cn/.

［13］Secretariat of Organization for Economic Cooperation and Development, Competition Issues in Liner Shipping, 19 June 2015, DAF/COMP/WP2, 2015（3）.

［14］Notteboom T., Rodrigue J.P., and De Monie G. The Organizational and Geographical Ramifications of the 2008-09 Financial Crisis on the Maritime Shipping and Port Industries, 2010.

［15］Jan Tiedemann 于 2015 年 5 月 28 日、29 日在欧盟港口委员会（European Harbour Masters' Committee）2015 年研讨会上的报告"Ultra-Large Box Vessels: Scaling Effects in the Container Trade"，载于国际港口管理协会（International Harbour Masters' Association）官方网站：http：//www.harbourmaster.org/.

A Case Study of P3-2M: From a Business Perspective

Zhang Liying Xie Nanxi

【Abstract】 The world's top three shipping companies, A. P. Møller-Maersk A/S, MSC Mediterranean Shipping Company S. A. and CMA CGM S. A. (the "Parties") signed the P3 Network Vessel Sharing Agreement ("P3") in 2013 in order to generate greater efficiency and promote higher productivity. P3 received the approval of the Federal Maritime Commission of United States and the European Commission, but the Ministry of Commerce of the People's Republic of China ("MOFCOM") prohibited it. P3's main issue was the substantial market share controlled by the Parties, which might restrict competition and manipulate the market. After P3, Maersk and MSC signed the Maersk/MSC Vessel Sharing Agreement ("2M"), which was reduced in scale to bypass the review of MOFCOM. The success of 2M provides an example of business cooperation within the competition framework. This article will discuss the transformation from P3 to 2M and summarize the issues encountered by the Parties and the measures the Parties took to persuade the competition authorities. This article will further analyze P3 and 2M from both legal and commercial perspective and explore how to clear the regulatory review in the context of different competition legal frameworks around the globe.

【Key Words】 P3 Network Vessel Sharing Agreement; 2M Vessel Sharing Agreement; Competition Review; Commercial Cooperation

O2O 企业合并中的反垄断问题研究
——以美团、大众点评合并为例

唐琦瑢[①]

【摘要】 作为团购行业的两大巨头，2015年国庆最后一天，美团和大众点评传出了合并的消息，两大巨头的合并不禁让人产生这样的疑问，即该合并行为是否与我国《反垄断法》的要求相符合。从《反垄断法》的第三条规定得知，如果经营者之间具有限制竞争性及排除性却选择集中，那么则属于一种垄断行为。而根据我国《反垄断法》的相关规定，经营者合并归属于经营者集中的范围之内。不过，这并不意味着所有的存在垄断可能的经营者集中都会被打击，这在我国《反垄断法》中已经有明确规定，显然，从这个层面上来说，美团与大众点评的合并并非没有豁免机会。本文从反垄断法律法规的角度，以美团、大众点评合并为例，对O2O企业反垄断问题进行了深入研究。

【关键词】 美团；大众点评；合并；反垄断；豁免制度

一、引　言

2015年10月7日，美团与大众点评合并的新闻在第一时间引发热议。该合并案是2015年四起合并案其中的一起，这四起合并案具体为：2015年2月14

[①] 唐琦瑢，中国政法大学研究生院，研究领域：法商管理，邮箱：tangqr93@163.com。

日，滴滴打车出于战略发展需要，与快的打车进行合并，由此掀起2015年企业合并热潮；2015年5月22日，携程投资艺龙，所占的股份份额高达37.6%，并成为艺龙的第一大股东；2015年8月6日，58同城出于战略发展需要，决定入股赶集网，其中杨浩涌被任命担任联席的CEO；2015年10月6日，美团与大众点评进行合并，并换股5∶5，其联席CEO由王兴及张涛共同担任。

巨头合并似乎已经不是一个新鲜的竞争方式，随着合并案例的增多，人们心中不免疑虑：巨头的合并难道不会触犯我国《反垄断法》吗？本文希望能从新的角度，以美团、大众点评合并为案例，对O2O企业反垄断问题进行研究。

二、美团、大众点评合并案回放
——"新美大"是否又美又大？

（一）美团、大众点评营业模式对比

对大众点评的发展历程进行梳理发现，该企业主要是先为用户点评搭建平台，之后向交易平台进行转型，并在这个过程中出现与美团业务发生重叠的现象。而美团则不同，在初期就定位为交易平台。两家的团购业务各有优势，由于大众点评是从点评平台转型，因此先有点评数据，美团则是在交易之后才具有相应的点评数据。大众点评的模式是基于信息延伸做交易，而美团则是由交易产生信息。

作为大众点评的CEO，张涛对点评的价值持肯定态度，在其看来，点评能解决用户与商户之间所存在的信息障碍问题。在信息不对称的问题获得解决之后，才开始发生交易行为。也因为大众点评创始初期就是基于用户点评，因此大众点评的商户数量要多于美团，无论是推出了团购业务还是没有真正推出团购业务。再者，点评的价值并没有局限于团购业务上，还涉及其他方面的内容，如对商户的价值等进行点评，也就是说，点评信息的存在价值并非短期性的。

相对而言，美团在运营中所采取的模式则不同，综合来说呈现出简单粗暴的特点。不可否认的是，美团平台所提供的服务套餐非常丰富，然而对于用户而言，只能在美团所提供的信息中进行选择，也就是说，在选择上具有较强的针对

性。这种消费模式与当前民众的消费观具有相吻合之处，由于顾及现代社会人们的消费心理，使得美团能在较快的时间内占领一定的市场份额。与此同时，也应看到这种模式导致用户评价的价值没有获得体现，美团平台出于满足用户消费的需要，所进行的项目更新速度非常快，在这种情况下，用户在享受美团带来的价格优惠之后，对评价环节一般不够重视。因此，与大众点评相比，美团所积累的有效信息往往较少。

美团与大众点评在诸多领域存在竞争交集，也就是说，除了在业务方面存在重叠之外，还在O2O本地生活服务领域上相互竞争并产生相应的交集，不过两家在具体经营模式上存在较为明显的差异。在美团方面，采取自营模式进行经营，也就是在服务领域中独立运作，如在酒店及电影领域推出独立运作的产品等。而大众点评则采取与垂直领域公司合作的方式来攻城略地，大众点评的逻辑是从内容、服务到交易优惠，行业扩张的原则是通过高频的餐饮带动低频的美妆、婚庆等。

然而，为适应市场发展的需要，大众点评近年来也在积极转型，不再局限于为大众创设点评平台，而是向团购交易平台进行转变，之后，再涉及O2O生活服务领域。历经几次转型之后，大众点评出现了定位模糊现象，就连大众点评的CEO张涛也无法进行精准定位。不过，总的来说，对于大众点评而言，其基础仍旧是商户点评。美团的基础则不同，其主要以团购业务作为行业根基，在这个基础上发展更多的O2O项目。

（二）合并原因

联席董事长张涛对于两家选择合作的原因进行了相应的介绍，认为想要做大做强O2O项目，就需要有足够的资金作为支撑，这就意味着要具备快速融资的能力。然而，在当前情况下，不管是美团，还是大众点评，都不具备该能力，如果两家选择合并，则利大于弊，从而有效节约资本，不需要进行不必要的补贴。由此看来，融资难是美团和大众点评合并的首要原因。美团和大众点评最近的融资都不顺利，估值大幅降低，显然合并能够获得更好的资本溢价。

在互联网行业中，不管是团购行业，还是当前的O2O项目，都需要投入大量的资金，因此被认为是最烧钱的行业。尽管在抢占市场份额方面，各商家所采取的模式不尽相同，但在竞争手段上普遍都采取对商户低佣金及对用户高补贴的模式。因此，尽管一些公司已经拥有大量的用户群，在交易量上也非常可观，但是未必就等于盈利，有些企业甚至处于亏损的状态之中，大众点评和美团显然不能无休止地进行补贴大战。

但是，明眼人能看到，融资难可能不是合并的唯一原因。互联网评论人洪波认为，"美团与大众点评合并不排除O2O市场融资难的因素，但并非主要原因"。在他看来，这两大巨头选择合并能提升市场竞争力，在较快的时间内做大市场，从而拉开与百度糯米等主要竞争对手之间的距离。两大巨头对于补贴大战已经心有余而力不足，通过合并的方式，无疑成为占据80%市场份额的巨头，这样就减少了竞争，垄断了市场，那么恶性补贴也就可以停止，二者可以逐渐实现扭亏为盈。

（三）合并带来了什么

美团和大众点评合并无疑是资源的整合，然而对于商户和消费者而言，其实比较在乎以后的补贴还有多少。尽管两家合并之后具有诸多不可预测的方面，但可以肯定的是，在合并之后，相互之间的竞争将不再存在，不过，这并不意味着两家公司的盈利压力就能获得有效缓解甚至消失。

在杂志《中国经济信息》中所发表的一篇文章——《百度逆袭O2O》指出，百度糯米在2015年9月制定发展目标，要求在2015年内赶超大众点评，在三年内赶超美团。然而，随着美团与大众点评选择合并的尘埃落定，该目标显然无法按预期完成。可见，百度糯米受美团及大众点评两家合并的影响非常大，因此，当这两家确认合并的当天，百度糯米就做出反应，即在当天宣布发布10亿元红包的决定。从用户的角度上来说，最为担心的是优惠是否会减少，对此，百度糯米在声明中强调，因为有百度糯米的参与，提供给用户的优惠不会减少。在2015年6月，百度CEO李彦宏就曾透露，在未来的三年内，百度会加大力度对糯米项目的资金支持，预计新投入的金额高达200亿元。几乎在同期，即在2015年6月，阿里巴巴重新运作口碑网，并计划先涉足餐饮服务行业，之后再延伸至超市及医疗等业务。在外界看来，阿里巴巴之所以重拾"口碑"，其正是以美团和大众点评作为竞争目标，因为这两家在餐饮O2O领域中已经取得一定的成绩。尽管百度糯米在资金方面非常雄厚，但其在将来表现会怎样还是未知数，不过可以预测的是，尽管美团和大众点评两家占据团购市场超八成的份额，但是，"新美大"的日子或许并不会一帆风顺。

从产业发展的生命周期看，中国O2O市场目前处于高速发展阶段，能在企业的产品、技术、运营能力和未来变现能力上获胜的企业才能在这一场恶战中生存。两大巨头美团与大众点评的成功合并，意味着市场格局要重新洗牌。有业内人士认为，两家的合并势必会导致部分市场份额出现流失的现象，这就给百度及阿里巴巴创设了一定的成长空间。在本地生活服务领域，尽管百度糯米和口碑网在数据上并没有强大的竞争力，但长远看来，也是有能力分食O2O这杯羹的。

三、O2O企业合作竞争
——垄断地位并非垄断行为

《谢尔曼法》在1890年颁布，迄今为止，美国反垄断已经走过100多年的历程，在反垄断方面积累了非常丰富的经验，不管在立法层面上，还是在实践操作中，其模式都趋于成熟。互联网兴起于1969年，相对来说属于新兴领域，不过，美国针对互联网反垄断方面也已经日渐完善。我国《反垄断法》出台于2007年，由于是借鉴美国的反垄断法产生的，所以建立伊始并不具有很强的操作意义。近年来，我国互联网企业屡屡出现巨头合并的案例，日渐出现寡头趋势，是否应该面临我国《反垄断法》的调查？事实上，结合我国经济现状，合并后的巨头企业要面临《反垄断法》的制裁并不是那么想当然就能实施的。

我国《反垄断法》所打击的对象局限于那些不利于市场运行的垄断行为，并不涉及所有具有垄断地位的行业或企业，这是由于企业处于垄断地位，与扰乱市场正常秩序之间并不画等号。《反垄断法》对垄断行为进行了规定，具体见其第三条及第二十七条，而在其第三条中进行了如下规定：一是经营者出于自身利益最大化需要，达成相应的垄断协议；二是经营者不顾及市场健康发展需要，而选择滥用市场支配地位；三是经营者集中，且通常会对自由竞争具有限制效果等。

显然，美团与大众点评的合并属于经营者集中这一类型，因此，根据相关规定，需要先向国家反垄断机构进行申请。在对经营者集中进行审查或处理时，执法者需要根据《反垄断法》的相关规定进行，所需要考虑的因素如下：第一，在相关市场的市场份额及其对市场的控制力度；第二，相关市场的市场集中度；

第三，市场进入及技术方面的因素；第四，对消费者和相关经营者的影响；第五，对国民经济发展的影响；第六，其他影响因素，也就是反垄断机构认定的其他因素。

上述因素是进行反垄断审查需要着重考虑的环节，不过，对相关市场的界定等方面并没有形成共识。在所有的反垄断案件中，其中的判定难点是如何认定相关市场，以及界定企业合并后是否会对市场控制方面产生影响。

当前，信息对互联网经济发展尤为关键，从某种意义上来说，互联网企业主要依靠信息赢得客户。信息具有较为明显的特征，除了具有非排他性之外，还具有替代性的特点，因此，从这个层面上来说，互联网企业所具有的市场控制力，实际上就是对信息的一种控制力。互联网的盈利模式较多，其中最为常用的模式就是通过对信息进行引导，产生广告收入及其他增值收入等。在一般情况下，互联网企业只能对网络信息进行引导，并不能对这些信息进行控制。通过大量的广告投入或者客户补贴，客户资源很容易被其他更具有吸引力的企业所吸引，信息便会迅速地转移至新的企业服务中。

可见，互联网的特征非常明显，不能通过传统模式对互联网市场进行界定。这是由于如果采取传统模式对互联网企业进行划分，那么很多互联网企业都会被划分至垄断行业的范围之内，如在搜索市场上，百度明显处于垄断地位，在即时通信上，腾讯的垄断性则非常明显。但百度和腾讯的本质也是一种信息的交互，是通过不同的功能获取信息量。因此，如果非要对互联网行业进行市场划定，那么应该把所有与互联网流动信息有关的企业都划分进来，但由于没有企业可以控制所有互联网上的信息，因此，也就没有对互联网市场进行划分的必要。

当前，在知识产权缺乏保护的互联网环境下，无法对信息的自由流动进行阻止，任何垄断也就无法实现真正的延续。互联网企业的进入门槛不高，其处理信息及满足用户需求等的经营模式也存在变化，这些方面的因素使得互联网行业随时可能出现新的明星企业、新的市场，在这种情况下，互联网企业的垄断大多数是不具有市场控制力的"垄断"。

O2O作为互联网产品之一，是在线上给用户提供免费的信息浏览，用户在互联网上完成支付，商户在线下为用户提供服务。O2O将信息整合到了线上，给用户更多的选择空间，因为前文所提到的互联网信息的特点，使得O2O企业很难做到对信息的控制，假设某家企业要对自己所提供的信息收费，用户会迅速转移到别处去。O2O平台依托于地图及搜索方面的功能，会产生各类用户需要的场景，如餐饮、旅游及打车、生鲜等类别。美团和大众点评是属于生活服务类别的O2O企业，生活服务类别的O2O又分为消费场景控制类、线上支付/预订类、信息交换类等。即使二者合并后在生活服务类的线上支付/预订类O2O市场上占有超八成的份额，但是在整个O2O市场中所占份额又只有多少呢？事实上，已经不断有人提出"反垄断"的质疑，然而，官方所进行的回应则是出于扩大经营范围的需要，尽管现在部分涉及垄断领域，但是扩大后的经营范围并没有引发垄断。

可见，在互联网（包括O2O）产业中，难以出现足以控制信息的强大企业，因此在该领域使用反垄断规则至少是需要加以谨慎论证的，并不是想象的那么简单。

四、反垄断豁免——利益与秩序的平衡

在市场经济模式下，反垄断法豁免制度较为常见，该制度也称为除外制度。反垄断法是对企图独占市场的企业进行打击，主要是为了维护市场的有序及健康发展。反垄断立法想要做好这些方面，需要用好豁免制度。具体来说，从以下两方面进行：

一是对哪些行业可以适用豁免制度进行明确。这是由于在部分行业或企业中，实施垄断模式的积极性远远大于消极性，因为能有效促进国家经济的发展，对于这类型的企业或者行业，则应该允许其实行垄断模式，如在农业及公用事业，或者是金融保险业等。二是明确制定企业合并制度。在制定该制度的过程中，需要就禁止性标准进行明确，如果企业不在禁止条件的范围之内，且能给国家经济发展等带来益处的，则应该划分至反垄断法豁免的范围之内。关于这方面的规定，我国《反垄断法》在第二十八条中已经进行了明确规定，该条主要内容为当经营者能证明自身集中具有的积极性明显大于消极性，或者是与社会公共利益的要求相吻合的，则可以在不被禁止的范围之内。

美团与大众点评的合并纵然会导致寡头市场的出现，减弱了市场竞争，但是由于互联网相关市场难以界定，因此难以确定合并后的企业是否取得了对市场的支配地位。首先，美团与大众点评在业务上并不是处于完全竞争的态势，而是具

有微妙的补益效应。如美团的核心领域除酒店行业及电影领域之外，还有外卖领域，但这些领域并不是大众点评的核心领域；大众点评主要在一二线城市发力，而美团则在三四线城市努力，可见这方面并不竞合。美团和大众点评在细分领域的差异可以作为争取通过反垄断审查的有力证据。

其次，二者的合并还没有对竞争造成实质性损害。美团和大众点评最大的竞争对手百度糯米表示："资本说，这是一场O2O红海的厮杀；我们说，这是一场O2O蓝海的竞技。当前，团购模式正处于优化更新阶段，百度糯米有幸能参与行业竞争，对于此，我们充满信心。"竞争对手的"高风亮节"或许会成为美团、大众点评反垄断豁免的获胜筹码。

最后，目前二者的合并没有不正当地侵害一般消费者和相关经营者的利益。合并造成的绝对垄断地位必然会导致补贴的下降，以及餐饮商家店家的议价能力下降，对于消费者和商家都不算是好事。然而，进行短期烧钱，并不能绕开市场规律的约束，且不可能永远烧钱。二者无论是否合并，这种恶性补贴烧钱的行为都是不可能永远延续的，加之还有百度糯米、口碑网、饿了么等竞争对手的存在，美团与大众点评合并后也绝不会轻易放弃多年来积累的用户，即使是用砸钱换来的。不能否认的是，资本重组非常重要，不过，不能以此作为弱化消费者体验的理由，而注重创新并给予消费者更多的内容，才是关乎企业长期发展的重要因素。

相对于欧美等国家来说，我国对大企业的包容性更为明显。在2013年，从商务部的相关统计数据得知，大部分的经营者集中通过了反垄断审查，具体比例高达97%。在最近几年，只有一例案件没有通过商务部反垄断局的审查，该案件是2014年第46号公告禁止马士基、地中海航运、达飞设立网络中心经营者。对于规模大且实力强的企业进行合并，政府方面往往会采取支持的态度，这就为美团与大众点评的合并创设了有利空间。

而在关于合并豁免上，国外的规定显然要严格得多，即规定只有达到垄断协议且以提高经济效率为目的的，才具备获得豁免权的资格，但是在我国并没有这方面的要求。关于这方面，我国《反垄断法》在相关条例上明确指出，具有以下情形的企业或行业可以获得豁免权：

（1）为改进技术、研究开发新产品的。

（2）为了实现产品质量的提升，强化专业化分工的。

（3）出于增强中小企业经营者竞争力需要的。

(4) 属于社会公共利益领域，如有助于节约能源及救灾救助的。

(5) 由于经济不景气之故，出于解决销售量严重下降等的。

(6) 在涉外贸易经济活动中出于保护正当利益的。

(7) 法律和国务院规定的其他情形。

对上述情形进行分析可知，我国《反垄断法》在豁免权的规定上考虑的不仅仅是经济效率的因素，还会考虑其他方面的因素或情形。另外，中国法律授权行政机关一定的自由裁量权，同时还规定其他法律也可以做出有关反垄断豁免的规定，而欧共体竞争法则等国外竞争法则并没有类似的兜底条款。

从我国《反垄断法》的相关规定可以了解到，在豁免条件方面，我国相对来说较为宽松。其不仅仅局限于对某个企业的考察，而是上升到整个行业上，即会涉及宏观层面的竞争政策等。中国《反垄断法》既要维护市场竞争秩序、保护正当利益，又要考虑扶持我国产生具有国际竞争力的企业、拉动我国经济。因此，这样的做法也是可以理解的：中国目前处于工业化进程及经济高速发展的重要阶段，政治、经济、社会等各种体制不够完善，在这种情况下，法律方面需要给予主管机关足够大的自由裁量空间，而不能过于绝对化。这样，各种选择可以在发展中加以比较，从而选择较优的方案。考虑到竞争政策和其他社会经济政策的取舍，若是不好好利用《反垄断法》及其豁免制度，恐怕会出现为保护企业、利益集团利益而损害市场竞争的情况出现，毕竟属于"保护正当利益"的范围界定仍较为模糊。

因此，在反垄断法框架内对企业合并现象要做出正确的理解。实际上，增强企业竞争力的最佳方式应当是技术、经营和管理理念的进步，如果在市场竞争的过程中给企业带来了诉讼和纠纷，使企业在充分竞争过程中因为诉讼而投入大量的时间和金钱，则是得不偿失的。

参考文献

[1] 孙冰."美团+大众点评"又一对冤家终成眷属 [J]. 中国经济周刊，2015 (40).

[2] 张兴军. 美团+大众点评：合与生的抉择 [J]. 中国经济信息，2015 (20).

[3] 王雨佳. 美团、大众点评抱团御寒 [J]. 中国品牌，2015 (11).

[4] 郝小亮. 美团 VS 大众点评：决战 O2O [J]. 商界评论，2015 (7).

[5] 贾聪聪. 美团大众点评合体"新美大"能否更美 [N]. 中国商报，2015-10-16.

[6] 新浪科技. 美团大众点评在一起了!? 细节曝光及分析解读 [J]. 全球商业经典，

2015（11）．

［7］广秀．美团和大众点评在一起了［J］．当代电力文化，2015（10）．

［8］刘桂清．反垄断法如何兼容产业政策——适用除外与适用豁免制度的政策协调机制分析［J］．学术论坛，2010（3）．

［9］王镥权．论反垄断法中的豁免制度［DB/OL］．百度文库，2014-07-13．

［10］林华．美团点评两大寡头合并：这垄断，是该"反"不该"反"呢［J/OL］．虎嗅网，2015-10-09．

［11］张延来．大众美团相爱：反垄断请走开［J/OL］．百度百家，2015-10-09．

［12］张彬．互联网反垄断问题研究——从信息控制的角度［J/OL］．未央网，2014-12-02．

［13］帅燕．互联网反垄断制度的历史演进［J］．理论前言，2014（3）．

［14］程浩．"中国式合并"背后缺失的反垄断［J/OL］．创业邦，2015-10-08．

［15］郑春晖，李国琦．2014第三季度O2O市场分析报告［R］．速途网，2014-11-26．

［16］易观国际．中国生活服务O2O市场专题研究报告2015［R］．微头条，2015-06-23．

Research on Anti-Monopoly of Business Combination in O2O

—Taking the Business Combination of Meituan and Dianping as Example

Tang Qirong

【Abstract】As two giants of group-buying industry, Meituan and Dianping sent the message of merge on 7th Oct, which makes people wonder if they violate the Anti-Monopoly Law? The Anti-Monopoly Law stipulates in article 3, "the concentration of eliminate or restrict competition effect belongs to monopoly." And the Anti-Monopoly Law article 20 further explains that concentration includes merge operator. However, according to the Anti-Monopoly Law article 28, saying that concentration with probability of monopoly will not necessarily be banned. Meituan and Dianping have the chance to claim the exemption from the Anti-Monopoly Law. This article hopes to research on anti-monopoly of siness combination in O2O, taking the business combination of Meituan and Dianping as example.

【Key Words】 Meituan; Dianping; Merge; Anti-Monopoly; Exemption from the Anti-Monopoly Law

中国特许经营市场的"维华加盟指数"

李维华[①]

【摘要】 本文从美国、欧洲、亚洲甚至非洲等特许经营存在的国家与地区对于盟主的可加盟度的分析研究入手,结合中国国情与特许经营发展现状,提出了中国创业者或潜在加盟商在选择项目时的最重要的参考依据,即"维华加盟指数"(Weihua Franchise Index,WFI)。该指数分为"法、商、德、情"四大一级指标,60个二级指标,最终计算出项目的总值与对比数值:最低分或及格分,平均分或"一般"分。WFI可有效帮助创业者选择项目。

【关键词】 特许经营;加盟;指数;维华加盟指数

一、"维华加盟指数"产生的背景——时代的必然

一个半世纪前在美国,27年前在中国,自特许经营这种方式出现并迅速成为创业者们创业的首选方式以来,加盟在帮助无数的连锁企业和店主们快速、高效、低成本、低风险地实现扩张、占领市场、铸造一代又一代著名品牌的同时,也帮助全世界数以千万计的创业人实现了他们的人生梦想。事实已经充分证明,特许经营与加盟在改变创业人的人生的同时,也改变了我们共同生活的这个世界。

---

① 李维华,中国政法大学商学院,研究领域:特许经营管理,邮箱:458825155@qq.com。

然而，伴随着加盟与之俱来的不好的一面是，大量的创业者们在选择盟主项目时，由于缺乏有效的选择依据和鉴别标准，从而在无数的因广告、宣传、包装、软文、炒作、电视节目、奖证牌匾、评比、排行等而令人眼花缭乱的各色项目面前迷失了方向，结果便是大量的创业者或潜在加盟商们以失败、破产、遗憾终生的悲惨结局倒在了自己的创业梦路上。

因此，各个有特许经营的国家和地区都在以各种方式试图建立选择盟主的有效依据，以最大化地减少虚假盟主的欺诈行为，减少创业者们加盟的失败风险。

在美国、欧盟、亚洲甚至非洲等国家和地区，政府以法律的形式强制盟主们以类似于备案的方式获得严格条件下的特许经营资质，并以类似于签订正式合同前进行约定形式的信息披露（如美国的 UFOC，用 23 项详尽的主体细节内容来涵盖加盟时需要事先知道的事项）来进一步确保盟主项目的真实性以及创业者在最终决定选择前的知情权；研究机构与行业协会等以道德标准（如丹麦的《丹麦特许经营协会社会责任与商业道德规范》）、创业知识、加盟技巧、品牌评选、匾牌评级（如德国特许经营协会的"体系检验"，System-Checks）等指导创业者们在海量的真真假假的加盟项目面前选择真正值得加盟的好项目；媒体、已经进入和退出的加盟商们以自己的切身体会和包括论坛、微博、twitter 等在内的自媒体的形式告诉后来者、计划进入者们自己的经验和教训；创业专家们则拿出了各种各样的选择项目的依据、标准、流程和方法；招商类的网站、平台、外包公司则以加盟商的关注度、成交额等实际发生的数据来对项目进行热门排行；如此等等，不一而足。

综观国内外，上述用以评价一个盟主项目可加盟的指标、方式等都比较零散、随意、主观和缺乏科学性，所以，包括中国在内的全世界特许经营界的一个总的事实就是，各方面都在迫切地呼唤一个科学的、系统的、能真正有效地帮助创业者们选择、鉴别项目的依据的诞生。

在这样的背景之下，经过了 27 年起起伏伏的发展、光荣与黑暗并存的中国特许经营市场建立一个统一的"加盟指数"已是迫在眉睫、势在必行，于是，"维华加盟指数"应运而生。

二、"维华加盟指数"介绍

"维华加盟指数"（Weihua Franchise Index，WFI）的四大方面、60个细分指标基本涵盖了辨别一个项目优劣的全部方面。在特许人企业提供了这些指标的信息之后，按照设定的打分标准，最后计算出的一个总分就可以客观、综合地评价一个盟主项目的可加盟性。为了便于比较，"维华加盟指数"的指标系统同时给出了具备加盟可行性的另两类比较性的数值：最低分或及格分，平均分或"一般"分。创业者们需要记住的是：如果一个盟主项目的总分值低于最低分或及格分，那么，这个项目是不值得加盟的；如果一个盟主项目的总分值在最低分或及格分与平均分或"一般"分之间，则这个项目的加盟价值不大，换句话说，就是加盟风险较大；只有那些高于平均分或"一般"分的盟主项目，才是优秀的加盟项目。

"维华加盟指数"是评价一个盟主特许经营业务的优良度的最重要的综合性指标，可帮助和指导创业者或潜在加盟商在选择加盟项目时做最终决策，也可作为盟主提升自己特许经营体系业务的全面性主要依据。该指数已经成为创业者或潜在加盟商们选择项目时的最主要依据和第一依据。

该指数由笔者综合考虑了美国、欧盟、亚洲等全球多个国家和地区的政府、研究机构、行业协会、媒体等在特许经营领域对于盟主加盟可行性的评判标准之后，并结合中国目前特许经营市场的实际状况而于2014年2月9日正式完善与发布。该指数的价值与意义类似于衡量一个国家或地区发展程度的GDP、衡量个人财富等级的胡润与福布斯排行榜、衡量空气污染程度的PM2.5值。

需要特别提醒所有创业者或潜在加盟商们的是："维华加盟指数"的指标体系非常苛刻，所以只有那些正规的特许人企业才有信心和胆量参加，虚假的骗子项目根本不敢参评，所以，但凡没有"维华加盟指数"具体数值的盟主项目，请不要加盟。

三、"维华加盟指数"的具体指标与计算方法

"维华加盟指数"的具体指标与计算方法如表1所示。

表1 "维华加盟指数"的具体指标与计算方法

一级指标	序号	二级指标	加减分规则	最低分或及格分	平均分或"一般"分
法	1	是否备案	备案了加10分,否则扣50分	10	10
	2	备案时间	每1年加1分	1	3（从2007年算起）
	3	企业法人营业执照或其他主体资格证明	有的加10分,否则扣50分	10	10
	4	注册商标	有的加10分,否则扣50分	10	10
	5	国家法律法规规定经批准方可开展特许经营的产品和服务	有批准文件的加10分,否则扣50分	10	10
	6	至少有两家分公司性质的直营店	有的加10分,否则扣50分	10	10
	7	至少有两家分公司性质的直营店且历史超过一年	有的加10分,否则扣50分	10	10
	8	按规定进行信息披露	有的加10分,否则扣50分	10	10
	9	因与特许经营相关而被政府部门处罚	一次扣10分	0	0
	10	因与特许经营相关而被法院处罚	一次扣10分	0	0
	11	被加盟商起诉并败诉	一次扣10分	0	0
	12	符合国家发展规划与政策	是的加10分,否则扣50分	10	10
商	13	企业标志	有的加5分,否则不加不减	0	5
	14	专利、版权、专有技术	有一项加5分,否则不加不减	0	5
	15	直营店数量	有一家加1分	2	5（以每家平均5家直营店算）
	16	直营店分布的省份	一个省加1分,大陆外国家或地区的有一个加2分	1	5（以平均分布5个省算）

中国特许经营市场的"维华加盟指数"

RESEARCH AND DEMONSTRATION OF "Weihua Franchise Index (WFI)" in China Franchising Market

续表

一级指标	序号	二级指标	加减分规则	最低分或及格分	平均分或"一般"分
商	17	直营店成功比率	85%以下扣50分，86%~95%的加10分，96%以上的加40分	10	25
	18	加盟店数量	有一家加1分	1	5（以每家平均5家加盟店算）
	19	加盟店分布的省份	一个省加1分，大陆外国家或地区的有一个加2分	1	5（以平均分布5个省算）
	20	加盟店成功比率	65%以下扣200分，66%~75%加10分，76%~85%的加20分，86%~95%的加30分，96%以上的加60分	10	60
	21	选址是否容易	很容易的加20分，一般的不加不减，不容易的扣20分	0	0
	22	企业成立年数	1年加3分	3	9（以平均3年计算）
	23	企业开展特许年数	1年加5分	5	15（以平均3年计算）
	24	特许人或其关联方过去两年内破产或申请破产	有的扣50分，否则不加分	0	0
	25	具备完善系列手册	有的加50分，否则扣200分	50	50
	26	具备完善系列合同	有的加50分，否则扣200分	50	50
	27	市场、企划、招商、营建、培训、督导、物流配送、研发等体系与部门健全	缺一项扣30分，否则不加不减	0	0
	28	投资回报率	20%以下加10分，21%~30%加15分，31%~40%加20分，41%以上的加30分	10	18
	29	单店初期投资额	10万元以下的加50分，11万~15万元的加40分，16万~25万元的加30分，26万~50万元的加20分，51万~100万元的加10分，101万元以上不加分	0	75

续表

一级指标	序号	二级指标	加减分规则	最低分或及格分	平均分或"一般"分
商	30	投资回收期	6个月以内的加50分，6个月~1年的加40分，1~2年的加30分，2~3年的加10分，3年以上的不加分	0	65
	31	中国特许经营第一同学会会员	是的加50分，否则扣50分	0	0
	32	中国政法大学特许经营研究中心顾问辅导过	是的加50分，否则不加不减	0	0
	33	中国政法大学特许经营研究中心培训过	是的加50分，否则不加不减	0	0
	34	驰名商标	是的加50分，否则不加不减	0	0
	35	老字号	是的加50分，否则不加不减	0	0
	36	董事长或总经理为社会名人	一个加50分	0	0
	37	上市公司	是的加50分，否则不加不减	0	0
	38	有先进的MIS或ERP系统	是的加30分，否则不加不减	0	0
	39	有成熟的电商或O2O体系	是的加30分，否则不加不减	0	0
	40	行业地位	前3名加50分，前4~10名加20分，11名之外不加分	0	35
	41	行业或品牌知名度	著名的加50分，知名的加20分，一般及以下的不加不减	0	35
	42	易于复制与克隆	是的加30分，否则扣30分	0	0
	43	定位清晰	是的加30分，否则扣30分	0	0
	44	特色明显	是的加30分，否则扣30分	0	0
	45	核心竞争力突出	是的加30分，否则扣30分	0	0
	46	市场未来灿烂	是的加30分，否则扣30分	0	0
	47	产品或服务的技术先进水平	落后扣50分，一般不加不减，先进加50分，很先进加50分	0	50
	48	创新能力	是的加30分，否则扣30分	0	0
	49	年营业额	每1000万元加10分	10	30（以平均3000万元计算）
	50	核心产品是自有品牌或有自有生产基地	有的加10分，否则不加不减	0	0

中国特许经营市场的"维华加盟指数"
Research and Demonstration of "Weihua Franchise Index (WFI)" in China Franchising Market

续表

一级指标	序号	二级指标	加减分规则	最低分或及格分	平均分或"一般"分
德	51	因与特许经营相关而被媒体负面曝光	中央性媒体一次扣 100 分，全国性媒体一次扣 30 分，区域性媒体一次扣 15 分，省市级媒体一次扣 10 分	0	0
	52	因与特许经营相关而被媒体正面曝光	中央性媒体一次加 100 分，全国性媒体一次加 30 分，区域性媒体一次加 15 分，省市级媒体一次加 10 分	10	78
	53	对外招商广告中有虚假宣传内容	扣 50~100 分	0	0
	54	慈善公益活动	全国性的一次加 30 分，区域性的一次加 15 分，省市级的一次加 10 分	10	28
	55	荣誉牌匾奖项	中央性的一次加 50 分，全国性的一次加 30 分，区域性的一次加 15 分，省市级的一次加 10 分	10	53
	56	产品或服务对消费者和社会的责任	有的加 30 分，否则扣 30 分	0	0
情	57	建立完善的加盟商沟通体系	有的加 30 分，没有扣 30 分	0	0
	58	加盟商月会、季会、年会	缺一项扣 30 分，有一项加 20 分	20	20
	59	现有和已退出的加盟商满意度抽样调查	满意率 50% 以下扣 200 分，51%~60% 扣 100 分，61%~70% 扣 50 分，71%~80% 扣 10 分，81%~90% 加 50 分，91% 以上的加 100 分	50	75
	60	对待加盟商是"服务"、"支持"、"感恩"而非"管理"、"施恩"的心态和行为	有的加 30 分，否则扣 30 分	0	0
总分				334	884

参考文献

[1] [美] 安德鲁·J. 舍曼. 特许经营与许可经营 [M]. 李维华，黄乙峰译. 北京：电子工业出版社，2012.

[2] 李维华. 中国特许经营大趋势 [J]. 企业管理，2013 (12).

[3] 李维华. 特许经营是企业拓展的有效方式 [J]. 国际商务，2005 (9).

[4] 李维华. 如何编制特许经营手册107问 [M]. 北京：机械工业出版社，2006.

[5] 李维华. 特许经营学 [M]. 北京：中国发展出版社，2009.

[6] 李维华. 特许经营理论与实务 [M]. 北京：机械工业出版社，2005.

[7] 李维华. 是商机还是陷阱，知识给你答案 [J]. 销售与市场，2004（160）.

[8] [美] 罗伯特·贾斯汀，理查德·加德. 特许经营 [M]. 李维华等译. 北京：机械工业出版社，2005.

Research and Demonstration of "Weihua Franchise Index（WFI）" in China Franchising Market

Li Weihua

【Abstract】From the analysis and research of the feasibility of joining in a franchise in areas and countries of America, European Union, Asia and even Africa, from the current status of franchise in China, this thesis presents the most important basis of entrepreneurs or potential franchisees of China how to join in a franchise. This basis is Weihua Franchise Index, WFI. WFI consists of four first grade indices (law, business, morality and affection) and 60 second grade indices. This thesis calculates all these indices as well as two comparative indices: the lowest or the passing score, the average or the general score. WFI can help entrepreneurs select franchise effectively.

【Key Words】Franchising; Join in; Index; Weihua Franchise Index（WFI）

从法商管理理论视角审视"互联网+交通"

李长治[①]

【摘要】 李克强总理提出的"互联网+"战略对促进交通运输业产生了极大的影响,也为交通运输业的大发展提供了方向,尤其是新形势下面临国际国内交通公路、水路、航空、铁路、邮递交通一体化发展的格局,"互联网+"战略为交通运输业的发展提供了广阔的发展前景,而法商管理理论更能指导交通运输业与互联网密切结合,促使交通运输业迅猛发展。

【关键词】 法商管理;互联网;交通;发展

一、引 言

我国改革开放前,很多人借助个人魄力、资源、胆量做成事,而且能把事做大。但是在今天,不能再用过去的经验和办法,因此法商管理应运而生。法商管理教育理念的内涵就是精商明法、敏思善行,其行动指南为特色、品位、价值,其人才特征就是讲政治、懂法律、有思想、善经营。法商管理的理念体系正日臻完善,并正深入人心和被社会广泛认同,我们的理念体系就是我们的核心资产和核心竞争力,有助于交通运输部门更好地运用法商管理的思想去推动落实李克强

[①] 李长治,男,山东师范大学本科中文系毕业,青岛大学硕士研究生毕业,中国政法大学法学博士。现在供职于青岛交通运输系统,公益律师。邮箱:2818805488@qq.com。

总理在 2015 年 3 月全国"两会"政府工作报告中提出的"互联网+"行动计划，支持移动互联网等战略性新兴产业的发展。"互联网+交通"就是借助移动互联网、云计算、大数据、物联网等先进技术和理念，将互联网产业与传统交通运输业进行有效渗透与融合，形成具有"线上资源合理分配，线下高效优质运行"特点的新业态和新模式，满足公众更便捷出行、获得更人性服务和行业更科学决策的需求，加快推进交通运输由传统产业向现代服务业转型升级。"互联网+交通"就是要具体落实"四个交通"的发展目标，即全面深化改革，集中力量加快推进综合交通、智慧交通、绿色交通、平安交通的发展。其中，综合交通是核心，智慧交通是关键，绿色交通是引领，平安交通是基础，"四个交通"相互关联，相辅相成，共同构成了推进交通运输现代化发展的有机体系。

二、"互联网+交通"的现状

当前，互联网与交通发展密切结合的趋势愈来愈深入，也是交通运输业发展的重要方向，这就需要交通部门充分认识其现状，掌握其发展规律，为进一步制定法律法规与规范提供参照，并运用互联网发展好交通事业。

（一）智慧交通

物联网的概念在中国早在 1999 年就已提出，当时称为传感网。随着物联网概念的产生与物联网行业的快速发展，其与智能交通交汇融合，产生了智能交通行业的新动向——车联网。车联网是物联网在智能交通领域的运用，车联网项目是智能交通系统的重要组成部分。车联网就是汽车移动物联网，是指利用车载电子传感装置，通过移动通信技术、汽车导航系统、智能终端设备与信息网络平台，使车与路、车与车、车与人、车与城市之间实时联网，实现信息互联互通，从而对车、人、物、路、位等进行有效的智能监控、调度、管理的网络系统。智能交通系统（Intelligent Traffic System，ITS），是交通运输领域各种高科技技术系统的一个统称。信息化、智能化水平是衡量交通运输现代化发展水平的重要标志。

(二)"互联网+出行"

近年来,移动互联网与城市出行服务快速融合,主要形成了以下三种业态:一是APP打车,即出租车手机APP召车服务。二是APP专车,即网络租车服务。国内最大的APP专车平台滴滴、快的已经接入约100万名专车司机,全国80多座城市日均订单达300万单。三是APP拼车,即合乘出行服务。智能手机用户利用软件平台搜寻与自己有相同需求的人并建立联系,共同分担出行费用。这些都是随着社会经济的发展出现的符合市场需求的新生事物,交通部门应思考如何应对。

(三)互联网与交通发展的密切融合

近几年,我国交通智能化水平显著提升,智能交通已经成为我国智慧城市建设首先取得突破的重要领域。在城市交通智能管理方面,我国已经研制出集交通信息采集与处理、交通信号控制、交通指挥与调度、交通信息服务、应急管理等功能于一体的智能化交通管理系统,并在北京奥运会、上海世博会期间得到成功应用。在高速公路的车路交互方面,ETC的应用水平达到国际同步水平。在智能公交建设方面,交通运输部推出了试点城市,公交车载监控设备和系统已经可以满足调度、监控等一般化的基本需求。

三、"互联网+交通"融合步伐仍受制于旧有机制

公路运输作为现代快速、便捷的物流方式,在市场经济生活中发挥着重要的作用。但是,随着交通事业持续快速健康的发展,现行的交通行业管理体制与社会主义市场经济发展的要求越来越不相适应,在一定程度上影响了交通事业的发展。具体来说,主要面临着以下问题:

(一)交通立法相对滞后

近年来,交通立法工作虽然取得了一定的成绩,但与运输市场发展的要求还有一定的距离。1998年1月1日颁布实施的《公路法》是我国唯一的一部公路

交通法律，它是实施交通公路规划建设和管理的重要法律依据。但交通行业除公路管理外，其他行政管理无法律依据，主要是依据现行的行政法规、地方性法规和规章，交通法制的不完备给交通行政执法带来了一定的难度。交通行政执法具有流动性、突发性、效率性的特点，但因法规规章无明确规定，使执法人员在执法过程中无法解决热点、难点问题，无法应对暴力抗法等突发性事件，在一定程度上影响了交通行政执法工作的正常开展。

（二）信息化意识不够强

从当前的情况来看，交通部门及其工作人员对信息化工作还没有很好地掌握，没有充分认识到信息化管理工作是做好道路运输管理工作的前提和基础，更没有认识到信息化在道路运输管理工作中的突出地位和重要作用，致使管理执法信息收集不完全，不懂得怎么应用各类有利于实际工作的信息，只是被动地接收，不能及时地发现和解决问题。信息化工作跟不上去与重视不够、组织不力有很大的关系，许多道路运输部门把信息化工作简单地等同于一般的技术工作。

（三）存在重建设、轻管理，重审批、轻监管的现象

对信息系统的管理不够重视，运行维护机制不够健全。道路运输信息系统建设应用起步晚，业务相对来说比较多，反映运输信息的综合平台的应用衔接不够顺畅。全国性的道路运输管理信息平台，甚至在一个省域内也没有建立起来。部分交通部门重视行政审批，忽视了对道路运输的事中事后监管。

（四）交通机构的编制性质、管理体制不适应形势的发展

现有的交通运输机关是行政法人，所属机构一般均为事业编制，人员也为事业人员，而且是自收自支的事业单位。这种情况在1996年颁布实施的《行政处罚法》中也体现出来，但是目前随着我国全面建成小康社会步伐的加快，以及我国与世界接轨，对交通运输管理执法提出了更高的要求。这就迫切需要落实党的十八届三中、四中、五中全会精神，尤其要抓紧落实中央深化体制改革领导小组第二十次会议通过的《关于开展承担行政职能事业单位改革试点的指导意见》，把交通机构这一具有行政职能的事业单位改为参照公务员管理，从而进一步理顺交通运输管理的执法体制。

（五）执法环境日趋恶化

随着全球经济一体化的到来，我们国家必然在政策法律法规上做一些相应的调整，以适应全球经济一体化的要求。在交通检查管理执法中，经常发生个别业户暴力抗法的事件，使执法人员遭到了恐吓及人身攻击，身心受到了极大的伤害。在日常路检路查中，拒检的车辆有增无减，有的明目张胆地冲卡，对交通人员的生命造成了威胁。

（六）执法手段科技含量低

现有的交通行政执法手段比较原始，科技含量低，装备比较落后，通信设备比较少，这也是交通行政执法中存在的问题之一。在当今信息时代，我们交通行政执法还是采取手工制作执法文书、人工拦车检查等执法方式，显然与交通运输的发展不相适应。在此方面，有些业户的装备比我们执法人员的装备还先进，特别是一些长期运输的车主、业户，为了对付执法人员的检查，专门装备了移动电话、对讲机、车载机等通信设备。造成交通行政执法环境恶化的原因是多方面的，但执法装备落后、科技含量低也是比较重要的原因之一。根据"科学技术是第一生产力"的马克思主义原理，只有提高交通行政执法的科技含量，才能使日趋恶化的执法环境得到有效的遏制。

四、"互联网+交通"发展战略

"十三五"时期，交通部门贯彻落实国务院的指导意见，交通运输行业重点实施"互联网+高效物流"和"互联网+便捷交通"两项行动，此次"互联网+高效物流"行动，通过物流信息平台，将分散的车辆运力资源整合，编织成区域性甚至全国性的网络，提升了运输的组织化、集约化、标准化水平，有效地降低了车辆的空驶率和物流成本。通过互联网技术，建立物流信息平台，能够将成千上万的小微企业个体运输车辆积聚起来，进行资源整合，在保留小微企业优势的基础上，从根本上改变市场的主体结构，显著提高货运的组织化、集约化水平，实现运输效率的提高和物流成本的下降，为物流业的发展带来革命性的变化，真正实现绿色发展、科学发展。

实施"互联网+便捷交通"行动，应满足移动互联网时代指尖消费的需求，打造智慧运输服务系统，使社会公众出行更加便捷。利用互联网整合各种运输方式资源，为社会公众提供基于移动运输的动态信息和道路状况的查询服务，加快道路客运的联网售票系统建设，逐步实现公路、铁路、民航、航运、旅游景点票务信息的一体化，提升城市公共交通的信息化水平，为乘客提供实时的车辆运行时刻信息，方便乘客选择出行方式。互联网将推动定制公交、拼车、顺风车等新型服务方式的发展。发展网络预约出租车、专车等新型的服务业态，可以减少乘客打车的等待时间，减少原有出租汽车的空驶里程，减少驾驶员的工作时间和劳动强度，缓解城市的交通拥堵状况。

（一）法商管理与交通管理

法商管理是一个复合概念，由"管理"、"商"、"法"三个子概念构成，首先，"管理"是目的，是法商管理概念的核心，表明法商管理概念属于管理学与管理方法的范畴；其次，"商"泛指营利组织的经营活动，也可理解为"商事"，是管理的对象；最后，法商管理概念中的"法"主要指与"商事"相关的法律法规的集合。为此，这里给出法商管理的定义：法商管理是综合应用管理学、法学相关知识，对企业经营活动进行计划、组织、管理和控制的理论和方法。广义的法商管理强调从商业经营规则和相关法律规则两个方面加强对企业经营活动的管理，以规避企业经营风险和法律风险，这是法商管理概念的显著特征，也是对传统管理理论与方法的突破与创新。市场经济本质上是法制经济，我国目前正处于市场经济制度不断完善的过程中，因此"法商管理"理论和方法的提出具有重要的现实意义。

法商管理范式包括资源基础、管理决策、管理过程、管理思维、管理导向、价值主张、核心范畴等，该理论具有很强的理论性和现实指导意义。在管理决策方面，交通运输业的公路、水路、航空、铁路、邮递五种运输方式只有实行综合运输，才能使管理实现科学决策。在管理过程中，需要交通主管部门整合公路、水路、航空、铁路、邮递五种运输方式的资源，并且为五种运输方式制定相应的运输法律法规，使五种运输方式按照预先规则有序运行。在管理思维方面，加快推进交通运输体系建设，既要符合效率原则又要符合公平均衡原则。在管理导向上，要加快构建交通运输安全体系，提高安全管理水平，落实安全生产责任制，强化重点领域安全监管，加强应急处置能力建设。在价值主张上，提倡用规则创造价值，"互联网+交通运输业"一定要依法行政、依法办事，按照在规则中博弈的思想发展交通运输业。法商管理正是切合实际应运而生的，适应了当今必须从经营和法律双重视角进行管理的必然要求。

（二）加快完善"互联网+交通"立法

既然交通运输是国民经济发展的先行官，就要重视公路、水路、铁路、航空、邮递等交通立法，加快"综合交通运输法"的立法进程，推进公路、水路、铁路、航空、邮递各种运输方式的有效衔接，明确综合交通运输体系规划的法律地位、功能定位以及与各运输方式专项规划的关系，形成一整套科学的、涵盖各种运输网络的规划制度，为我国综合交通运输体系的建立和完善提供法律依据和法治保障。

在完善交通立法的同时，要真正实现法商管理"在规则中博弈"的理念，就需要先把规则建立起来，把互联网与公路、水路、铁路、航空、邮递行业的立法结合起来，突出互联网在交通运输中的作用，发挥"互联网+交通"的各种优势，从而实现交通运输业的良好发展，更好地拉动国民经济又好又快地发展。

（三）互联网推动了运输业的发展模式转变

当前，移动互联网在改变人们的思维模式、生活方式的同时，也深刻改变了运输产业的发展形态。

从运输服务来看，移动互联网推动了客运服务的个性化，满足了乘客多样化的出行需求，促进了各种运输方式的有效衔接，实现了货运供需信息的对接，促进了车辆与货源的优化整合，提高了货运效率。

从产业结构来看，移动互联网能够整合产业资源，形成集约化产业格局；实现线上线下互动，打造一体化产业链条；实现精准供给，促使企业提供个性化服务产品；企业和消费者之间的信息对接更直接，呈现"去中间化"特征，有利于规范市场秩序。

从政府监管来看，移动互联网将促进管理方式向集约型、精细化管理转变；利用移动互联网、大数据、车联网技术，实施城市交通精细化管理；搭建平台，引入消费者监督评价；带来新的监管对象和内容，更考验管理智慧。

移动互联网重点解决人或物在移动过程中的高效互联问题，与运输行业的价值目标一致。"移动互联网+综合运输"将在要素移动、泛在互联、全面感知、便捷交互中创造出更多、更丰富的经济社会价值,推动运输服务产业链重构和生态圈再造,拉动交通运输提质增效升级,打造出面貌全新的运输服务升级版。

(四) 运输管理向智慧交通方向发展

移动互联网也深刻改变了运输行业的管理方式。在管理理念上,呈现出"三个凡是"的特征:凡是基于信息不对称的行业都将被互联网打击,凡是基于信息不对称的环节都将被互联网颠覆,凡是基于信息不对称的既得利益都将被互联网清剿。

在管理方式上,移动互联网打破了产业边界,使行业发展呈现出跨界交叉融合的趋势。如专车服务形式的出现,打破了出租汽车和汽车租赁的界限;重点营运车辆联网联控系统的出现,改变了车辆粗放运营的局面。所有这些迫切要求我们转变管理方式,从零散型管理向集约型管理转变,从粗放化管理向精细化管理转变。

在管理手段上,利用移动互联网、大数据、车联网技术,可实现人、车、物实时联通,对实施城市交通精细化管理具有重要作用;客货运输监管向实时监管、视频监管、远程监管、平台监管方向发展。

在管理效果上,移动互联网能够使用户参与对运输服务的满意度评价,这对行业监管模式和效能的影响是革命性的。

移动互联网也为政府监管带来了新的挑战。政府既要对底层平台进行监管,又要对开放应用平台进行监管;既要对服务水平进行监管,又要对信用体系进行监管。新兴服务业态的"灰色"地带亟待规范,其规范的措施、监管的方式也需要行业更高的智慧和更包容的心态。

(五) 借力互联网转型升级

移动互联网引领行业转型发展,是运输行业在新常态下的新亮点。我们要有充分的思想准备和政策储备,迎接移动互联网时代的到来,以移动互联网引领行业转型升级。

(1) 以移动互联网引领综合运输服务。我国经济发展进入新常态,带动运输服务需求发生结构性变化。要立足交通运输发展的阶段性特征,以移动互联网技术为引领,积极推动大数据、云计算、物联网在综合运输领域的推广应用,促进铁路、公路、水路、民航、邮政运输的深度融合，实现各种运输方式的协调衔接和互联互通，打造新技术革命引领的综合运输服务升级版。

要广泛利用移动互联网技术，充分发挥各种运输方式的比较优势，大力开发联程联运等运输服务产品，推动发展客运一票到底、货运一单到底的运输服务方式，不断提高运输效率和集约效益，满足人民群众个性化、多样化的运输服务需求。

要充分利用移动互联网技术，大力提升综合运输服务质量和水平。加快推进交通信息自动化采集，建立完善多渠道、多层次、多方式的出行信息服务体系，让出行信息更加丰富；加快推进联网售票系统建设，鼓励支持网上购票、手机订票、自助购票等出行服务的发展，让旅客购票更加便利；加快推进增值服务系统开发，鼓励发展在线受理、货物查询、一键转寄、服务点代收等增值服务，让客户体验更加完美。

（2）以移动互联网引领产业转型升级。要充分利用移动互联网，在道路运输领域推进传统运输组织方式改造，进一步优化运输组织结构，解决历史积累的"多小散弱"问题，推进传统产业转型升级；在综合运输领域实施运输组织方式再造，推进运输组织模式创新，有效整合各种运输资源，促进各种运输方式协同发展。

积极鼓励移动互联网引领传统产业形态创新。打造基于移动互联网技术的客货信息平台和移动客户端，将市场上零散的客货运输资源组织起来，不断提高传统运输的组织化程度。

要充分利用移动互联网对产业发展的集聚作用，大力培育一批成长性好、集约化程度高、市场吸纳能力强的龙头企业，引领带动中小企业发展，推动行业全面转型。

（3）以移动互联网引领行业治理体系构建。在治理创新上强化"互联网思维"。推进理念创新、科技创新、政策创新、制度创新和体制机制创新，以创新驱动转型发展、提质增效和服务升级，促进运输行业治理体系和治理能力现代化，特别是要以移动互联网思维启动行业治理体系重构，深入研究在移动互联网背景下哪些事情应该由政府来做，哪些事情应该由市场来做，哪些事情应该由行业协会来做。

在职能转变上强化"互联网思维"。在移动互联网背景下，行业监管由标准统一的集中监管向灵活广泛的分散监管转变，由政府引导的事前审批监管向市场引导的事中事后监管转变。必须与时俱进，加快推进职能转变和管理转轨，从更加注重行政管理向更加注重依法治理转变，从更多依靠行政推动向更多依靠市场引导转变，从更多依靠行政手段向更多依靠经济、科技、法律手段转变。

在管理方式上强化"互联网思维"。移动互联网颠覆了传统产业形态，也彻底改变了行业管理方式，为加强和改进行业管理、提高政府工作效率、方便人民群众提供了新的契机。要结合道路运输行业实际，积极探索网上受理、网上审查、网上许可等，进一步提高行政审批效能，释放微观经济活力，提升市场经济下行业管理能力。

对传统运输行业而言，以移动互联网引领转型升级是凤凰涅槃。行业管理部门既不能无所作为、裹足不前，也不能盲目蛮干、急躁冒进。在战略上要选准行业发展的"台风口"，加强顶层设计，科学制定规划；在战术上要打好转型升级的"主动仗"，稳扎稳打，善作善成。

（六）要使交通管理人员和从业人员逐渐具有法治思维

法治思维就是将法治的诸种要求运用于认识、分析、处理问题的思维方式，是一种以法律规范为基准的逻辑化的理性思考方式。其基本特征是法律至上、权力制约、人权保障、正当程序。要下大力气培养交通管理人员和从业人员的法治思维方式，使其讲法律、讲证据、讲程序、讲法理。要把学法用法纳入考核指标。法律思维方式是一种在法律实践中训练、培养和应用的思维方式。交通运输业涉及面广，交通管理人员和从业人员必须掌握民事、商事、行政等法律法规，达到熟练运用水平，弘扬法商管理的理念，为交通运输业的发展提供坚实的法律基础和保障。

五、结 论

加快发展智慧交通，是推进交通运输管理创新的重要抓手，是提升交通运输服务水平的有效途径，也是推动交通运输转型发展的重要支撑。法商管理理论为"互联网+交通"的发展注入了新的活力，使"互联网+交通"在规则中博弈，有法可依，有法必依。"互联网+交通"战略给交通运输业带来了无限的发展空间，交通主管部门要利用好这一利好引领交通业发展，交通从业人员和企业要发扬大众创业、万众创新的精神，逐渐具有法治思维，使交通运输业为建成小康社会提供坚实的支撑。

参考文献

［1］王炜，高海龙，李文权等. 公路交叉口通行能力分析方法［M］. 南京：东南大学出版社，2002.

［2］李日涵. 韩国高速公路机电系统对广东的启示［J］. 中国交通信息产业，2008（12），2009（1）.

［3］杨佩昆，吴兵. 交通管理与控制（第2版）［M］. 北京：人民交通出版社，2004.

［4］Martha McEnally. 消费者行为学案例［M］. 袁瑛等译. 北京：清华大学出版社，2004.

［5］罗豪才. 行政法与行政诉讼［M］. 北京：中国卓越出版公司，1990.

［6］章剑生. 行政程序法学原理［M］. 北京：中国政法大学出版社，1994.

［7］应松年. 论行政程序法［J］. 中国法学，1990（1）.

［8］孟德斯鸠. 论法的精神［M］. 北京：商务印书馆，1961.

［9］博登海默. 法理学——法哲学及其方法［M］. 北京：中国政法大学出版社，1999.

［10］施伯香，吴桂平. 信息经济条件下的交通运输发展［J］. 交通企业管理，2001（12）.

［11］周志明. 现代信息技术在交通运输中的运用［J］. 煤炭经济研究，2003（3）.

［12］杨振学. 解析信息技术对交通运输管理的影响［J］. 价值工程，2013（21）.

Review the Point of "Internet Plus Traffic" from the Perspective of Law and Business Management

Li Changzhi

【Abstract】 The strategy of "Internet +" from Prime Minister Li Keqiang has a great impact on promoting transportation, also defines the direction for the great development of transportation industry, especially for the waterways, aviation, railway, postal transportation facing the globalization of international and domestic economics. "Internet +" provides the broad development opportunities for transportation industry. Legal business management theory will combine transportation closely with the Internet, eventually make the transportation industry rapidly developed.

【Key Words】 Law and Business Management; Internet; Traffic; Development

关于《证券法》再度修订的若干思考
——以法商规则和金融创新的互动关系为分析视角

马 石[①]

【摘要】 在"互联网+"时代,《证券法》的再度修订是我国资本市场的一件大事,是证券行业践行全面依法治国理念的重要举措。本次《证券法》修订应该以问题导向和前瞻思考为着眼点,稳妥建立以信息披露为中心的股票发行注册制,充分吸收近期"股灾"的经验教训,全面建立健全保护中小投资者的民事责任制度,重视证券行业的创新发展,在关注现实问题的同时为证券市场的进一步开放和市场发展拓展空间。

【关键词】《证券法》;再度修订;注册制;创新

一、注册制条件下《证券法》修订应关注的问题

股票发行注册制改革是本轮《证券法》修订需要关注的核心内容,从现时实行的核准制到未来实行的注册制,需要从监管理念调整、监管方式创新、监管措施完善等方面着手修法,从而建立适应新的形势、符合市场要求的高标准信息披露规范,事中、事后监管制度和常态化退市机制。

---

① 马石,云南昆明人,上海财经大学经济学硕士、清华大学工商管理硕士。现为中国移动通信集团公司高级工程师;主要从事通信行业和互联网行业的研究,以及电信运营企业的战略规划、流程管理、制度建设和社会责任等工作。邮箱:13910628308@139.com。

(一) 信息披露的"严"配合注册制的"宽",以信息公开促进市场公平

我国《证券法》的基本宗旨包含规范证券发行和交易行为、保护投资者的合法权益等内容,而信息披露制度就是以信息公开为规范基础,并由相关的一系列原则、规则构成的维护证券市场公平交易、保护投资者利益的基础性制度。因此,以推动注册制改革为目的的《证券法》修订,必须以严格的信息披露制度为中心,并以此作为注册制改革的有力保障。

相对于核准制,注册制一般不对股票发行设定严格的准入条件,属于"宽进"的发行制度,市场对股票的投资价值自行做出评价和判断。由于没有核准制的"严进"把关,发行人的信息披露成为价值判断的重要依据,也就决定了信息披露制度建设在注册制中的突出地位和关键作用。

为了保证股票发行的公平性和效率性,股票发行信息的披露应当全面、真实、合法,发行人与投资者之间的信息不对称问题需要得到解决。在注册制环境下,将由投资者对股票的价值做出判断,并对股票进入市场进行准入把关,强制性的信息披露不但应当严要求,而且必须高标准。

为了能够切实贯彻《证券法》的宗旨,上述的"高标准"、"严要求"必须直面我国当前证券市场中信息披露质量不高,不能完全反映发行人的真实状况,以及信息披露的立法层级不高、问责不严、监管不力、可操作性不强、对中介约束不严等现实问题。

因此,注册制条件下的信息披露制度建设,一是制度设计重心应当关注投资者利益保护。二是政府对信息披露的监管应向事中和事后监管延伸,力度只能加强而不能削弱。三是要重视设计针对性条款,强化对中介机构行为的规范。四是细化完善有关条文,确保信息披露质量。五是加强发行公司自我约束的相关内容。

(二) 从事前把关向事中、事后监管转移,努力提升市场效率

以前,在核准制下,政府要先审查股票发行是否符合法定条件,即所谓的"事前把关"。本次修法确定实行注册制后,制度创新很重要的一个方面就是,新出台的《证券法》能够确保监管机构有效运用稽查执法手段,通过加强事中、事后监管以取代原来的事前把关,使得政府能够从事前烦琐的实质审查中解脱出

来，更多地把资源和精力用于调查操纵市场、内幕交易等违法行为，有效修正市场的短板。这样一来，发行人能够根据市场情况和自身需要，灵活决定是否发行股票；事中和事后监管能够打击非法行为，但不干预正常的市场行为。这样的制度安排可以有效规避审批环节的腐败行为，同时大大提升市场效率。

当前，全球经济形势并未得到全面彻底的改观，中国经济也面临着较大的下行压力。以"大众创业、万众创新"为代表的改革思路必须得到有力贯彻并尽快见到实质性效果，这对重启IPO、强化股市直接融资功能以提振经济提出了迫切要求。在此背景下，"十三五"规划建议提出"推进股票和债券发行交易制度改革"，说明推行注册制已经箭在弦上。新股发行准入的市场化和股票定价的市场化是注册制改革的核心内容，意味着发行人的质量优劣和投资价值均由市场决定，政府不再对其"把关"。对其持续盈利能力的判断也将由投资者自己进行，在一级市场上打新股的中小投资者，将面对不再享有无风险收益的市场环境；在二级市场上买卖的散户们，也将面对更多同时也更复杂的个股选择。

鉴于上述情况，注册制条件下的政府监管，一是要设计有关法规以适应控制时点后移的现实。二是将健全民事责任制度与《证券法》修订结合起来统筹安排，力争先建立相对完整的民事责任制度，再向形式审查的注册制过渡。三是要建立明确、有效的针对违法行为的惩罚性条款，以最大限度地避免注册制"宽进"可能引发的问题。

（三）突出退市机制的常态化，持续优化市场环境

注册制实行后，新股的发行节奏必然明显加快，监管模式也将随之改变，由事前把关向事中、事后监管转移，大量新股上市融资必将对稽查执法提出很高的要求。在坚持市场化、法制化的前提下，突出退市制度的常态化，有利于充分发挥市场机制的优势，也有利于有效遏制和减少违法行为。

2014年，上海证券交易所新增了主动退市和重大违法退市处置规则，并明确了上市公司退市后的相关安排，包括终止上市前的交易、终止上市后重新上市等，进一步完善了现行退市制度体系。与此相适应，本次《证券法》修订也应完善相应条款，与交易所新规则对接，以立法形式明确常态化的退市机制。应立足信息披露监管，给出积极有效的退市处置的法律依据。

更进一步，常态化的退市机制既要明确强制退市的相关法律条文，又要明确规定主动退市的法律依据。这样一来，不仅与国际惯例接轨，而且丰富完善了退

市制度，促使资本市场更好地发挥并购重组作用，进而为中国经济转型升级提供科学有效的制度安排。

二、2015年"股灾"引发的修法思考

发生在2015年的"股灾"，引发了我们对中国证券市场的诸多思考。应该说，既有股市前期上涨过快引发市场回调的客观因素，也有股市去杠杆的政府作用，还有新股发行过多过快、股指期货放大危机、市场预警缺失等制度建设问题，更有上市公司高管违规减持未能有效遏制、场外配资尚不规范等涉及证券法律立法不全、有法不守、执法不严等问题。

如果将上述法制问题进行梳理，应该可以分为两类：一类是直接引发的法制问题，主要包括新股发行节奏无法可依，申购方式明显有利于机构投资者，而对个人投资者显失公平；上市公司不良增发、高管违规减持等问题未能得到及时有效的遏制；场外配资的法律规范还有待完善等。另一类是关系到证券市场的长远发展，主要包括如何建立健全市场应急预案制度；《证券法》和《期货法》的对接互动等。

针对以上问题，应该借《证券法》修订之机，首先在立法层面予以应对和规范，其次在执法层面加以重视和展开实践，确保市场平稳、安全、高效、规范地运行。

第一，关于新股申购问题，《证券法》应该对控制发行节奏给出法律依据，避免因新股密集申购造成市场失血，从而影响股市的平稳有序发展。针对当前新股申购规则对不同投资主体不尽公平的问题，也应规范有关规定出台的法理依据，坚定维护《证券法》的"三公"原则。

第二，注册制实行后，在一段时期内将出现上市公司快速扩张的局面，当下存在的非良性增发、高管违规减持等问题有可能被放大，《公司法》未能解决的问题应由新出台的《证券法》予以完善和规范。

第三，两融业务开展以来，市场杠杆明显放大，民间配资公司也大量出现，场外配资的强制平仓规则极易诱发市场"踩踏"。针对场外配资问题，也需要相关的法律制度进行规制。

第四,本次"股灾"的影响巨大,其伤害性已经远远超出了股票市场,因此很有必要在新《证券法》里建立健全包括风险识别、预防、预警、处置和应急保障等在内的应急预案制度,确保救市行为既符合法治规律,也符合市场要求。

第五,基于股指期货的助涨助跌作用,《证券法》修订应该与《期货法》统筹考虑,在保证金制度等方面进行全面设计,使得《证券法》修订和《期货法》立法有机结合起来,共同为市场健康发展保驾护航。

三、保护中小投资者的合法权益是修法的重要内容

在当今的社会经济发展条件下,民事权利证券化需要在更广大范围内,以更高的频率进行转让,有的还要通过公开市场进行交易。这种标准化的民事权利,脱离了物质形态而以货币化形态出现,其交易关系具有不同于一般民事关系的特殊性,需要通过《证券法》创新提出适应市场发展的特别规定来加以调整。

目前,信息化技术手段日新月异,移动化交易模式层出不穷,要求对涉及大众化交易,特别是大量中小投资者涉身其中的证券市场,采取特殊的规范和规制。这要求《证券法》修订不但要借鉴国际先进经验,同时要兼顾市场的技术创新应用。中小投资者在我国的证券市场中占有重要地位,这是有别于一些发达国家证券市场的"中国特色"。大量的中小投资者运用先进的信息技术手段,在市场里进行着海量的高频率交易。这些现状,对《证券法》创新完善提出了新要求。

一直以来,我国《证券法》宗旨的一项重要内容就是"保护投资者的合法权益",因此,新时期经济转型条件下《证券法》的再度修订,理应有相当篇幅涉及现实条件下如何有效保护中小投资者利益的内容,如此方能在确保市场稳定运行的前提下,有效提高证券市场的效率。

综上所述,本次《证券法》再度修订,应该在以下几个方面完善"保护中小投资者的合法权益"的法律制度和相关条款。

第一,细化证券侵权民事赔偿制度。现有的《证券法》已经包含了有关民事赔偿制度的内容,如专门的虚假陈述民事赔偿、涉及内幕交易、操纵市场民事

赔偿责任等。随着市场情况日益复杂，涉及民事赔偿的情况将会进一步增加，需要系统梳理《证券法》有责任调整的民事赔偿行为，并加以提炼和优化，继而明确责任，统一计算方法，建立基于同种侵权行为的统一赔偿规范。由于我国中小投资者数量巨大，此类制度的设计还要考虑到在司法实践上便于操作等因素。

第二，明确中介机构应该承担的责任认定。现阶段，我国的大量中小投资者应该说还"很不专业"，某些中介机构自觉不自觉地与发行人之间形成了"利益共同体"关系。本应维护中小投资者利益的一些中介机构，屈从外部压力或为了获得利益，丧失职业道德，出现违法违规行为，这些现象与目前制度环境不完善、问责机制不健全有着必然联系。因此，必须以法律形式明确中介机构的职责范围及责任认定，最大限度地去除违法行为赖以生存的环境。

第三，建立证券专业调解制度。类似普通的民事调解，证券市场中也应该建立专业调解机制，这在发达国家已有先例，如德国的金融调解员制度。由独立、公正的调解员对中小投资者遇到的纠纷进行专业调解，效率高、成本低，非常符合我国中小投资者数量大、投资小的特点，可以有效地保护中小投资者的合法权益。

第四，针对违约设置有关制度。在我国的证券市场中，上市公司、发行人、证券公司、中介机构等对投资者，特别是中小投资者做了承诺之后，发生违约的现象不仅存在，而且为数还不算太少。注册制实行后，估计此类违约行为还将随着上市公司和中介机构的增加而增加。目前的《证券法》对违约行为的强制履行承诺还缺乏充分的制度规范。本次修法应该关注这个问题，要明确证券监管机构的权责，由其依法责令违约者履行承诺，提出明确具体的履约标准（如履约内容和履约时限等），并与相应的司法机关强制执行保障机制进行对接。这对于有效保护中小投资者权益将大有好处。

四、借助修法进一步打开证券行业的创新发展空间

从某种意义上说，《证券法》是我国资本市场的基本法。1999年实施以来，迄今已经16年了。2006年修订后的《证券法》，也已经实施了10年。从那时到现今，我国证券市场发生了深刻的变化，如股权分置改革、证券公司综合治理、

上市公司清欠、中小板、创业板、公司债、股指期货、融资融券和新三板……虽然与国际上发达证券市场相比仍有差距，但中国证券市场正一步步迈向成熟。

随着"互联网+"时代的到来，互联网（移动互联网）催生或推动了股权众筹、互联网金融、衍生品、场外市场等创新业务的迅速发展。业务创新必然要以制度创新作为有力保障。互联网金融革命浪潮之下的证券行业，必然要以"技术创新、业务创新、制度创新"的三位一体模式展开，以实现便捷高效、安全可靠的优质服务。

因此，时隔近10年后的《证券法》再度修订，必然要被赋予"互联网+"时代的创新特色，在完善相关法律制度以应对市场问题的同时，以前瞻的战略眼光尝试制度创新。

第一，在"互联网+"时代，"证券"的范畴有可能延伸和扩大，应当在修订后的《证券法》中给予明确界定。当前，中国经济正处于加快推进产业转型升级的重要时期，产业与企业在升级换代中对互联网金融（证券）的创新及服务需求日趋复杂和多样。在此时代背景下，"证券"的内涵和外延都很有可能发生改变，对"证券"的重新定义应该成为《证券法》修订的必要环节。在此基础上，才能更有针对性地对"互联网+"时代的"证券"新形态予以法制化规范。

第二，对互联网金融发展涉及证券业务的部门进行立法研究，并在本次修法中予以体现。当前，P2P、众筹等互联网金融创新业务在其发展过程中已经出现违反现有法律的情况，在监管尚未实现对互联网金融业务全覆盖的条件下，一些非法机构对投资者（特别是中小投资者）进行了非法掠夺。在我国现行法律框架下分属民间借贷和私募股权投资的P2P业务和众筹业务，已经涉及很多突破现行法律的个案。因此，本次《证券法》修订应该对可能涉及证券范畴的互联网金融业务予以法律制度上的规范，以应对可能出现的违法行为，在保护投资者利益的同时，有效防范市场风险，拓展市场发展空间。

总之，《证券法》的再度修订，既是证券市场多年运行积累的必然结果，也是我国全力推进"互联网+"行动的时代要求，更是全面依法治国理念的重要实践。我们有理由相信，本次《证券法》修订将成为我国资本市场法制建设的一个重大事件，也是推进全面依法治国理念的一项重要体现，它对于全面提升我国资本市场的法治水平、深化资本市场的改革发展，必将产生巨大而深远的影响。

参考文献

[1] 曾宪义,王利明.证券法(第四版)[M].北京:中国人民大学出版社,2013.
[2] 刘俊海.现代证券法[M].北京:法律出版社,2011.
[3] 黄红元,徐明.证券法苑(第十四卷)[M].北京:法律出版社,2015.
[4] 朱锦清.证券法学(第三版)[M].北京:北京大学出版社,2011.
[5] 深圳证券交易所,证券市场导报,深圳证券交易所官方网站.
[6] 中国证券报.中证网.

Reflection on the Revision of Law of Securities
— In the View of Interactive Relationship between Business Rules and Financial Innovation

Ma Shi

【Abstract】 In the "Internet +" age, the revision Securities Law is of great significance to the capital market in our country, as well as an important movement for the securities industry to implement the concept of governing the country according to law comprehensively. The revision of Securities Law should be oriented in problem and prospective reflection, establish the registration system of stock issue centered on information disclosure, take lessons from recent "stock market crash". Besides, it should establish and improve the civil responsibility system to protect the medium and small investors, attach importance to the innovation and development of the securities industry and expand the space for the further opening and development of the securities market while paying attention to the practical problems.

【Key Words】 Securities Law; Revision; Registration System; Innovation

"互联网+"时代法商自身"大数据"库的建立和发展

张 伟 高 洋[①]

【摘要】2015年7月4日,经李克强总理签批,国务院印发《关于积极推进"互联网+"行动的指导意见》,这是推动互联网由消费领域向生产领域拓展、加速提升产业发展水平、增强各行业创新能力、构筑经济社会发展新优势和新动能的重要举措。

【关键词】"互联网+";大数据;法商业务;法商公司

综观互联网物资交易平台如淘宝、互联网支付监管平台如支付宝、互联网金融产品如余额宝等相关"互联网+"思维平台对整个社会经济、文化、政治的深刻影响,我们不难看出"互联网+"正代表着一种新型的经济形式,其将自身的优化和集成作用充分发挥到生产要素配置之中,将互联网的创新成果深度融合于经济社会各领域之中,提升了实体经济的创造能力及制造能力,最终形成以互联网为核心的基础工具、传统产业为辅助并实现工具价值的经济发展新形态,相当于给传统行业加了一双"互联网"的翅膀,然后助飞传统行业。

一、"互联网+"与大数据的客观联系

(一)"互联网+"产生的时代背景

"互联网+"理念引入国内最早可以追溯到2012年11月于扬在易观第五届

---

① 河北启点法商企业管理咨询有限公司。

移动互联网博览会上的发言。易观国际董事长兼首席执行官于扬首次提出"互联网+"理念。他认为"在未来,'互联网+'公式应该是我们所在的行业的产品和服务,在与我们未来看到的多屏全网跨平台用户场景结合之后产生的这样一种化学公式。我们可以按照这样一个思路找到若干这样的想法。"此番讲话将寻找自身企业与"互联网+"的结合点作为企业需要思考的首要问题。

2014年11月,李克强出席首届世界互联网大会时指出,"互联网是大众创业、万众创新的新工具"。而此次政府工作报告中的重要主题正是"大众创业、万众创新",此次讲话将"互联网+"称作中国经济提质增效升级的"新引擎",足见其作用的重要性。

2015年3月,在全国两会上,全国人大代表马化腾提交了《关于以"互联网+"为驱动,推进我国经济社会创新发展的建议》的议案。他呼吁,"我们需要持续以'互联网+'为驱动,鼓励产业创新、促进跨界融合、惠及社会民生,推动我国经济和社会的创新发展"。"互联网+"是指利用互联网的平台、信息通信技术把互联网和包括传统行业在内的各行各业结合起来,从而在新领域创造一种新生态。上述理念充分表达了将这种科技战略提升为国家战略的理论共识,更对创新方法促进经济社会的发展提出了建议和看法。

2015年3月5日十二届全国人大三次会议上,李克强总理在政府工作报告中首次提出"互联网+"行动计划,指出要"制定'互联网+'行动计划,推动移动互联网、云计算、大数据、物联网等与现代制造业结合,促进电子商务、工业互联网和互联网金融健康发展,引导互联网企业拓展国际市场。"可见,将以云计算、物联网、大数据为代表的新一代信息技术与现代制造业、生产性服务业等进行融合创新,发展壮大新兴业态,打造新的产业增长点,为产业智能化提供支撑,增强新的经济发展动力,促进国民经济提质增效升级,是我国经济形势下的必然要求,更是人类生产力发展的客观要求。

(二)"互联网+"的概念

"互联网+"简言之就是"互联网+各个传统行业",但这并不仅仅是简单地将两者机械相加,而是利用信息通信技术以及互联网平台,让互联网与传统行业进行深度融合,从而创造出新的经济交易形态。"互联网+"有六大特征:

一是跨界融合。"+"就是跨界,就是变革,就是开放,就是重塑融合。敢于跨界了,创新的基础就更坚实;融合协同了,群体智能才会实现,从研发到产业化的路径才会更垂直。融合本身也指代身份的融合,客户消费转化为投资,伙伴参与创新等,不一而足。

二是创新驱动。中国粗放的资源驱动型增长方式早就难以为继,必须转变到创新驱动发展这条正确的道路上来。这正是互联网的特质,用所谓的互联网思维来求变,进行自我革命,从而发挥创新的力量。

三是重塑结构。信息革命、全球化、互联网业已打破了原有的社会结构、经济结构、地缘结构、文化结构,权力、议事规则、话语权在不断发生变化。"互联网+"社会治理、虚拟社会治理会有很大的不同。

四是尊重人性。人性的光辉是推动科技进步、经济增长、社会进步、文化繁荣的最根本力量,互联网力量之强大最根本地也来源于对人性最大限度地尊重、对人体验的敬畏、对人的创造性发挥的重视。例如,UGC,卷入式营销,分享经济。

五是开放生态。关于"互联网+",生态是非常重要的特征,而生态本身就是开放的。我们推进"互联网+",其中一个重要的方向就是要把过去制约创新的环节化解掉,把孤岛式创新连接起来,让研发由人性决定的市场驱动,让创业者有机会实现价值。

六是连接一切。连接是有层次的,可连接性是有差异的,连接的价值也是相差很大的,但连接一切是"互联网+"的目标。

(三) 互联网的支持要素

"互联网+"主要通过移动互联网、云计算、大数据、物联网等相关要素与相关产业进行深度融合,其中云计算与大数据联系尤为紧密。一方面,云计算改变了IT,而大数据则改变了业务。然而大数据必须以云计算作为基础架构,才能得以顺畅运营。另一方面,大数据和云计算的目标受众不同,云计算是CIO等关心的技术层,是一个进阶的IT解决方案。而大数据是CEO关注的业务层的产品,大数据的决策者是业务层。

二、"互联网+"的支持要素——大数据

在以云计算为代表的技术创新大幕的衬托下,一些原本很难收集和使用的数据开始变得容易利用,通过各行各业的不断创新,大数据会逐步为人类创造更多的价值。这足可见被人们神话的大数据并非那么触不可及。

综上所述，笔者认为图 1 能直观地诠释大数据的内涵及外延。

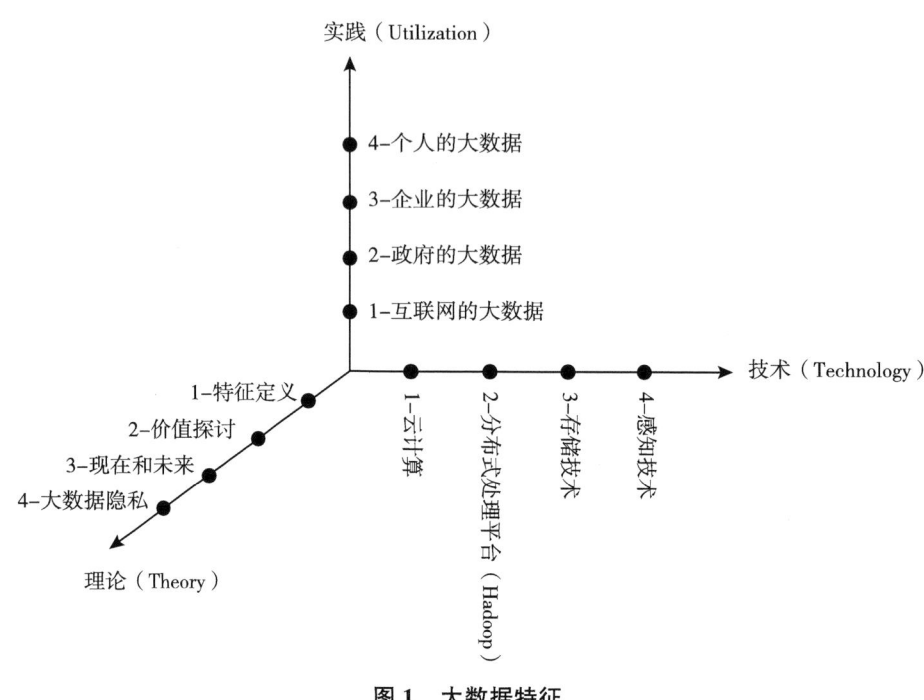

图 1　大数据特征

资料来源：摘自《马化腾两会提案大谈"互联网+"》。

根据图 1，笔者认为应从三个方面解释大数据：

1. 从大数据的基本特征看，业界（IBM 最早定义）将大数据的特征归纳为四个 "V"（量 Volume，多样 Variety，价值 Value，速 Velocity）

首先，数据体量巨大。大数据的起始计量单位至少是 P（1000 个 T）、E（100 万个 T）或 Z（10 亿个 T）。其次，数据的表现形式繁多。例如，网络日志、视频、图片、地理位置信息等。再次，价值密度低且商业价值高。最后，数据处理速度快。而恰恰是最后这一点有效地和传统的数据挖掘技术进行了本质的区分。

2. 大数据存在的价值意义

大数据存在的价值恰恰是投资者眼里金光闪闪的两个字：资产。例如，淘宝在建立时，平台机构就是有效地分析和收集了互联联系平台的大部分数据，定期向客户推送广告招商信息，吸引店面经营者入驻淘宝平台。这样的例子在国外也屡见不鲜。例如，Target 超市以 20 多种怀孕期间孕妇可能会购买的商品为基础，将所有用户的购买记录作为数据来源，通过构建模型分析购买者的行为相关性，从而准确地推断出孕妇的具体临盆时间，这样 Target 的销售部门就可以有针对性地在每个怀孕顾客的不同阶段寄送相应的产品优惠券。笔者所列举的国内外两个成功案例恰恰印证了维克托·迈尔—舍恩伯格提过的一个很有指导意义的观点：通过找出一个关联物并监控它，就可以预测未来。通过监测购买者购买商品的时间和品种来准确预测顾客的需求，这就是大数据存在价值的真正核心。

3. 大数据存在的基本形态主要有以下三种：

（1）手握大数据，但是没有利用好。比较典型的是金融机构、电信行业、政府机构等。

（2）没有数据，但是知道如何帮助有数据的人利用它。比较典型的是 IT 咨询和服务企业，如埃森哲、IBM、Oracle 等。

（3）既有数据，又有大数据思维。比较典型的是 Google、Amazon、Mastercard 等。

三、法商如何使"互联网+"的大数据增加企业价值

（一）什么是法商

19 世纪末有一位美国律师曾这样描述当时的美国法律："一切的权利，一切的义务，一切的责任，都是由契约产生的。"这句话虽然有些过火，但是表达了法商时代的到来，也从某种意义上揭示了法商的概念，即法律与商业的紧密关系，表现在以下几个方面：

第一，商业活动必须在合法的前提下进行。企业依法经营管理，是社会主义市场经济体制的必然要求。在市场经济体制下，政府与企业的关系、企业与企业的关系、企业内部的各种关系，都应该主要通过相应的法律来调整和规范。政府对企业的管理，应该从过去以行政手段为主过渡到以经济手段和法律手段为主。企业与企业是平等主体之间的关系，只能依靠合同法、担保法、票据法等民事商事方面的法律来调整和规范。企业内部各种关系，包括企业与职工的关系，必须按照劳动法、会计法、产品质量法等法律来调整和规范。可以说，企业经营管理

须臾离不开法律的调整和规范。

第二，法律是保障企业经营活动的利器。"法者，度也"，只有靠法律的力量才能制衡作为权力主体的国家（政府）的干预与作为权利主体的市场参加者（生产者、经营者）的行为之间的关系，使之均不失度、越轨，才能抵制各种不利因素对市场经济发展的破坏。而且法律的规范性作用在于使社会"摆脱单纯的偶然性或任意性"的支配，以有效地防止政府权力的滥用和国家计划的随意性，保障市场机制的自主、独立和稳定性，从而保障企业能够自主经营，为企业创造规范、公平、和谐的市场环境，保障企业的合法权益。

第三，企业参与国际竞争，注重法律规则与商业的关系，表现为法律对商业经营的调整，主要包括调整商业实体和调整商业交易。中世纪的商人为了自己长久的商业利益，创造了商法规则，对于商人而言规则是非常重要的，只有有序的社会才能让企业行为有施展的空间。在这个崇拜成功、褒扬奋斗精神的商业年代，我们的企业更应该学会运用法律规则。

有这样一个故事：一个犹太人带着一头牛和一只鸡去集市，在途中遇到洪水，在他就要被淹死的时候，他祷告说："如果上帝能够救我，我就把卖牛的钱捐给教堂。"上帝听到后就把他救了起来。犹太人获救后内心不想再把卖牛的钱捐出来，但是自己做出了承诺必须履行。聪明的犹太人明白规则必须遵守，他到集市上把牛以鸡的价格卖掉，同时要求对方必须以一头牛的价格买他的鸡，之后把卖牛的钱捐给了教堂。这个故事告诉我们规则的作用，而且如何利用这种游戏规则才是最重要的，一味排斥规则必然遭到法律制裁。

"互联网+"时代的到来需要产业之间的优势互补，形成1+1=2+模式，这样法律对于商业不仅仅是为其提供相关法律服务让其规避法律风险，法律更应在自身"互联网+"大数据的支撑下，与商业融合为一体，参与到商业的浪潮中，不仅为其提供法律风险规避的服务，更将自身所掌握的企业信息进行整理，让企业之间能更好地沟通与合作，为企业业务的发展打造商机平台。

（二）"互联网+"时代法商公司大数据库的建立

基于以上论述，笔者认为，法商公司建立大数据库可以参考国内成功案例淘宝网的大数据库，根据淘宝数据运行图（见图2），笔者从如下方面进行分析：

"互联网+"时代法商自身"大数据"库的建立和发展
The Establishment and Development of Law Work and Intelligence "Big Data" Base on the Internet Plus Time

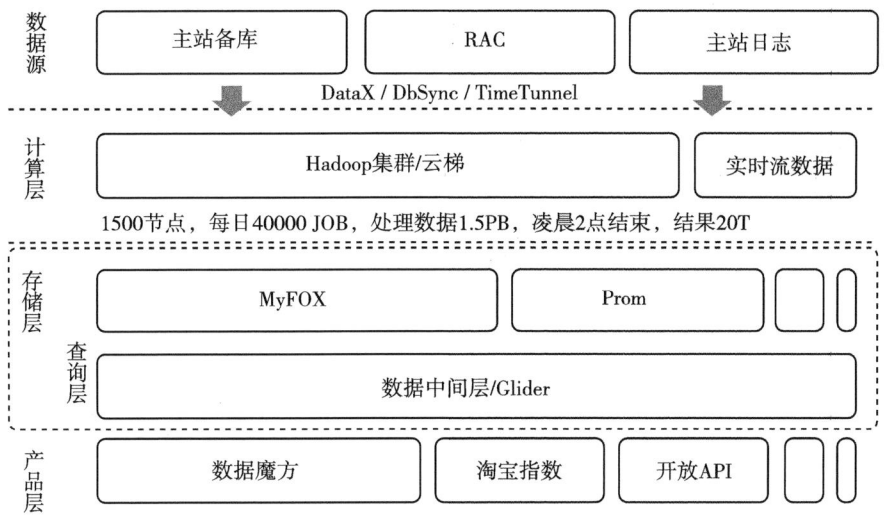

图 2　淘宝运行数据

资料来源：摘自大数据概念：史上最全大数据解析。

（1）数据来源层。存放着法商公司的以及作为法商公司平台律师掌握的企业基本的交易数据。在数据源层产生的数据，通过 DataX、DbSync 和 Timetunel 准实时地传输到下面第 2 点所述的"云梯"。

（2）计算层。在这个计算层内，法商公司可采用的是 Hadoop 集群，这个集群，我们暂且称为云梯，是计算层的主要组成部分。在云梯上，系统每天会对数据产品进行不同的 MapReduce 计算。

（3）存储层。在这一层中，法商可采用 MyFox 和 Prom。MyFox 是基于 MySQL 的分布式关系型数据库的集群，Prom 是基于 Hadoop Hbase 技术的一个 NoSQL 的存储集群。

（4）查询层。在这一层中，Glider 是以 HTTP 协议对外提供 restful 方式的接口。数据产品通过一个唯一的 URL 来获取它想要的数据。同时，数据查询是通过 MyFox 来进行的。

（5）产品层。这个就是通过以上四个层次，快速计算得出法商公司所服务的企业所需求的信息。

（三）法商公司大数据库的发展

继续结合"互联网+"现代物流业的发展即淘宝的发展，在其之下衍生了中间平台支付宝及现代金融业余额宝。随着法商公司的"淘宝"的建立与运行，其相关的支付监管平台即"法商支付宝"及"法商余额宝"等相关大数据平台必将产生，两者与法商"淘宝"相互作用，一则为企业经济来往及相关信息交易提供了监管平台；二则法商储备了相关信息及资金平台，同时，作为一个个体和企业进行投融资的互动与交流。笔者认为，除"法商支付宝"和"法商余额宝"之外，作为法律人聚集的大平台法商公司，还应该设立一个平台用来防控及消除已掌握的数据，因为大数据的建立在给我们带来福音之余必然也给我们带来坏处即侵犯企业自身的隐私。基于此，法商公司可仿效个人信息保护的方法，如 google 承诺仅保留企业用户的搜索记录九个月，浏览器厂商提供了无痕冲浪模式，社交网站拒绝公共搜索引擎的爬虫进入，并将提供出去的数据全部采取匿名方式处理等。

"人类以前延续的是文明，现在传承的是数据信息。"随着数据逐渐成为企业的一种资产，数据产业会向传统企业的供应链模式发展，最终形成"数据供应链"。外部数据的重要性日益超过内部数据。在互联互通的互联网时代，单一企业的内部数据与整个互联网数据比较起来只是沧海一粟，能提供数据供应、数据整合与加工、数据应用等多环节服务的公司将会有明显的综合竞争优势。

参考文献

[1] 新华网评."互联网+"激活更多信息能源[N]. 2015.
[2] 于扬. 所有传统和服务应该被互联网改变[N]. 2015.
[3] 新华网评. 中国有了"互联网+"计划[N]. 2015.
[4] 马化腾. 两会提案大谈"互联网+"[N]. 中国物联网，2015.
[5] 于扬."互联网+"关乎中国转型之路[N]. 2015.
[6] 国务院就积极推进"互联网+"行动印发《指导意见》，2015.
[7] 马云."互联网+"概念风靡 发展前景广阔，2015（4）.
[8] 汪玉凯."互联网+"是"互联网 2.0+创新 2.0"的新经济创新模式[J]. 办公自动化，2015（10）.

The Establishment and Development of Law Work and Intelligence "Big Data" Base on the Internet Plus Time

Zhang Wei   Gao Yang

【Abstract】 The State Council recently has been issued "on the actively promote the Internet + guidance action" (hereinafter referred to as "guidance") by Prime Minister Li Keqiang on July 4, 2015. The action has been an important measure of economic and social development, which could cause new strengths and new kinetic energy, meanwhile, that could drive the progress of the consumer sector to the Internet production areas of development, accelerated the upgrading of the level of industrial development.

【Key Words】 Internet Plus; Big Data; Low Work and Intelligence Service; Low Work and Intelligence Company

融法商之道，创 365 市场营销产业化

——市场营销产业化的"三体六翼五道法商智慧系统"

韩馨漪[①]　韩金勇[②]

【摘要】 市场经济是法治经济，是用法律来构筑体系的。法讲规则，规则创造价值；商讲效益，营销创造效益。如何融法商之道解决企业产品和服务的市场营销产业化问题，是市场经济的生产经营主体和服务主体都十分关注的问题。但市场经济各行各业均有不同的分工，不同的主体生产出的不同产品或提供的不同服务均有不同的营销模式和营销方法，因此市场营销产业化的概念至今无人提出。作者通过长时间的法商实践，提出了市场营销产业化的概念，并创建了市场营销产业化的"三体六翼五道法商智慧系统"，这将是融法商之道、实现市场营销产业化的一场革命，是对传统营销模式的颠覆，也是对市场营销产业化的一种积极探索和实践。

【关键词】 法商；市场营销产业化

一、市场营销的四要素

市场营销有四个基本要素：一是生产经营主体提供的产品或者服务主体提供

---

① 陕西静远新言律师事务所律师。研究领域：互联网思维的企业契约。邮箱：25987981@qq.com。
② 陕西继续教育大学法律培训中心主任。研究领域：法律服务产业化、市场营销产业化、法律专业大学生法律服务实践研究、法商服务产业化、法商案例实践研究。邮箱：913658800@qq.com。

的服务；二是客户，无论是生产企业生产的产品还是服务企业提供的服务都要寻求客户；三是团队，产品或者服务销售给客户是通过团队完成的；四是模式，即产品或者服务通过什么样的模式由团队销售给客户。任何产品和服务要销售给客户都是离不开市场营销上述四要素的。

要实现市场营销产业化必须分析和掌握市场营销四要素的客观规律，把整个社会当作一个营销系统，剖析市场经营主体做项目专一化和客户需求多元化的客观规律，融法商之道解决产品和服务的终端营销，从而创建市场营销产业化的系统。

首先我们从市场营销的四要素分析市场营销的基本特征：

（一）市场营销的主体

市场营销有两大主体：一是生产经营主体；二是服务主体。生产经营主体生产的是产品，产品是有形的；服务主体提供的是服务，服务是无形的。但无论是生产经营主体还是服务主体，都是在做项目，做项目需要专一化，即无论是生产经营主体还是服务主体，所生产的产品和提供的服务是专一的。有没有多元化呢？实践告诉我们是有的。一是同业多元，即同行业多元化，如海尔的电器产品是多元化的；二是非同业多元，即非同行业多元化，如利君制药又做房地产。多元化需要综合性实力。

（二）市场营销的客户

市场营销有两类客户：一是自然人客户；二是法人客户。客户的特点是什么呢？客户需求是多元化的。自然人客户有两种需求：一是生理需求；二是社会需求。但无论是生理需求还是社会需求，都是多元化的。法人客户包括行政机关法人、事业单位法人、企业法人、社团法人，无论法人机构大小，需求也都是多元化的。

（三）市场营销的模式

大家普遍感觉市场营销推广比较难，难在什么地方？难在竞争，无论是产品还是服务，到处都在竞争。为什么比较难？因为用的是传统营销模式，即使利用互联网营销或微信营销，但这仅是线上营销的工具，如果不从传统营销模式进行创新，任何时候都会感到营销是一种竞争。

(四) 市场营销的团队

任何一个产品或服务要寻找客户，都要通过生产经营主体或服务主体的营销团队去完成，但一个营销团队的知识结构、经验、经历、阅历、能力、资源、市场是有限的。市场如此之大，客户如此之多，仅凭一个生产经营主体或服务主体无论如何是覆盖不了整个市场和众多客户的。因此，要实现市场营销利润的最大化，不能仅靠一个生产经营主体或一个服务主体的团队。

要实现市场营销的产业化必须清楚市场营销的上述四个基本要素，特别是市场经济生产经营主体和服务主体做项目专一化，而客户需求则是多元化的。

二、市场营销产业化的概念

在市场经济中，市场营销无处不在。无论是生产经营主体还是服务主体，其所生产的产品或提供的服务都要向客户推广，因此创造利润离不开市场营销。但是各个不同的生产经营主体和各个不同的服务主体所生产的产品和服务是不同的，都是各自通过自己的团队，采取不同的模式向客户推广。从市场营销的主体所生产产品或提供服务的角度讲，市场营销是无法产业化的。

市场营销如何形成产业化呢？我们必须先界定市场营销产业化的概念。笔者认为，市场营销产业化是通过一个通道创建市场营销的管道，即形成市场营销的宽带；再通过市场营销的链条，形成市场经营主体所生产产品的上下游产业链和服务链，再将各上下游产业链和服务链与各种客户链接，形成客户链；然后再配置市场资源，用垒积木的方式将市场各种不同的生产经营主体和服务主体配置起来，各生产经营主体所生产的各种不同的产品和各服务主体所提供的各种不同的服务，通过市场营销的宽带和链条导向终端客户，由此形成市场营销的产业化。笔者是通过法律宽带形成市场营销的通道；然后将生产经营主体所生产的产品和服务形成产业链，并将该产业链通过法律宽带的通道和客户链接，从而形成客户链；并用垒积木的方式将各种不同的生产经营主体和服务主体予以配置，从而融法商之道，创建市场营销产业化的系统。

三、市场营销产业化的"三体六翼五道法商智慧系统"

（一）市场营销产业化的"三体"

市场营销产业化的"三体"是法道体系、商道体系、市场营销之道体系。道即规律，体即体系，法道即法的规则的规律；商道即商业规则的规律；市场营销之道即市场营销规则的规律。要实现市场营销产业化必须融法商之道，拓企业产品和服务的市场营销之路。由此看来，市场营销之路是通过法商之道而形成的。因此，法道体系、商道体系、市场营销之道体系是市场营销产业化的三大体系。

（二）市场营销产业化的"六翼"

市场营销产业化的"六翼"是由法翼和商翼构成。法翼和商翼又分别各形成三翼，共六翼。法翼的三大理论系统，即市场营销产业化的法律宽带理论、市场营销产业化的法律链条理论、市场营销产业化的法律垒积木理论；商翼的三大再造系统，即市场营销产业化的商业模式价值再造系统、市场营销产业化的契约交易结构再造系统及市场营销产业化的流程、标准再造系统。法翼的三大理论系统和商翼的三大再造系统形成市场营销产业化的"六翼"。

1. 法翼的三大理论系统

（1）市场营销产业化的法律宽带理论。宽带有音频、视频，一个个电视节目通过音频、视频传输到家家户户，这一个个电视节目相当于一个个产品或一个个服务，通过宽带进入到千家万户。我们在长期的法律实践过程中建立了法律宽带，即通过给公民和家庭提供终端的法律服务，解决终端客户问题，由此形成法律宽带的通道；再根据客户需求多元化的规律，满足客户的多元化需求，构筑产品营销网络和服务营销网络。

（2）市场营销产业化的法律链条理论。通过法律宽带拓展终端客户必须形成产品链或服务链，再将产品链或服务链通过法律宽带与客户链接，由此形成客户链。即生产企业所提供的不同产品和服务企业所提供的不同服务通过宽带和客户链接,各种产品和服务通过与客户链接形成市场营销的产业链。

(3) 市场营销产业化的法律垒积木理论。实现市场营销产业化,必须配置和整合市场经济的各种资源,因此需用垒积木的方法予以配置。垒积木不是一块砖一块砖地垒,而是一道墙一道墙地垒,即以各种不同的法人机构作为积木配置市场资源。掌握了终端客户后,无论是生产经营主体还是服务主体都会蜂拥而至,通过链条打造的营销链是行业链和产业链,垒的积木是一道道墙和一道道梁。

上述宽带理论、链条理论、垒积木理论是实现市场营销产业化的法翼的三大理论系统。

2. 商翼的三大再造系统

(1) 市场营销产业化的商业模式价值再造系统。要实现市场营销产业化必须颠覆传统的商业模式,从站在生产经营主体所生产的产品或服务的角度看营销转变为从客户的角度看营销,即一切以客户为中心,以客户思维创新市场营销的商业模式。21世纪决胜在终端,掌握终端用户是实现市场营销产业化的关键所在。但要掌握终端用户必须融法商之道,通过法律宽带和客户链接,实现市场营销产业化的商业模式价值再造。

(2) 市场营销产业化的契约交易结构再造系统。要实现市场营销产业化必须改变传统的企业契约交易结构,如将企业内部雇员的契约结构改变为合伙人契约结构、将企业外部消费者的契约结构改变为经营者的契约结构。根据市场营销产业化的商业模式创新契约交易结构,从而实现市场营销产业化的契约交易结构再造。

(3) 市场营销产业化的流程、标准再造系统。市场营销产业化必须形成五化,包括内部三化和外部两化。内部三化即模式化、标准化、流程化;外部两化即规模化和市场最大化。

上述的商业模式价值再造系统、契约交易结构再造系统及市场营销产业化的流程、标准再造系统形成商翼的三大再造系统。

法翼的三大理论系统和商翼的三大再造系统形成市场营销产业化的"六翼"。

(三) 市场营销产业化的"五道"

要实现市场营销产业化必须融法商之道,因此市场营销产业化"五道"是

融法商之道，创 365 市场营销产业化

市场营销产业化的法商理念之道、市场营销产业化的法商思维之道、市场营销产业化的法商智慧之道、市场营销产业化的法商管理之道、市场营销产业化的法商运营之道。因此，我们必须提高法商意识，增强法商观念，培养法商思维，提升法商智慧，加强企业的法商管理，拓展企业的法商市场运营。

综上所述，总结如下（见图1）。

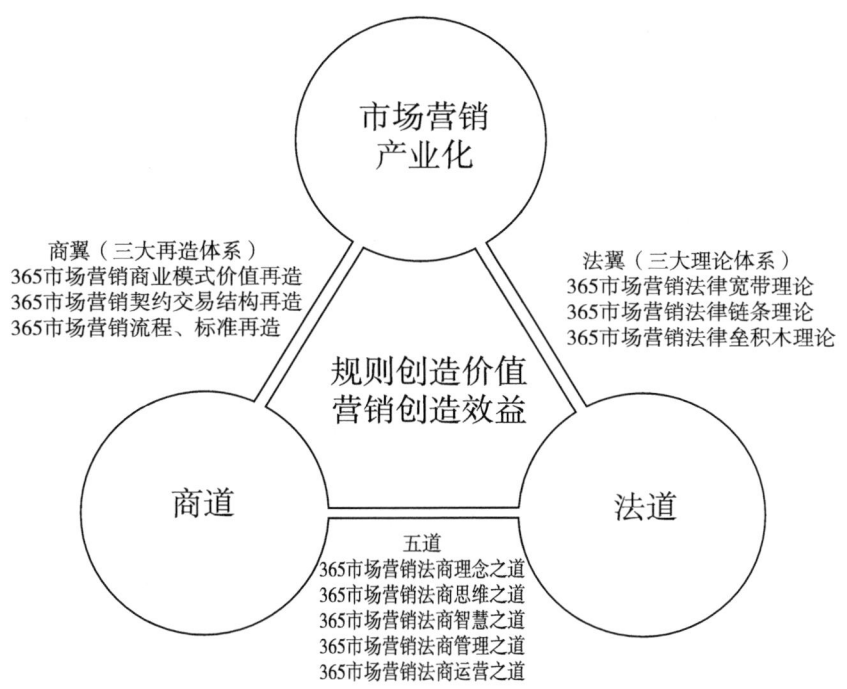

图1　365市场营销"三体六翼五道法商智慧系统"

我们在实践中通过市场营销产业化的"三体六翼五道法商智慧系统"，积极探索企业产品和服务的终端营销问题，创建了市场营销产业化的系统模式。因我们的注册商标是"365法律顾问服务"，因此我们融法商之道，创建的是365市场营销产业化的系统模式。我们正在建立365法律服务超市、365企业服务超市、365大学生服务超市、365客户终端服务超市，从而融法商之道，拓企业产品和服务营销之路，以客户思维进行终端营销，积极探索和实践365市场营销产业化的商业模式，解决企业各种产品和服务的市场营销问题，从而实现市场营销的产业化。

Use Legal and Business Approaches to Solve the Marketing Industrialization Problems, Explaining "Legal & Business Intelligence System with Three Arms, Six Wings and Five Ways"

Han Xinyi   Han Jinyong

【Abstract】 The market economy is law-abiding economy, and is constructed within the frame of law. Law depends on rule, and rule creates value; business values profit, and marketing creates profit. How to use legal and business approaches to solve the marketing industrialization problems of corporate products and service is what the producers and service providers in the market economy focus their attention on. However, as various industries of market economy have different divisions of labor, the products and service offered by different entities have different marketing modes and marketing approaches, therefore, no one has ever proposed the concept of marketing industrialization. Through long-term legal and business practices, the author of this article proposed the concept of marketing industrialization, and mentioned the "legal & business intelligence system with three arms, six wings and five ways" of marketing industrialization, which combines legal and business approaches, and will be a revolution to realize marketing industrialization, a subversion of traditional marketing mode, and an active exploration and practice of marketing industrialization.

【Key Words】 Legal and Business; the Marketing Industrialization

法商管理评论 （第二辑）
Legal–Business Management Review

国外法商问题研究

Abroad Study

胜在明法：法律智慧的价值

Constance E. Bagley[①]

【摘要】 资源基础理论认为，有价值的管理能力能够为企业提供竞争优势，本文认为具备"法律智慧"正是这样的一种能力。法律和法律工具是一种推动力，精商明法的管理团队能够通过使用这种推动力而使企业管理更加有效。本文特别提出精商明法的管理团队能够把正式合同作为补充手段应用于关系管理之中，界定和加强关系，减少交易成本，保护并提高资源的可变现价值，通过使用法律工具来创造期权，把规则约束转变为商业机遇。

现今越来越多的美国公开上市交易公司的 CEO 都是律师（France 和 Laville，2004），商业媒体也一直报道出涉及专利和证券欺诈之类的法律案件（e.g., see Orey, 2007）。然而迄今为止，管理和法律界学者并未重视到商业管理的法律维度的重要性（Ring, Bigley, D'Aunno 和 Khanna，2005）。本文关注的不是法律的监管约束问题，而是法律的促进作用（Edelman 和 Suchman，1997），经理们把使用多种法律工具作为他们市场战略的一部分而使企业管理更加有效。

我们知道高层管理团队的能力是一个成功的企业战略中最重要的因素之一（Shanley 和 Peteraf，2004）。本文把"法律敏锐力"定义为高层管理团队与法律顾问有效沟通、共同协作解决复杂问题的能力，这种极具价值的管理技能能够使企业持续创新和重塑以适应变化多端的技术、市场和体制环境（Teece, Pisano 和 Shuen，1997）。

资源基础理论认为，如果一种能力是有价值的、无法效仿的、无可

[①] Constance E. Bagley：哈佛大学商学院教授，耶鲁大学管理学院教授。

取代的、稀缺的，那么就能够为企业提供竞争优势（Barney, 1991; Peteraf, 1993），法律敏锐力就无法以低成本被模仿和复制，法律智慧也会为企业带来竞争优势，但这种能力无法转移到其他企业之中。如果一个企业不能把法律整合到战略和行动计划的发展之中，就会使其处于竞争劣势并危及它的经济可行性。

一、具备法律敏锐力

法律敏锐力的管理技能包括四部分：①一系列有价值的态度观念；②一种积极的方法；③做出明智判断的能力；④相关法律和恰当应用法律工具的具体背景知识。

（一）态度要素

精商明法的管理团队应意识到法律对于一个公司成功的重要性（Shell, 2004; Siedel, 2000）。法律为力求给公司创造价值并获取部分或全部价值的管理者们建立了游戏规则。法律不仅强制人们在道德观上达成社会共识，也会影响道德期望的发展，法律能够帮助决定管理者要扮演什么角色，他们为什么扮演这样的角色，他们是否很好地扮演了这样的角色（Nesteruk, 1999）。很重要的一点是，精通法律的高层管理团队深知要行为适当（Kaplan 和 Norton, 2004），并且要平等对待利益相关者（Jensen, 2001），迎合社会的期望。

精通法律的高层管理团队承担了对企业业务法律方面的管理责任，他们不会把这样的责任委托给个人，如法律顾问，因为法律顾问可能不理解更广义的企业经营目标。他们认为决定哪种资源和报酬分配方式能够为企业带来利润是总经理的工作，而不是律师能做的。等完成工作之后，只要法律顾问没有提出某个活动过程是非法的，那么就由管理团队来决定是否值得承担某个风险或者是否值得寻求某个商机。

精商明法的管理团队承认"要是考虑道德和伦理因素，就会影响到大多数法律问题并且可能最终影响到如何使用法律"（American Bar Association, 2002）。

而且，法律和法律解释总是在变化。就像美国最高法院大法官 Oliver Wendell Holmes（1897）说的，法律意见通常是对一个未来案件中法官或者陪审团的行为预测。所以，精商明法的团队知道预测未来法律的重要性以及尽可能预测目前的法律在未来可能如何被解释、实施、改变的重要性。

（二）主动要素

精商明法的管理团队把法律约束和合法商机融入到战略规划和执行的每一阶段当中，而不是把法律看成一种纯粹的约束力，或者一种需要依此做出反应和遵从的东西。由于在早期阶段做出的决定会大大影响后期可实施的行动，所以精商明法的管理团队便意识到内部法律顾问有权利也有责任坚持在前期就把法律思考融入到主要交易项目中（Chayes 和 Chayes，1985）。

精商明法的管理团队所需要的法律建议是以业务为导向的，他们期待律师能够以法律允许的、实在的、有效的方式帮助他们明确机遇和威胁（Daly，1997）。高层管理者们希望他们的律师在给出建议的时候能够考虑道德、经济、社会、政治因素，希望律师扮演的是"顾问"、"企业家"的角色，而不是"警察"（Nelson 和 Nielsen，2000）。

精商明法的团队应提供持续的商业信息，这样他们的律师能够积极参与到战略规划和执行的前期阶段中来。缺少必备的法律敏锐度的管理团队倾向于在企业战略制定后再加入法律思考。他们通常把律师当作"不受欢迎但又不可缺少的魔鬼"（Nelson 和 Nielsen，2000）——当公司遇到单个法律问题时或者在管理层已经做出决策之后才需要他们这样技术性的咨询顾问插进事务中来（Linowitz 和 Mayer，1994）。

（三）判断要素

法律不是精密科学，法律法规不是按照公式来实施的。事实中一个微小的改变都会产生不同的法律效果。通常情况下也没有明确的先例作为指南。要想有效处理涉及法律层面的很多决策中内在的不确定性因素，就需要训练自己做出明智判断的能力。

有些高层管理团队的工作是从财务专家、人力资源经理、销售经理和律师那里集合所有观点。总经理必须决定要花多少成本以获取更多信息，是通过市场调研还是听从法律观点。即使这个公司能够雇佣最棒的律师，这个聪明绝顶的律师有时也会判断失误。而且在某些情况下，律师也可能因为考虑到经济因素而夸大法律风险。

精通法律的高层管理者们明白每一个法律纠纷案件都是需要用商业手段来解决的商业问题（Bagley，2000）。管理者们会承担起处理这些纠纷的责任，而不是以"你来解决"的态度把这些事情交给律师来处理。因为是由精通法律的高层管理者做出关于何时和如何把诉讼作为竞争手段的战略决策，所以他们应该得到更好的结果。

（四）知识要素

尽管有经验的管理者会理解法律在制定游戏规则中的作用，但要想精通法律，经理人需要具备一定程度的合乎他们背景的法律素质，并且必须学会正确使用法律工具。

（1）法律素养。管理者和律师的思维模式不同，这就会使他们不善于利用对方的专业技能。要想具备法律敏锐力，管理者必须能够理解他们的律师在谈论什么问题。能够利用法律语言的创造力的管理者更擅长领会和塑造世界的法律框架，他们也更善于与律师交流。

（2）法律工具。法律提供了很多不同的法律工具，精商明法的管理团队能够使用这些工具来提高可变现价值，进行风险管理（Bagley，2005）。与管理者最相关的法律工具会随着公司整体战略、外部环境、企业发展阶段的变化而变化。某些法律工具有更广泛的应用，如合同。

二、法律敏锐力的能力维度

要想具备法律敏锐力，高层管理团队（TMT）必须要具有有价值的态度观念、积极的方法、做出明智判断的能力和特定背景知识。然而，法律敏锐力也是分等级的。表1总结了较低程度和较高程度的法律敏锐力的主要特点。

表 1 法律敏锐力等级

特征	法律敏锐力等级	
	低————————→高	
TMT 对商业管理的法律维度的态度	不是我的责任	是我工作中重要的一部分
TMT 对律师的看法	不受欢迎却必不可少	是价值创造和风险管理的合作伙伴
法律总顾问的角色	警察　　　　顾问	企业家
法律总顾问与 CEO 交流的频率	低	高
商业信息和法律咨询的信息流动	依情况而定	持续进行
法律总顾问是 TMT 一员	不是	是
TMT 处理法律问题的办法	做出反应	积极
TMT 对处理业务的法律层面的投入	放手不管	亲自参与负责
TMT 对待规则的方式	遵从行为最低标准	提高可变现价值，改变业务流程进而超出规定要求
律师对战略规划的参与程度	低	高
管理者对解决商业纠纷的参与程度	低	高
管理者在合同谈判中的参与程度	低	高
律师在重大交易中的参与程度	低	高
管理者的法律素养	低	高
律师的商业头脑	低	高

三、法律敏锐力是一种颇有价值的管理技能

精商明法的管理者们能够确定和寻求使用法律和法律体系的机会，来提高创造的全部价值和公司获取的价值的份额，他们可以至少通过以下四种方式进行：①把正式合同作为补充手段融入关系管理之中并减少交易成本；②保护并提高公司资源的可变现价值；③使用法律工具来创造期权；④把规则约束转变为商机。

（一）界定和加强商业关系，减少交易成本

公司使用正式合同来保护自己免受交易风险，如投机主义和违约，这都与不确定因素、特殊资产投资、复杂的绩效评价联系在一起（Williamson，1985，

1996)。

合同法是现代经济中必不可少的东西（North 和 Weingast，1989），它使得市场竞争者在个体规章制度上达成一致。当事人可能会去法庭上实施他们的合同权利，建立民事纠纷解决机制或者通过非正式协议来处理未能履行合同的问题。因为另一种解决民事纠纷的方式就是法庭，所以合同契约就是"法律的影子"（Cooter，Marks 和 Mnookin，1982）。只要不与体现公共规则的基本公共政策冲突，法庭都会实施"管理者制定的法律"。有时人们也需要具备理解公共政策对私人秩序的限制的法律素养。

那些积极参与合同协商问题的管理者更能够既让他们的律师理解不同谈判立场的商业含义，又能防止律师太想胜诉以至于与谈判另一方关系恶化（Bifani，2003；Ertel，2004）。同时，那些让律师在一开始就参与到建立交易结构和条款过程中的管理者们会比那些先与对方大体上在关键业务上达成一致再让律师起草合同的管理者们取得更好的效果。

如果这个推理是正确的，我们就会发现精商明法的管理团队要比那些缺少法律敏锐力的团队从他们的合同关系中实现更多价值。笔者希望精明法律的管理者和律师能够共同协作达成交易，能够协商正式合同关系，这常常会使他们比先做交易再交给律师起草合同更能取得期待的交易成果。

（二）保护并提高公司资源的可变现价值

公司价值来源多种多样，未来成长机遇也很多。然而，要想找出某一重要的公司价值，在价值实现过程中法定权利并不是重要因素。精通法律的高层管理团队也一样，他们能够有效利用法律来保护和实现利用其他公司资源的能力并能成为持续竞争优势的来源。笔者希望精通法律的高层管理者们能够比缺少这种能力的管理者们在保护和利用价值上更能取得成功。相反，不能恰当使用法律工具会使公司不能最大限度实现他们掌握的其他资源的价值。

知识产权法为管理者们提供了不同的实现知识价值的工具。公司要像保护商业机密一样保护顾客名单还有其他的知识产权（Teece 等，1997）。

专利技术带来的收入不断增加也是公司不断发展成长的路径（Teece 等，1997）。当然，没有一项专利技术会提供持久竞争优势。在激烈的竞争中成长的公司必须要持续开发塑造自身来适应多变的市场和技术环境（Teece 等，1997）。那些努力想要把自己束缚在顾客之中的公司可能最后会失去自我（Malone，

Yates 和 Benjamin，1989）。除此之外，很重要的是，对于公司来说，要保护现存的知识产权，但不能对"破坏性技术"的开发具有盲目性。

（三）使用法律工具来创造期权

实物期权理论认为，存在着有价值的固有权利，这种权利能够延期以不确定性为特点的决策（Kogut 和 Kulatilaka，2001）。

购买股票的期权是可以延期的有价值的期权。能终止一个合资企业的明晰的合同权利是一个可以委付的有价值的期权。使创始人的股份受制于保留雇员既得退休金的权利和雇佣任意制雇员的做法，会增强一个企业资本家在未来改变管理团队的能力。合资权利维护早期投资者在后期融资循环中投资的期权。甚至是选择继续诉讼还是安置在多元化阶段的决策，也被看作期权的行权（Grundfest 和 Huang，2006）。明白如何有效运用这些工具的高层管理团队应该比那些缺乏这种能力的人有更高水平的表现。

（四）把规则约束转变为商机

我们知道，无情地专注于业绩会导致管理者做出有违法行为的决定。不遵守适用法律会增加附加值、阻断市场并且危害到经销权。

在外部边界，不遵守法律会威胁到一个公司的继续生存能力。20 世纪 80 年代末，德崇证券由于内线交易和其他类型的证券欺诈而倒闭（Stewart，1991），2002 年安然公司在实施大量会计欺诈后倒闭（Oppel 和 Eichenwald，2002），这仅仅是此现象的两个例子而已。

但是，至少在某种情况下，主动地超越法律条文的能力可以带来竞争优势。通过强制公司进行创新，实施规则或许会带来意想不到的利润（Mitnick，1980；Porter 和 van der Linde，1995）。例如，积极解决公司业务和自然环境之间的相互关系会提高财务业绩，而不只是在环境法规要求服从的范围内作为（Judge 和 Douglas，1998；Klassen 和 Whybark，1999）。然而，只有在管理者想的是要寻求一种环境友好的方式来创造价值，而不是为了符合政府要求而减少污染时，公司减少污染的能力才会成为竞争优势的来源（Nehrt，1998）。

精商明法的团队应施行战略合规管理（Bagley，2005）。他们应把服从政府规章的成本看成一种投资，而不是花销。他们不仅要服从于法条，也应该寻求办法并采取行动，把遵从规则约束转变成创新机遇。

四、结　论

考虑到企业在法律事务上所投入的财力和时间较少,因此值得对高层管理团队如何处理业务的法律层面问题进行深入研究。本文介绍了法律敏锐力的构成要素,并提出这是一种非常有价值的管理技能,它能使公司以至少四种途径提高可变现价值。在某些背景下,从公司的资源基础观角度来看,法律敏锐力能够成为一种竞争优势。

跨学科研究和综合理论与实证研究对充分理解法律和管理的交叉作用,以及法律敏锐力的竞争优势的实现方式和可持续应用是非常必要的。调查研究的问题包括:什么组织结构能够发挥法律敏锐力?例如,主要的法律负责人应该成为高层管理团队中的一员吗?如果是这样的话,公司怎么能避免内部律师被非律师出身的经理人指定任命(Auerbach,1984;DeMott,2005)?法律敏锐力是稀缺的吗?有没有这样一些行业,法律思考比其他的更重要?律师会成为优秀的 CEO 吗?笔者希望,这篇文章能为这个重要领域中未来的学术工作提供很好的理论基础。

Winning Legally: The Value of Legal Astuteness

Constance E. Bagley

【Abstract】This paper explores the value of actively managing the legal dimensions of business. It draws on the dynamic capabilities approach and postulates that "legal astuteness" —defined here as the ability of a management team to communicate effectively with counsel and to work together to solve complex problems and to protect and leverage firm resources—is a valuable dynamic capability. This paper posits that law and the tools it offers are an enabling force legally astute management teams can use to manage the firm more effectively. In particular, it proposes that legally astute management teams can, inter alia, use formal contracts as complements to relational governance to define and strengthen relationships and reduce transaction costs, enhance the realizable value of knowledge assets and certain other resources, and convert regulatory constraints into opportunities. Although empirical work is needed to determine whether and under what circumstances legal astuteness can be a source of sustained competitive advantage, there is anecdotal evidence to suggest that failure to integrate law into the development of strategy and of action plans can place a firm at a competitive disadvantage and imperil its economic viability.

翻译：于思淼

文章来源：Academy of Management Review

中国的法律环境、政府效率与企业创新的关系：审视国有制的调节作用

Hao Jiao[①]　Chun Kwong[②]　KooYu Cui[③]

【摘要】 使用世界银行在中国的数据，本文分析了中国企业的创新行为，并探究在这些企业的创新活动中政府因素所起的作用。结果表明，中国作为亚洲东方一个新兴经济体，当地法律环境对公司的产品创新、技术创新、流程创新和管理创新有着积极显著的影响。除此之外，国有制减弱了政府效率和管理创新之间的关系。本研究提供了法律环境、政府效率和公司所有制中的政府因素在公司创新活动中的新视角。

【关键词】 法律环境；政府效率；国有制；企业创新

一、引　言

根据组织创新理论，技术流程和创新是刺激经济增长的关键要素。Hekkert 和 Negro（2009）认为创新系统是通过经济活动的结构再定位来理解持续的技术变革、技术转移和企业可持续发展的一个综合框架。Wang 和 Yue（2009）、Qi 和 Zhang（2013）发现企业不同的生命周期对创新活动有不同的影响。一个公司在创业和成长阶段时更有可能进行市场创新和产品创新，但是在成熟和衰退阶段

---

① 北京师范大学，商学院。
② 上海大学，MBA，国际教育管理研究中心。
③ 北京信息科技大学，经济管理学院。

时就更关注管理创新。然而,这些研究并没有结合定量分析来考虑法律环境和政府效率在企业不同创新活动中的作用。本文通过这个角度引入一种治理制度来填补当前研究的空白。

本研究旨在探讨法律环境和政府效率如何提高企业的创新水平。根据 Damanpour(1991)的观点,创新可以是新的产品或服务、生产过程技术、结构或管理系统、计划或流程。因此,我们将企业创新划分成了产品创新、技术创新、流程创新和管理创新,并且,我们将讨论法律环境和政府效率在不同创新种类下的治理机制(Damanpour 和 Gopalakrishnan,2001)。我们还检验了国有股份的比例对这些关系的调节作用。

根据实证分析的结果,企业参与创新活动受当地法律环境和国有制的影响。我们发现法律环境和政府效率可以显著影响企业的创新发展,包括产品创新、技术创新、流程创新和管理创新。而且,国有制会积极调节当地法律环境和技术创新之间的关系;然而,国有制会消极影响当地法律环境和管理创新之间的关系;最后,国有制还会影响政府效率和管理创新之间的关系。

本文的结构如下:引言之后,第二部分是文献综述并提出假设。第三部分介绍了研究方法,包括数据来源、样本选择、测量和经济模型。第四部分进行分析并得出了实证结果,最后总结了本文的贡献和研究意义。

二、文献综述和假设

(一) 影响企业创新行为的因素

许多因素会影响一个企业的创新。Fan(2008)发现,如果外国投资增加则这个公司对研发的投资就会减少。Wang(2010)发现,国际贸易和许可在中国企业的技术创新活动中起了积极作用。An(2009)发现,政府的研发补贴会促进创新,并且可以作为一个关键政策。

此外,公司战略和内部能力也会影响一个公司的创新。An(2003)发现企业的雄伟技术创新目标和发展远景将会激发其更彻底、更有创意地实施研发活动。Xie(2007)发现学习型企业会更有可能进行技术创新和管理创新。Qian

(2010) 发现合作型企业的创新网络中心由于占据了丰富的结构洞，可以通过知识的获取、吸收和转发能力来有效地提高创新表现。Zhang 和 Duan（2010）发现灵活的市场导向对制造企业的创新表现具有积极影响。不同的企业融资战略也会影响创新活动。

最后，企业高级管理层会影响创新活动。Hall 和 Jones（1999）发现人力资源在创新速度上有着重要影响。Wright（1983）发现来自顶层管理层的激励对提高一个公司的创新有着极其重要的作用。Lin（2009）发现私人企业中的管理层激励机制也可以促进创新。Li 和 Song（2010）扩展了 Lin（2009）的研究，研究了管理者的薪酬激励以及在不同所有制结构下的创新输入和输出。他们发现公有制企业有更多的创新输入和输出，国有制不利于创新激励。Zone 和 Marina（2009）发现领导支持的创新战略和一般型创新战略会有不同的创新类型结果。

（二）法律环境和政府效率对企业创新活动的影响

合格的法律环境和高效的政府参与将有助于开展创新活动。Gander（1985）建立了标准化的创新时间成本权衡模型，通过将政府参与引入创新过程，最后发现不同形式的政府参与对创新的不同阶段有积极的影响。Lu 和 Lazonick（2001）表明创新需要战略和学习的整合，这不仅仅是在私人企业层面，也同一个国家和地区的法律水平有关。Wen（2011）以上市公司为例进行研究，发现好的立法和有效执法为中小投资者提供了法律保护，这可以促进企业的技术创新。

除此之外，改进立法不仅可以提高上市公司的研发投资，还可以提高技术创新的效率。Li（2006）认为专利保护、技术实力、教育水平、进口贸易和外国直接投资对促进创新活动有着重要作用。Nie（2011）发现宽松的财政政策通过对资源的投资对企业创新起到了重要作用，而且财政政策对企业内部激励和创业活动都有促进作用。因此，本研究提出了以下假设：

假设1：法律环境对企业创新有积极影响。

假设2：政府效率对企业创新有积极影响。

（三）国有制的调节作用

由于官僚主义和缺乏激励，一个公司国有股份的比例会消极地影响企业创新。Thomsen 和 Pedersen 认为目标和成本的控制会随着不同所有者的风格而改变，投资者在财富和风险规避上都各有不同。实证研究证明，国有企业和私营企业相比效率非常低下（Megginson，1994）。根据 Thomsen 和 Pedersen（1997）的研究，被官僚和政治家掌握的国有企业权力非常集中，因为企业创造的所有利润都流入了国库，为国家预算提供资金。Djankov（2003）发现政府拥有和监管对市场有负面影响，如腐败和非官方操作。

Liu（2000）认为私人企业是最有效率的，而国有企业是最没有效率的。Yao 和 Zhang（2001）也发现非国有控股的企业比国有企业有更多高效的技术。An（2006）发现，尽管有日益增长的政府研发资助和补贴，中国企业的独立、突破性创新还尚不发达。国有企业和集体所有企业的研发强度是最低的，只有 1.53%；然而私营公司和有限责任公司有同等的研发强度，为 2.81%。因此，本文提出以下假设：

假设 3：国有制会调节法律环境下企业创新的影响。国有控股的份额越多，法律环境和企业创新之间的关系就越弱。

假设 4：国有制会调节政府效率对企业创新的影响。国有控股的份额越多，政府效率与企业创新之间的关系就越弱。图 1 是概念模型。

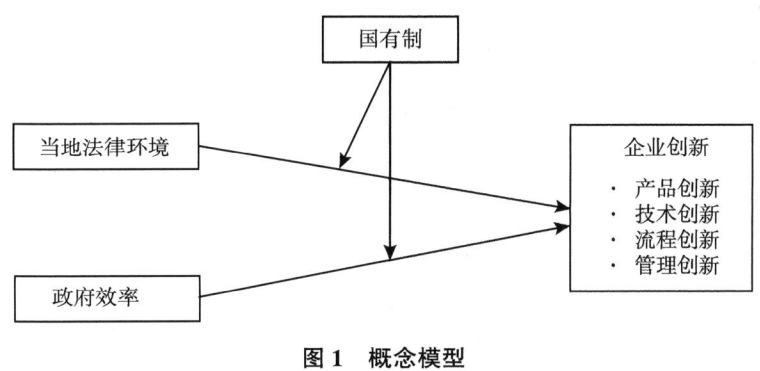

图 1　概念模型

三、研究方法

（一）数据收集

数据来自世界银行的投资环境调查，调查覆盖了中国的 18 个城市：大连、本溪、长春、哈尔滨、杭州、温州、南昌、郑州、武汉、长沙、深圳、江门、南宁、重庆、贵阳、昆明、西安和兰州。覆盖的行业有：皮革生产、电子设备装配和生产、食品加工、家用电器、电动机汽车零部件、冶金产品、信息技术、会计和非银行金融服务、广告和营销、业务服务、运输设备、生化产品和药品。

调查数据涵盖了中国南北方的代表城市。行业调查基本上涵盖了制造业和服务业的关键行业。这些企业包括各种各样的类型、地区、产品、所有权结构、表现、投资计划和市场方向。

这些调查使用标准化的调查工具和均匀采样方法以减小测量误差。调查工具使用加强和统一的分层抽样方法，增强了数据的可信度。企业调查采用了与业务高管、企业家、董事总经理、会计、人力资源经理和其他了解业务的相关员工面对面访谈的方式。在理想情况下，这个访谈会与组织化的私营部门合作，如当地的商业协会。这些程序保证了调查的效度和信度。

（二）测量方法

本研究中最重要的因变量是公司是否创新。受访者会被问到以下问题："你们公司从1999年以来执行过任何形式的创新吗？"我们提供了四个方面的答案：①产品创新；②技术创新；③过程创新；④管理创新。这四个答案都只能回答"是"或"否"。如果答案为"是"，则赋值为1；如果答案为"否"，则赋值为0。

根据概念模型，我们关注的核心自变量是法律环境。在数据库中，被访者会被问到："法律和制度对企业运营和成长有实质性的预测作用吗？"被访者会给出一个他们认为的法律影响企业成长的百分比值。

另一个自变量是政府效率。在数据库中，被访者会被问到："政府提供的有效服务的份额是多大（如公共设施、公共交通、安全、教育和健康）？"同样的，这个问题的答案以百分比的形式给出。当地政府提供的政府设施越有效，表明当地政府的效率越高。

调节变量是国有制。在数据库中，被访者会被问到以下问题："贵公司中的国有股份是多少？"同样，这个问题的答案也是以百分比的形式给出。从某种意义上来讲，一个企业国有股份越多，那么它的市场灵活度就越低。这些企业都面临着软性的预算限制，因此创新活动也非常少。

我们选择了以下控制变量：

外国合作伙伴。由于中国是一个发展中国家，其创新能力有限，更多的创新是来自于模仿发达国家的实践。如果一个企业有外国合作伙伴，那么它会很容易引入新的产品线和学习外国经验。在这个问卷中，被访者会被问到："贵公司是否有外国合作伙伴？"若答案为"是"，则赋值为 1；否则，赋值为 0。

公司年龄。公司的运营时间长短会影响其创新。我们计算公司年龄是用调查年份 2002 年减去公司的筹资完毕年份。

行业协会。这个变量的意思是企业是否为行业协会的一员。随着现代经济的发展，行业协会在企业创新和发展上扮演着重要角色。因此，企业若加入了行业协会，那么赋值为 1；否则，赋值为 0。

对政府的销售额。在问卷中，受访者会被问到："销售额中有多大比例是来自政府？"如果政府是企业的常规客户，那么它将在企业创新和发展上发挥重要作用。这成了政府补贴的一种形式，并且与政府效率对企业创新的影响有关系。

企业的技术化程度。一个公司的创新程度也取决于它的技术水平。如果一个企业能更好地理解科学技术水平，那么它的创新程度也会更高。我们用企业的计算机使用率来衡量技术能力。在问卷中，被访者会被问到："贵公司的劳动力中有多大比例的人在他们的工作中需要使用计算机？"

公司财政的便利程度。根据 Aghion（1999），合格的财政支持是公司扩大创新的不可缺少的过程。在数据库中，我们使用公司财政机构的数量来衡量企业的财政便利水平。在问卷中，被访者会被问到："贵公司与多少银行或是财政机构有商业联系？"

表 1 是各变量的定义。

表 1 变量定义

变量	变量缩写	变量名称	变量内容
因变量	Prodinno	产品创新（Product innovation）	自从 1999 年以来是否引入了新产品（或新服务）
	Techinno	技术创新（Technological innovation）	自从 1999 年以来是否引入了新的产品线
	Procinno	流程创新（Process innovation）	自从 1999 年以来是否有新的流程改进
	Manainno	管理创新（Management innovation）	自从 1999 年以来是否采用了新的管理技术

续表

变量	变量缩写	变量名称	变量内容
自变量	law	法律环境 (Legal environment)	法律和制度对企业运营和成长有实质性的预测作用吗
	goveff	政府效率 (Government effectiveness)	政府提供的有效服务的份额是多大（如公共设施、公共交通、安全、教育和健康）
	share	国有股份的比例 (The proportion of government-owned shares)	贵公司中的国有股份是多少
控制变量	forpar	外国合作伙伴 (Foreign partnership)	贵公司是否有外国合作伙伴
	age	公司年龄 (Firm age)	从公司筹资完毕年份到调查年份的时间长度
	guild	行业协会 (Business association)	公司是否是行业协会的一员
	sales	对政府的销售额 (Sales proportion to government)	销售额中有多大比例是来自政府
	technical	信息化水平 (Information level)	贵公司的劳动力中有多大比例的人在他们的工作中需要使用计算机
	loan	公司财政的便利程度 (Corporate finance convenience level)	贵公司与多少银行或是财政机构有商业联系

（三）计量模型

在我们使用的数据中，因变量公司的创新活动是一个二进制变量。因此，我们使用了 logistic 回归模型。计量模型如下：

模型 1：$P(innov_i = 1|x) = \Phi(\alpha_0 + \alpha_1 legalenvironment + \sum_j \beta_j Control)$ （1）

模型 2：$P(innov_i = 1|x) = \Phi(\alpha_0 + \alpha_1 governmenteffectiveness + \sum_j \beta_j Control)$ （2）

模型 3：$P(innov_i = 1|x) = \Phi(\alpha_0 + \alpha_1 legalenvironment + \alpha_2 ownership + \alpha_3 legalenvironment \times ownership + \sum_j \beta_j Control)$ （3）

模型 4：$P(innov_i = 1|x) = \Phi(\alpha_0 + \alpha_1 governmenteffectiveness + \alpha_2 ownership + \alpha_3 governmenteffectiveness \times ownership + \sum_j \beta_j Control)$ （4）

Innov$_i$表示企业的创新活动指数,在以上四个模型中代表 innov$_1$、innov$_2$、innov$_3$、innov$_4$。企业创新可以分为产品创新、技术创新、流程创新和管理创新。"Legalenvironment"代表法律环境的水平。"Govenmenteffevtiveness"代表政府效率的运营水平。"Ownership"代表国有股份的百分比。"Control"是控制变量。

四、讨论与结论

我们检验了关于当地法律环境和政府效率对企业创新影响的假设,也检验了国有制的调节作用,得出了对我们假设的支持性结果。

表 2 和表 3 分别是描述性分析和本研究中各变量的关系。表 4 展现了法律环境对创新影响的 logistic 回归结果。我们发现法律环境对创新有极大的积极影响:产品创新($\beta = 0.02$,$p<0.05$);技术创新($\beta = 0.002$,$p<0.1$);流程创新($\beta = 0.003$,$p<0.01$);管理创新($\beta = 0.002$,$p<0.01$)。这个结果表明在中国经济中,当地法律环境对企业的产品创新、技术创新、流程创新和管理创新有积极影响。在这些创新中,对流程创新的影响最大。

表 2 描述性分析

变量	平均值	标准偏差	最小值	最大值
Prodinno	0.4034	0.4906	0	1
Techinno	0.2396	0.4269	0	1
Procinno	0.3338	0.4716	0	1
Manainno	0.5402	0.4984	0	1
law	34.33	31.38	0	100
goveff	50.89	30.99	0	100
share	21.90	0.8210	0	100
forpar	0.1322	0.3388	0	1
age	14.98	14.39	2	52
guild	0.5834	0.4931	0	1
sales	4.573	14.38	0	100
technical	33.33	34.56	0	100
loan	2.815	2.417	0	40

除此之外，我们在 logistic 回归模型中研究了法律环境和国有制的相互关系。我们发现，其相互影响程度对技术创新有积极作用（β=0.00002，p<0.1），然而对管理创新有消极作用，消极调节了当地法律环境和管理创新之间的关系。关于这个观点，Waarden（2001）强调随着国有股份份额的增长，企业更愿意发展研发方面的创新活动和一些技术方面的活动，然而对管理方面的创新就显得比较弱了。

表3 相关系数矩阵

变量	1.	2.	3.	4.	5.	6.	7.	8.	9.	10.	11.	12.
Prodinno	1											
Techinno	0.568***	1										
Procinno	0.528***	0.441***	1									
Manainno	0.369***	0.302***	0.426***	1								
law	0.095***	0.061***	0.060***	0.079***	1							
goveff	0.075***	0.058***	0.086***	0.068***	0.257***	1						
share	−0.02	−0.002	−0.032	−0.003	0.051**	0.01	1					
forpar	0.158***	0.089***	0.122***	0.093***	0.026	0.054***	−0.114***	1				
age	−0.033	−0.018	−0.022	−0.053***	0.005	−0.033	0.429***	−0.105***	1			
guild	0.206***	0.166***	0.145***	0.186***	0.086***	0.041*	0.063***	0.043**	0.110***	1		
sales	−0.164***	−0.136***	−0.172***	−0.147***	−0.071***	−0.091***	−0.023	−0.095***	−0.043**	−0.154***	1	
technical	0.101***	0.142***	−0.039*	0.129***	0.072***	0.029	−0.144***	0.059***	−0.307***	0.105***	−0.039*	1
loan	0.181***	0.149***	0.137***	0.152***	0.094***	0.027	0.078***	0.176***	0.071***	0.172***	−0.153***	0.094***

注：* p<0.1；** p<0.05；*** p<0.01。

表4 公司创新和法律环境：logistic 回归分析

	Prodinno	Prodinno	Prodinno	Techinno	Techinno	Techinno	Procinno	Procinno	Procinno	Manainno	Manainno	Manainno
main forpar	0.455***	0.470***	0.466***	0.190**	0.199**	0.206**	0.330***	0.314***	0.299***	0.180**	0.166**	0.161**
	(5.483)	(5.520)	(5.455)	(2.219)	(2.288)	(2.349)	(4.042)	(3.752)	(3.564)	(2.144)	(1.925)	(1.854)
age	−0.002	−0.002	−0.002	0.000	0.001	0.001	−0.005***	−0.005***	−0.004	−0.004*	−0.004*	−0.004*
	(−1.104)	(−0.975)	(−0.770)	(0.175)	(0.298)	(0.222)	(−2.583)	(−2.460)	(−1.627)	(−1.943)	(−2.022)	(−1.827)
guild	0.439***	0.440***	0.441***	0.363***	0.366***	0.367***	0.341***	0.347***	0.349***	0.383***	0.369***	0.369***
	(7.549)	(7.365)	(7.381)	(5.668)	(5.565)	(5.574)	(5.742)	(5.684)	(5.708)	(6.757)	(6.315)	(6.310)
sales	−0.459***	−0.476***	−0.476***	−0.360***	−0.354***	−0.357***	−0.560***	−0.571***	−0.573***	−0.487***	−0.514***	−0.511***
	(−5.072)	(−5.112)	(−5.110)	(−3.984)	(−3.841)	(−3.866)	(−6.300)	(−6.259)	(−6.276)	(−5.088)	(−5.173)	(−5.148)
technical	0.002***	0.002***	0.002***	0.005***	0.005***	0.005***	0.004***	−0.004***	−0.004***	0.003***	0.003***	0.003***
	(2.694)	(2.341)	(2.310)	(5.537)	(5.192)	(5.107)	(−4.088)	(−4.253)	(−4.297)	(3.847)	(3.672)	(3.767)
loan	0.061***	0.059***	0.060***	0.048***	0.048***	0.049***	0.045***	0.046***	0.047***	0.056***	0.058***	0.058***
	(5.092)	(4.836)	(4.844)	(3.830)	(3.795)	(3.852)	(3.894)	(3.860)	(3.953)	(4.632)	(4.689)	(4.616)
law		0.002**	0.002*		0.002*	0.001		0.003***	0.003***		0.002***	0.003***
		(2.108)	(1.805)		(1.735)	(0.564)		(2.741)	(2.485)		(1.876)	(2.579)
share			−0.000			−0.002			−0.001			0.001
			(−0.304)			(−1.275)			(−1.086)			(1.309)
law*share			0.000			0.00002			−0.000			−0.00004*
			(0.102)			(1.935)			(−0.079)			(−1.927)

中国的法律环境、政府效率与企业创新的关系：审视国有制的调节作用

Legal Environment, Government Effectiveness and Firms' Innovation in China: Examining the Moderating Influence of Government Ownership

续表

	Prodinno	Prodinno	Prodinno	Techinno	Techinno	Techinno	Procinno	Procinno	Procinno	Manainno	Manainno	Manainno
_cons	0.100	0.087	0.091	-0.597***	0.655***	-0.614***	0.460**	0.411**	0.417**	0.593***	0.615***	0.576***
	(0.524)	(0.433)	(0.448)	(-3.069)	(-3.210)	(-2.992)	(2.439)	(2.067)	(2.085)	(2.954)	(2.894)	(2.700)
N	2248	2127	2126	2244	2124	2123	2246	2126	2125	2245	2126	2125
Prob>chi²	0.0000	0.0000	0.0000	0.0000	0.0000	0.0000	0.0000	0.0000	0.0000	0.0000	0.0000	0.0000
PseudoR²	0.0722	0.0757	0.0757	0.0591	0.0613	0.0628	0.0522	0.0574	0.0585	0.0562	0.0591	0.0605

注：括号内为 t 统计量。* $p<0.1$；** $p<0.05$；*** $p<0.01$。

表5展示了 logistic 回归模型中政府效率对企业创新的影响。我们发现政府效率对创新有积极影响：产品创新（$\beta=0.002$，$p<0.1$），技术创新（$\beta=0.002$，$p<0.05$），流程创新（$\beta=0.002$，$p<0.05$）和管理创新（$\beta=0.002$，$p<0.05$）。因此，政府效率对企业产品创新、技术创新、流程创新和管理创新具有积极影响。在这些影响中，对管理创新的影响最大。

表5 公司创新和政府效率：logistic 回归分析

	Prodinno	Prodinno	Prodinno	Techinno	Techinno	Techinno	Procinno	Procinno	Procinno	Manainno	Manainno	Manainno
main ma12	0.455***	0.456***	0.453***	0.190**	0.192**	0.193**	0.330***	0.310***	0.296***	0.180**	0.168*	0.166*
	(5.483)	(5.347)	(5.274)	(2.219)	(2.185)	(2.186)	(4.042)	(3.695)	(3.509)	(2.144)	(1.936)	(1.898)
age	-0.002	-0.003	-0.003	0.000	0.000	0.000	-0.005***	-0.006***	-0.005***	-0.004*	-0.005*	-0.005*
	(-1.104)	(-1.307)	(-1.079)	(0.175)	(0.062)	(0.036)	(-2.583)	(-2.862)	(-2.002)	(-1.943)	(-2.429)	(-2.245)
guild	0.439***	0.444***	0.445***	0.363***	0.360***	0.361***	0.341***	0.335***	0.336***	0.383***	0.375***	0.377***
	(7.549)	(7.412)	(7.431)	(5.668)	(5.461)	(5.460)	(5.742)	(5.481)	(5.497)	(6.757)	(6.398)	(6.424)
sales	-0.459***	-0.459***	-0.459***	-0.360***	-0.350***	-0.350***	-0.560***	-0.562***	-0.564***	-0.487***	-0.486***	-0.485***
	(-5.072)	(-4.968)	(-4.962)	(-3.984)	(-3.803)	(-3.805)	(-6.300)	(-6.206)	(-6.223)	(-5.088)	(-4.954)	(-4.929)
technical	0.002***	0.002**	0.002**	0.005***	0.005***	0.005***	0.004***	-0.004***	-0.004***	0.003***	0.003***	0.003***
	(2.694)	(2.258)	(2.235)	(5.537)	(5.120)	(5.108)	(-4.088)	(-4.289)	(-4.338)	(3.847)	(3.727)	(3.773)
loan	0.061***	0.060***	0.061***	0.048***	0.049***	0.049***	0.045***	0.046***	0.047***	0.056***	0.057***	0.057***
	(5.092)	(4.884)	(4.893)	(3.830)	(3.817)	(3.799)	(3.894)	(3.849)	(3.947)	(4.632)	(4.598)	(4.593)
goveff		0.002**	0.002*		0.002*	0.002		0.002***	0.001***		0.002***	0.003***
		(1.900)	(1.729)		(1.965)	(1.562)		(1.732)	(1.386)		(2.451)	(2.978)
share			-0.000			-0.000			-0.002			0.002
			(-0.068)			(-0.231)			(-1.197)			(1.432)
goveff*share			-0.000			0.000*			0.000			-0.00003*
			(-0.140)			(0.341)			(0.321)			(-1.689)
_cons	0.100	0.041	0.039	-0.597***	0.703***	-0.692***	0.460**	0.420**	0.436**	0.593***	0.516***	0.466***
	(0.524)	(0.201)	(0.188)	(-3.069)	(-3.388)	(-3.298)	(2.439)	(2.089)	(2.146)	(2.954)	(2.424)	(2.169)
N	2248	2118	2117	2244	2115	2114	2246	2117	2116	2245	2116	2115
Prob>chi²	0.0000	0.0000	0.0000	0.0000	0.0000	0.0000	0.0000	0.0000	0.0000	0.0000	0.0000	0.0000
PseudoR²	0.0722	0.0743	0.0744	0.0591	0.0613	0.0613	0.0522	0.0538	0.0549	0.0562	0.0600	0.0611

注：括号内为 t 统计量。* $p<0.1$；** $p<0.05$；*** $p<0.01$。

除此之外，我们在 logistic 回归模型中研究了政府效率和国有制的相互影响。我们发现这种关系消极地影响管理创新（β = -0.00003，p<0.1）。换句话说，随着国有股份的增长，企业更不愿意执行管理创新，因为在一定的政府效率下它们缺乏足够的激励。

所有的这些结果表明，在中国企业中，尤其是国有企业，技术创新取得了一些进步。然而，尽管政府提倡国有情况下的企业创新，但国企要探明管理创新之路还有很长一段路要走（Feder 和 Umali，1993）。例如，尽管国有制的政治影响可以促进企业绩效的提升（因为管理者比政府官员更关心企业绩效），但是为了提升管理自由和自治，控制权还是要由政府官员转向企业管理者。

本研究有如下创新之处：首先，样本数据覆盖了不同的城市和产业，可以反映出当地法律环境和政府效率的真实面貌。其次，基于 Damanpour 和 Gopalakrishnan（2001）的研究，本文将企业创新划分为产品创新、技术创新、流程创新和管理创新，单独探究了法律环境和政府效率对不同形式创新的影响。最后，本文检验了国有制在不同创新关系中的调节作用。随着国有股份的增长，企业会更愿意执行技术创新，如投资更多的研发活动，而不愿意执行管理创新，如管理系统的改善。因此，本文在中国企业的创新活动中加入了政府因素，分析了中国环境下法律环境和政府效率的重要作用。

Legal Environment, Government Effectiveness and Firms' Innovation in China: Examining the Moderating Influence of Government Ownership

Hao Jiao   Chun Kwong   Koo Yu Cui

【Abstract】Using the World Bank's data in China, we analyzed the behavior of Chinese firms to find out governance factors in innovation activities of these firms. The results suggest that in China, an emerging economy in Northeast Asia, the local legal environment has had a significantly positive effect on firms' product innovation, technological innovation, process innovation and management innovation. Government owner-

中国的法律环境、政府效率与企业创新的关系：审视国有制的调节作用
Legal Environment, Government Effectiveness and Firms' Innovation in China: Examining the Moderating Influence of Government Ownership

ship positively moderates the relationship between the local legal environment and technological innovation. However, government ownership negatively moderates the relationship between the local legal environment and management innovation. Moreover, government effectiveness has also had a significantly positive effect on a firm's product innovation, technological innovation, process innovation and management innovation. In addition, government ownership negatively moderates the relationship between government effectiveness and management innovation. This study offers fresh insight on the role of governance factors of legal environment, government effectiveness and ownership in firms' innovation activities.

【Key Words】Legal Environment; Government Effectiveness; Government Ownership; Firm's Innovation

翻译：唐琦瑢

文章来源：Technological Forecasting & Social Change

全球化互联环境中法律视角下的股东大会

Nor Hayati Abdul Samat[①] Assoc. Prof. Dr. Hasani Mohd. Ali[②]

【摘要】 股东大会在确定公司的主要方向上有着重要的意义。然而，由于"所有权与控制权的分离"，保留股东大会的真正目的极具挑战性。为了满足企业实践的要求，本文对大会的基本概念进行了修正。一个重要的问题是股东大会的存续将会起多大程度的作用。本文旨在通过分析股东大会的概念及其发展来解释这个问题。最后，本文将重申股东大会的重要性。

【关键词】 股东大会；法律视角；概念；角色；商业环境

一、会议和股东大会的概念

根据牛津高阶词典，"会议"是指一群人聚集在特定的时间和地点，特别讨论一个问题。公司是一个小社会，在这里一群人聚在一起做生意。公司的决定是在不同类型的会议上确定的。股东大会就是其中的一个，它代表着有权利参与和投票的人的集合。

股东的意愿反映在他们的投票权和表决权上，目的是鼓励董事问责。股东大会通过公开辩论和表决权行使，可以避免潜在的滥用行为。虽然公司的管理权由

[①] College of Law, Government & International Studies (UUM-COLGIS), Universiti Utara Malaysia, Sintok, Kedah, 06010, Malaysia.

[②] Universiti Kebangsaan Malaysia, Bangi, Selangor, 43600, Malaysia.

董事会保留，一些基本的问题包括董事的选举权依然在于股东。在股东对董事会的表现或行为不满意的情况下，股东可以通过简单多数的投票轻松地将其撤销。这被认为是股东强大和极端的行动，可能在公司内部创建一个"检查和平衡"机制。然而，让股东积极参与会议并不是一件容易的事，股东没有责任或义务这样做。由于投资规模的原因，零售股东很少有兴趣参加会议，参加会议的费用通常会比他们获得的奖励更高，相反他们可以依赖于机构股东发挥其作用。然而，大多数机构股东的议程是纯粹的财务，其真正的忠诚在于他们的受益者或客户，目标是为他们赚钱。他们不承担风险，而是把他们的投资放在其他地方。现代企业的所有权是股东大会低出席率的重要原因。自20世纪初，公司的股东数量增加，这些股东不再是关系密切的个人和公司，而是分散在更广阔的地理区域。因此，参加股东大会变得非常昂贵，因为股东们需要支付交通费用，参加股东大会也变得耗时。目前的企业结构亟须改革股东大会。

股东决策面临的另一个挑战是符合当前商业环境的需求。现在，时间是成功的本质。许多行动需要一个有效的决策过程。控股股东大会的传统方式是由一系列的法律规定、规章制度规定的。传统股东大会概念的修改是不可避免的，因为现代商业环境需要一个方便的方式来做决定。

二、股东大会的角色：重新定位

克服现代企业的复杂问题需要一个自律性的规定，而不仅仅是执行有关的法律规定。顺从的压力必定来自公司内部。作为管理公司事务的董事，这项任务最合适的候选人必须是股东，并通过会议集体行动。由于"主人"的说服力，董事会不得不按照法定和非法定的规定慎重行事。股东大会并不是一种纯粹的形式，而是作为一种生产集合。股东大会应该从更广的角度来实现良好的管理和企业社会责任。

如何克服股东大会在作用的过程中造成的缺点？自20世纪60年代以来，所有制趋势都有轻微的变化。有一部分集中持股为机构投资者尤其是养老基金和保险公司手中。该方案有一个显著的意义，股东能通过法律条款来实现他们的权利。肯定会有一些机构股东会拒绝在会议中积极参与。尽管如此，从机构股东积极参与的积极性增长来看是具有前景的。

（一）股东大会和管理的提高

自从 20 世纪末的经济危机以来，公司治理成为企业参与者的关键问题。促进最佳管理实践已成为企业界最重要的议程之一。公司制定了规则、最佳做法以确保在公司管理者之间的问责。公司内部的管理人员是否以股东为主体与公司有直接利益关系。据澳大利亚议会联合委员会关于公司和金融服务的报告，股东加入和参与有助于提高公司治理，主要有两个特点：一是有效沟通，二是有效行使投票权。

从管理层到股东之间的信息沟通和传递是公司治理的诸多方面的一点。控股股东会的目的之一是让股东了解公司的信息。以马来西亚企业管治守则（2012）原则八为例，其强调董事会应充分利用这一原则，尤其是通过年度大会（AGM）改善与股东的沟通。在股东大会上，股东可以提出问题和要求，他们可以在任何事情上表达他们对公司的意见。同时，信息将通过文件的循环传递给股东。一个积极参与的股东在收集信息时将不可避免地带来消息灵通的决议。因此，股东大会可以作为一个有效的渠道改善公司的管理。

与此同时，表决权是赋予股东的一项重要权利。投票权既可以由股东亲自行使，也可以委托给代理人。因此，股东或其代理人表决权的有效行使将成为对董事的管理权力的有效监督。毫无疑问，股东们在试图平衡董事的管理权力中拥有有限的权力。

（二）股东会议和企业社会责任议程

当公司寻求扩大自己的财务管理范围时，董事们必须考虑此决定对公司，尤其是对股东的影响，但也绝不能忽视其他利益相关者。公司在这个世界上并不是独立的存在。员工、消费者、广大公众甚至环境，或是来到该公司的外来人员都会最大限度地影响到该公司的一切活动及业务。作为社会一部分的社会福利也应在考虑因素之内，即企业社会责任或企业责任。然而，企业社会责任议程通常并不具有直接的法律支持。它需要通过另一种方法来执行。

虽然社会责任理论家不太支持股东权益，但是这些权利的行使可能有助于议程的认可。企业社会责任和股东责任可以被视为一项长期的业务战略的议程在股东大会中启动。

三、股东会议的革命性概念

如果会议可以适应目前企业社会的繁忙生活节奏，则股东大会将会起到重要作用。时间是一种本质，为此，需要以更快的速度采取行动。如此，决策过程需要简化。在这样做时，会议的概念必须是柔性的，那样的话即使一般意义下只涵盖大会的一个要素，则一个有效的解决方案也可以被通过。下面的讨论将证明，在发展法律原则的过程中，对传统观点的修改是不可避免的。然而，每一次改变都会带来消极和积极两方面的影响，因此要确保改变不会破坏促进行使股东权利的初衷。

（一）一致同意和"纸会议"

基于以往的原则，今日在这里所主张的是一致同意原则，这是国内最早的会议形式。这个原则源于达尔韦爵士在著名的所罗门有限公司（1897年）交流22案中的判决，即公司在物质内的约束越权需取得其成员的一致同意。上诉法官科顿在男爵夫人洛克告河迪有限公司（1995年）一案中表示，如果所有的股东都明确同意这件事，则法院不会否认该决议的存在性。凡在所有股东有权出席并参加表决的会议上针对某一问题得出的一致意见，都将视为决议被通过。

一致同意的原则基本上是关于有没有一个正式的股东会议。这一原则尤其适用于董事就是唯一股东的小公司。根据这一原则，凡在所有股东有权出席并参加表决的会议上针对某一问题得出的一致意见，都将视为决议被通过。然而，在运用这项原则时有几个条件需要满足。首先，所有股东必须都对这件事表示同意。同意必须是真实反映个人意愿的，不能是在其他董事也将同意的假设或推断的基础上进行，且应在对该件事情有足够认识的条件下同意，或者换句话说，必须是知情同意。其次，该事件中的任何一部分不得超出董事的权利范围。

一致同意的根本原则会导致企业另一个做法的诞生，即传阅决议。根据这种做法，一项决议案将分发给所有股东以征求同意。一旦所有股东都同意，决议将被通过，就好像是它已经通过正式召开股东会议得到一致同意一样。这种做法也被称为"纸会议"。虽然一致同意和传阅决议的原则类似，但两者还是有各自鲜明的特点。首先，一致同意的原则是基于案例的普通法原则，而传阅决议是一种法律规定授权的做法。这两者之间的另一个区别是股东的同意形式。在一致同意的原则下，同意并无硬性规定要签字证明。然而，传阅决议必须签字，简单理解就是，一个股东的同意需要由他签字证明。

（二）电子股东大会

参加会议的不便由现代股东结构造成，但可以通过信息和通信技术（ICT）的发展来克服。它提供了一个无国界的世界，不需要人们聚集到一个地方开会。通信技术同样也帮助股东们和公司节省开支。股东们不需要承担额外的差旅费。如果所需文件通过电子传媒传输，公司可以通过减少打印和循环使用文件节省开支。另外，科技可以提供一个有效的讨论平台。以互联网为例，它有超文本/超媒体技术。这项技术通过图形、声音和视频可以让潜在复杂的事物变得更加有趣并且易懂。更重要的是，电子通信可以鼓励股东现场进行投票，而不是依赖于代理人。

股东会议上的应用技术不仅仅应具有适当的设备和设施，它也需要一个灵活的"会议"。"会议"不能停留在字面意义上，必须适应现代商业环境使用信息通信技术。因此，对于传统理解上的会议已不适用。这种宽泛的概念被定义为"创造性的解释"。在伦敦人寿保险会议中，通常股东大会通过几个电子音像辅助连接不同房间举行。会议的召开为有效的会议。通过采用"虚拟存在"，在远距离的股东也可以参加会议。自从更宽泛的"会议"定义被提出后，会议出席率得到了保证。科技的应用已在很多国家得到法定认可。任何类型的技术允许在股东大会中使用，只要它提供机会让股东参加会议。在现实中，只有少数公司实际上采取并受益于这一发展，现在讨论电子股东会议是否受企业社会欢迎为时过早。鉴于大家对通信技术在工具和服务大众上的喜爱日益增长，或许在接下来的几十年中，电子会议会得到广泛使用。

（三）私人公司的年度股东大会

由于许多国家开展了公司法改革方案，年度股东大会成为了公司的一项重要事宜。举行股东周年大会的要求只限于上市公司，一家私人公司不再需要召开年度股东大会。以2001年澳大利亚企业方案第8条为例，规定仅上市公司召开年度股东大会。英国2006年公司法案第4章第13部分也是如此。这项改革被视为"自1862年以来法律上最激进的改变"。无论如何，私人公司或许因为员工要求仍然举办年度股东大会，但私人公司将不再负责举办年度股东大会的行政工作，这样一来就节省了公司开支。所有股东同样可以从此改革中获益,至于其他人,对少数股东权益的问题仍需注意。

(四) 挑战

上面已经证明,修改股东大会的传统观念是有必要的。同时,我们也需谨慎考虑传统意义上的会议的真正目的。股东会议,尤其是年度股东大会或许成为唯一一个让股东们相遇并且直接对话领导的机会。"纸会议"、电子会议是私人公司最重要的会议形式,它能让领导直接面对面地和股东们交流,即使躯体出席会议,领导也可关闭麦克风,并拒绝回答股东,但他们永远也无法将股东驱逐出门。另外,领导将远程会议的一切操控在手中(Kane,2002)。这样一来,驳回股东变得更容易。

减免私人公司举行股东年度大会对于一些小公司来说减轻了不少负担。修订后的要求确实有利于董事就是唯一股东的小公司。相反,并不是所有私人公司都被定义为"小"公司。它们其中一些不亚于大公司,只是它们的股东数量低于法律规定(大多数国家规定私人公司以 50 个股东为上限)。如果传统商业中的年度股东大会是"纸会议",我们该如何确定股东们掌握信息的权利得到了保障呢?批准财务报表,如审议和实时辩论环节,则该类报告的完整性可以被确定。新规定没有把私人公司定义为"小"公司,它仅仅是减少了会议要求。这意味着,"私人公司"的年度股东大会将被重新定义,它的减免只应鼓励董事/股东类型的公司。

四、结　论

在如此变化多端的世界中,会议的概念需要不断改进。传统的会议定义需要被延伸到一个更加适用于股东们的平台。从 20 世纪早期至今,关于"会议"的定义有许多修改。在这些修改条例之下,股东们的躯体出席会议不再被视为是必要条件。一个正式的会议不再需要通过一项决议。所有的修改促成更简约的合作和更迅速的决议过程,同样也便利了股东们在会议中的发言和投票。如今给股东们提供一个有效的平台去参与决策已非常重要,尽管股东们享有有限的权利,但事实证明,股东们给决策者施压并且给决策者提供宝贵意见是非常奏效的。

鼓励股东们参与决策和保护股东们的权利已成为一项重要事件，股东会议概念的拓宽给股东们带来不便的同时也让一些确定因素成为有效会议的保证。以"虚拟存在"为例，它驳回了"面对面"对话的必要性。同样，私人公司特许举行的股东年度大会取消了躯体上的相聚，但强调了会议的重要性。股东会议或许被视为"浪费时间和资源"，但比起任何法定的执法，"所有权"实际上更加有威慑力，这在我们当前的商业环境中迫切需要。因此，未来任何法律、条规和条例关于股东会议概念的修改，都不应该忽视一个真正意义上的会议在公司中所起到的显著作用。

A Legal Perspective of Shareholders' Meeting in the Globalised and Interconnected Business Environment

Nor Hayati Abdul Samat　　Assoc. Prof. Dr. Hasani Mohd. Ali

【Abstract】The shareholders' meeting conventionally is significant in determining the main direction of a company. However, since the separation of "ownership and control", retaining the true purpose of having a meeting proves to be challenging. Modifications were made to the basic concepts of a meeting in order to meet with the demand of corporate practice. The question is to what extent the significant role of a meeting will subsist? This paper aims to address the issue by analysizing the concept of a meeting and its development. In the end, this paper will reiterate on the importance of having a shareholders' meeting.

【Key Words】Shareholders' Meeting; Legal Perspective of Meeting; Concept; Role; Business Environment

翻译：黄静然

文章来源：Procedia-Social and Behavioral Sciences

金融服务管理局中基于风险的监管

Carol Sergeant[①]

【摘要】 监管带来直接和间接成本。监管机构必须意识到这些成本,并提供给他们有限的资源。本文概括了金融服务管理局(FSA)已开发的金融监管的系统方法:假定资源是有限的,针对这一问题,企业和消费者针对法定目标,判断其带来的最大的风险或机会。以风险为基础的监管中的应用实际上需要一些良好的监管以及要求制定新的规则时进行成本效益分析,体现为立法原则。除了告知高层次的目标,本文给出了基于风险的方法,通过 FSA 的规划和预算程序及公司特有风险评估,影响对监督事项和资源分配的决定。本文还概述了 FSA 将如何解释其政府的作为和表现。

【关键词】 金融监管;风险评估;立法原则

本文所给出的金融服务监管的理由以 Davies、Goodhart 等和 Llewellyn 提出的为基础,金融监管的目的应该是解决市场实际显著或潜在的缺陷和失败。但是,监管是不是免费的好,就像卢埃林提出的监管:它规定了一系列直接和间接成本,这些最终体现在价格和选择的金融服务提供上(直接成本是自身的监管成本,间接成本是强加在金融服务行业的成本,这可能是在选择和可用性方面以及价格上)。

---

① 卡罗尔中士是英国金融服务管理局(Financial Services Authority)管理流程和风险理事会的董事总经理,她从 2001 年 6 月开始任职。理事会的职责包括英国金融服务管理局的授权和执行,以及英国金融服务管理局的风险框架、战略规划和研究。她在 1998 年加入英国金融服务管理局管理银行和建筑业。她过去一直是变革管理部和她自己建立的风险部门的主任。在加入 FSA 卡罗尔之前,她在英国央行(Bank of England)做国际研究,主要研究外汇、黄金和货币市场部门及银行监管。她最后在银行的任职是作为英国主要银行的监督管理者。

金融监管机构通常给出两种类型的资源来实现它们的目标：

资金：最终是由消费者支付，通过行业直接支付的税收或费用是否上调。

法律权力：它在英国提出上诉，通过司法系统。

在实践中，这两种类型的资源都是有限的——只有社会才会有这么大的能力提供监管资源，无论是在资金方面还是在行使法律权力方面。在相当程度上，社会愿意看到的资源和花费取决于它们是否适用于被认为要解决的重要问题如福利问题，从法律权力得到的结果是否足以弥补投入。这显然是对成本和收益有相对优先级和影响。监管则是必然要同时面对贸易逆差和判断一个复杂的行为，但如果各利益相关方——消费者、企业、政府——并不总是共享相同的优先级。

金融服务管理局（FSA）基于风险的方法来调控的目的是提供一个透明的运行框架，在这个框架下才会清楚确定事情的轻重缓急，以及如何和为什么它们已经确定；而消费者、企业、政治家、学者等将能够影响资源的分配和监管的力度。

金融服务监管的体制结构是很重要的，这是因为它对监管的效率和有效性的影响——直接和间接成本——成功地实现其目标。单一的国家金融服务监管机构的一般共识是从 Briault 的观念出发的。本文重点要注意的是，一个单一的金融监管机构可以让单个基于风险监管的系统成为可能，这个系统下的资源是指向这些问题：企业和消费者将面临最大威胁或机会，当他们被判断为违反保护消费者的监管机构促进公众意识、维护市场信心、减少金融犯罪的目标时。

一、法律框架

英国金融服务管理局的目标、角色和职责的基础都是一个灵活的立法。2000 年，The Financial Services and Markets Act 为 FSA 设立了四大监管目标和一些准则（"良好的监管原则"）。监管目标是：

（1）维护金融体系的信心。

（2）促进公众对金融体系的认识。

（3）适当程度地保护消费者。

（4）在一定程度上减少受监管的实体与金融犯罪的联系。

在FSA，必须行动的方式是与这些监管目标兼容。在良好的监管原则下，FSA必须顾及：

（1）FSA需要使用其资源的最有效和最经济的方法。

（2）管理授权公司事务的责任。

（3）一种负担或限制被强加于一个公司，或者一个正在进行的活动的原则应与可获得的利益相称。

（4）创新监管活动的需求。

（5）金融服务市场的国际性与保持英国竞争地位的可取性。

（6）最小化由功能退化引起的竞争的不利影响的需要。

（7）在受管理当局管制的人之间，促进竞争的可取性。

所有的规则都告知FSA的监管方法和角度趋向于以风险为基础的监管。因此，一些监管行动对竞争有不公正的、严重的影响，而这些相关的竞争原则会阻碍这些监管行动。第二个原则（管理职责）明确指出，管理企业的责任在于自我管理，而不是调节器（另外说明高层管理人员在任何监管制度上均具有重要的责任和职责）。然而，有两个原则是很特别的，对风险监管有特殊意义：成本效益（第一个原则）和比例（第三个原则）。这些原则实际上要求FSA追求以风险为基础的监管。

除了建立了FSA的监管目标和良好的调节原则，金融服务与市场法（第155号）要求FSA制定规则时要进行成本/收益分析。这一要求也控制了FSA风险监管的方向，因为它意味着：如果没有对FSA所涉及的监管成本和效益给予适当考虑，则没有规则可以施加或改变。因此，它需要证明到一个满意的合理的水平，在这个满意的水平下，任何拟议中的规则或变更的负担与预期收益是相称的。

二、英国金融服务管理局的战略规划流程

为了公开FSA的优先事项以及它是如何达到这种优先权的，FSA已经制定了战略规划进程，并首次出版在"Plan and Budget for 2002-2003"中。这种方法

是基于识别和聚焦最显著的风险、机遇和问题，满足 FSA 的法定目标。对于 FSA 来说，两个基本问题是：什么事件或问题对目标造成显著风险？如何将资源分配给最显著的风险、机遇和问题？

法定目标是高水平的和综合的。它们是固定的，不管 FSA 运作的环境如何。如同任何组织，FSA 需要确定的中期目标，围绕规划工作，帮助其实现目标。这些目标需要得到明确的结果，这些结果要被描述在一个较高的水平上，这个水平是管理局正在寻求达到的以及可以提供明确依据测量它的行为在多大程度上实现其法定目标。

良好监管的原则被植入 FSA 的进程和报告规划，例如，关注比例、创新和竞争影响政策制定。经济性和效率会影响用特定的方法来定义一个问题，而且这些规则被嵌入在更详细的风险评估框架里（将在后面描述）。由公司和外部环境产生的风险和机会是如何被发现和解决的，这个框架把它们连成一体。

战略规划过程开始于对广泛内容的分析，这些内容包括 FSA 的运作以及其工作中面临的风险和机会，这发表在《金融风险展望2002》。一些确定了的2002年的风险载列如下：

（1）企业和消费者对一个不太好的经济环境的反应。

（2）出乎意料的低或波动的回报对消费者行为的影响。

（3）对企业和消费者的义务变化的期望。

（4）消费者产品的法律环境的变化和一些大的影响往往由创新的产品结构的法律风险引起。

（5）金融犯罪，包括恐怖袭击的影响和后果。

（6）国际论坛所产生的法律和监管政策的变化。

（7）企业对金融服务和市场行为的反应。

这些增加了政府的（包括国际上推动需求）授权和从源自于公司监管和消费者互动的 FSA 自身的监管风险分析（如通过 FCA 消费者热线调查的问题）中积聚的智慧。分析这些投入所导致战略目标的发展，总结主要领域，FSA 计划把重点放在中期内实现其法定目标。战略目标已锁定 FSA 运作中每一个关键点——关于消费者、企业、金融市场和监管制度。共同的目标是支持法定目标。目标是：

（1）消费者："消费者能够更好地做出明智的选择，实现自己的公平金融交易"。这一目标支持两种法定目标——消费者保护和促进公众理解。

(2) 公司："受监管的企业及其高级管理人员了解和履行他们的监管义务"。这个目标支持法定目标，以确保消费者的利益，维护市场信心，减少金融犯罪的范围。

(3) 市场："消费者和其他参与者有信心认为市场是有效的、有序的、干净的"。这个目标支持维护市场信心，减少金融犯罪的范围。

(4) 监管制度："适当的、适度的和有效的监管制度是建立在消费者、企业和 FSA 的其他利益相关者的信心基础上"。这一目标支持维护市场信心、促进公众理解的目标。

战略的效果促使我们清楚地展现 FSA 渴望的高水平的成果，它的主要工作和重点为即将到来的一年的一些性能指标。这一透明度和性能指标是金融监管的领先优势领域。

定义结果是困难的，但性能指标是一个特殊的挑战。显示因果关系可能是有问题的。有很多不同的因素会影响到理想的结果——并不是所有的都将是监管行动的结果。其意图是使用更广泛的环境分析以识别那些已经影响实现期望结果的，除了受 FSA 影响的以外的因素。对自己，评估量值在多大程度上实现目标和成果，往往只有有限的应用，所以我们的目的是通过链接到战略规划重点活动结果的描述性指标来补充这些措施。而且，经常有机密性约束来阻止可能会被认为是成功管理的完整、透明的报告，如早期察觉个别企业中的问题，并防止此类问题发展成重大故障。FSA 就是想利用"前"和"后"两个综合风险图来做一个有效的风险规避活动综合视角报告。

在每年末，英国金融服务管理局都要向财政大臣们做汇报，汇报的内容包括他们在金融服务和市场行为方面职责的履行。这就是英国金融服务管理局工作情况的说明，2002~2003 年的报告是新运营构架下的第一篇报告，整个的流程如图 1 所示。整个流程并不是一个静态的过程，其中关于更广泛环境的分析、公司的产出分析和消费者风险的分析都是基于定期评审得到的。尽管战略目标不期望出现经常性的变动，但那些特别的优先事项和工作流程将会出现可理解的变动。

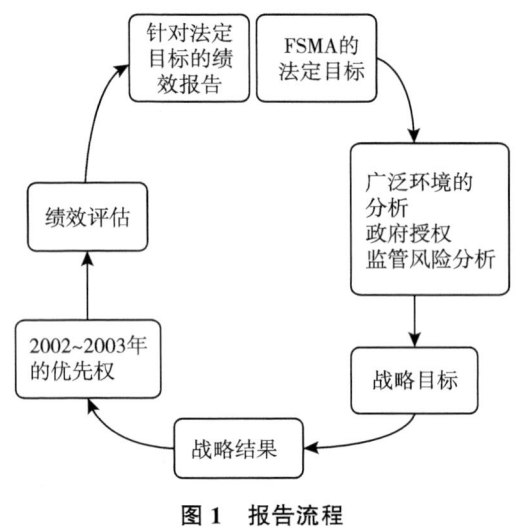

图1 报告流程

三、监管风险分析

　　这种基于风险的方法并不能简单地应用于逐渐成熟的高水平的战略目标，FSA 已经发展了一套方法，它将这种哲学观点应用于个别企业和其他整个系统的一般问题（例如，股市下跌的影响、恐怖袭击或者是新产品市场出现带来的风险等）。这种方法为 21 世纪设立了新的监管机制，那就是建立基于报告 1 和报告 2 的监管程序及未来保险业的监管制度。

　　对于准则也是一样。出发点是 FSA 的法定目标和一个好的整治原则。就对 FSA 目标的影响而言，每个特定的企业或者一般的问题都要被评定，包括问题如何产生和问题产生的可能性。根据对 FSA 目标的影响程度将公司分为了四类。对于最高影响力的公司和最低影响力的公司来说，管控关系在这区间内体现出一定的差异，具体的为对高影响力的公司实施紧密而连续的管控，对低影响力的公司实施更加宽松的日常监管。这种关系的细节将取决于风险的分析。各种类的低风险公司相对来说将会受到更少的关注，但所有的公司都会有一个最小监管限度来保证最小的监督标准。

　　这种基于风险的办法可以应用于公司的授权，也可以应用于公司的强制执行，决定采用哪种强制措施，例如，与法定目标相关的影响和战略目标作为一个关键标准，以及是否利用执法工具是实现目标最相称和有效的方法。

FSA 有一个很大的可任意支配的法定工具的选择，这些工具的范围对消费者有特定的指导（如关于产品、服务教育、控告、处理、协议书等的更好的信息），还有对公司也有指导（如公司的授权、监管、干预、处罚、损失的赔偿、市场规则、培训和胜任能力要求）。另外，存在寻常可调整的监管工具可应用于国内和国际的批发和零售市场。基于风险的利弊的方法也被应用于此，重要数据的收集和研发对目标的潜在影响和可执行的成本效益分析必须被论证。

四、组织交付

提供这种做法的管理的影响超出了本文的范围，但要注意的是，组织安排的重新设计用以支持新的商业模式是很重要的。除了清晰的目标，它需要一个动态的方法来调配人手和评估一个非常不同类型的以性能为导向的管理信息。日本金融厅进行了重组，并建立了新的管理信息系统、人员配置流程和奖励制度，以支持这种基于风险的方法。

五、结　论

FMSA 机构指出 FSA 基于风险的方法对于解决哪些风险机遇问题有指导作用，这些方法将对它的法定目标产生最大化的积极影响。同其他运营者一样，监管机构花费资源——在 FSA 的案例中钱和法律的效力会影响消费者和企业，也确实存在着一个社会为监管准备资源的限度；FSA 的权益方想知道这些资源是否被有效地用到了最重要的事情上，他们有必要去知道这些有着特殊优先权的事情为什么和如何被选中，同时他们也渴望能对那些优先的事情有着积极影响。

不管有多少为金融规则而准备的资源，总会有如何利用这些资源的选择。套用 Malcolm Sparrow 的话，挑战就是选择最重要的问题和事情，并且解决它。

基于风险的监管，不是消除导致失败的所有风险。在零失败管理体制（一种昂贵的、侵入式的、死板的体制）下的尝试成本和这个体系中其他所有参与者退位的道德上的风险都是不可接受的。但是，最大的实际挑战之一是将监管范围对消费者、政府甚至企业都介绍清楚，特别是千万不要形成零失败管理体制。

Risk Based Regulation in the Financial Services Authority

Carol Sergeant

【Abstract】 Regulation brings direct and indirect costs. Regulators must be aware of these costs and provide them with limited resources. This article summarizes the Financial Services Authority (FSA) has developed a system approach to financial regulation: assume that resources are limited. To solve this problem, Enterprises and consumers to the statutory objectives, to determine the greatest risk or opportunity. In the application of risk based supervision, it is necessary to carry out a cost benefit analysis, which is embodied in the principle of legislation. In addition to the high level of goal, this paper presents a risk based approach. Through FSA's planning and budgeting process and the company's unique risk assessment, impact on regulatory matters and resource allocation decisions, the report also outlines how the FSA will explain its government as and performance.

【Key Words】 Financial Supervision; Risk Assessment; Legislative Principles

翻译：彭世刚

文章来源：Journal of Financial Regulation and Compliance

企业的社会责任与财务绩效之间关系的进一步证明

Li Sun[①]

【摘要】 本文的目的是研究企业社会责任和财务绩效之间的关系。对企业社会责任和企业财务绩效之间的关系进行了实证检验。回归分析揭示了企业社会责任与财务绩效之间显著正相关。此外,发现长期资产的年龄与企业社会责任高度相关。本文通过使用更多更近的样本研究企业社会责任和企业财务绩效之间的关系,扩展了 Cochran 和 Wood 的理论。本文对企业社会责任文献有所贡献。

【关键词】 企业社会责任;财务绩效;长期资产使用年限;资产;资产管理

一、引 言

Cochran 和 Wood(1984)通过将近 400 个公司的年度观察数据研究了企业社会责任和财务绩效的关系。他们发现,在控制了企业规模、风险、行业以及长期资产年龄后,企业社会责任与财务绩效显著正相关。他们研究中有一个有趣的发现:长期资产年龄与企业社会责任等级显著相关。也就是说,拥有较新资产的企业可能比拥有旧资产的企业能更好地履行企业社会责任。Cochran 和 Wood 呼吁

---

① 会计系,Miller 工商学院,Ball 州立大学,曼西,印第安纳州,美国。

研究者收集更多关于企业社会责任与财务绩效之间关系以及长期资产年龄与企业社会责任之间关系的实证证据。

本文从KLD（Kinder，Lydenberand Domini）数据库获得企业社会责任数据。样本包括1999~2009年11432个公司的年度观察数据。这项研究的贡献是：首先，它通过使用更多更近的样本研究企业社会责任和企业财务绩效之间的关系，扩展了Cochran和Wood的理论并提供了新证据。它对企业社会责任文献有一定的贡献。其次，它响应了Cochran和Wood对企业社会责任与长期资产年龄关系更多实证性证据的呼吁。最后，从实用的角度来看，负责社会活动的经理、评估企业绩效的投资者和金融分析师以及设计和实施企业社会责任指引的政策制定者应该会对本文结果感兴趣。

二、文献综述

企业社会责任定义为"（企业）将社会和环境问题与商业运作和利益相关者的相互作用自愿一体化"。Vilannova等（2008）提出，企业社会责任的定义包括五个方面，即愿景、社会关系、工作场所、责任和市场。

近年来，企业社会责任的话题已经受到越来越多的重视。但企业社会责任的做法仍有争议，因为它需要企业进行额外投资。这些企业社会责任的投资往往是通过经济的成本效益分析视角考察，并认为企业社会责任活动中所获取的利益推动了企业社会责任的决定。一些人认为，企业社会责任活动会增加成本而没有足够的补偿收益、会有损业绩而且没有能价值最大化的活动与其抗衡。这些额外费用的例子包括慈善捐款、为改善社区制订计划和为减少污染建立工序。大多数对企业社会责任的研究都集中于企业社会责任和企业财务绩效之间的关系。实证结果是好坏参半。

例如，Aupperle等（1985）利用调查以评估首席执行官（CEO）对企业社会责任活动的观点，发现企业社会责任和会计的基础绩效指标之间存在显著负相关关系。Moore（2001）聚焦于英国超市行业的八个主要企业，发现企业社会责任和财务绩效之间存在负相关关系。

Cochran和Wood的早期研究发现企业社会责任与财务绩效之间存在正向关

系。McGuire 等（1988）证明企业社会责任与以会计为基础的财务绩效指标和以市场为基础的金融业绩指标之间存在正相关关系。Waddock 和 Graves（1997）利用 KLD 数据来衡量企业社会责任的表现，用资产收益率、股权回报率和营业报酬率来衡量财务绩效。证明了两个主要结论：①更好的财务表现会给企业的未来带来更好的社会责任绩效。②更好地履行企业社会责任会给企业的未来带来更好的财务业绩。

Tsoutsoura 发现 KLD 数据和财务绩效（包括资产收益率、股权回报率和营业报酬率）之间显著正相关。Dhaliwal 等（2011）发现，在前一年资本成本高的公司更有可能披露本年度的企业社会责任活动，这些具有超强企业社会责任表现的企业会在随后的一年获得低资本成本。此外，这些具有超强企业社会责任表现的企业也获得分析师有利的报道并实现较低的绝对预测误差。

最近的文献综述（Beurden 和 Gössling，2008）和元分析（Orlitzky 等，2003）认为承担社会责任能够给企业带来有助于财富最大化的经济利益。企业社会责任活动改善了与利益相关方的关系，这最终可以带来回报。具有社会责任感的企业可能会面临较少的劳动力问题，较少的社会抱怨，以及较少的环境监管问题。此外，企业具有社会责任感可能会改善它们与投资者、银行家和政府官员的关系。上述因素表明，关心自己社会责任的公司可能会在当今的社会中表现良好。

三、研究设计

（一）因变量的衡量——企业社会责任

KLD 是总部位于波士顿的一家咨询公司，从 1991 年起一直积极提供有关企业社会责任的评级数据。KLD 数据是企业社会责任的一个影响力指标。这是"提供给公众最大的多层面企业社会绩效数据库，并被广泛运用在企业社会绩效的研究中"（Deckop）。相比于其他企业社会责任的数据库，KLD 积累了更多企业的社会责任信息，它已成为"目前企业社会绩效的研究标准"（Waddock）。

KLD 为每个选中的公司在七个定性方面中将近 80 个变量上提供评级数据。这七个领域包括社会、公司治理、多元化、劳工关系、环境、人权和产品。对于每一个定性变量,正代表优势领域,负代表劣势领域。除了这七个定性方面,KLD 还评估了酒精、赌博、武器、军事、核能和烟草活动六个有争议性的产业。参与这六个有争议的产业中的任何问题都会导致负面评级。

与先前的研究一致,本文用总优势数减去总劣势数,并分配同等权重给每个方面来计算 KLD 指数。

所述 KLD 指数计算如下:

KLD =(社会总优势领域−社会总劣势领域)+(公司治理总优势领域−公司治理总劣势领域)+(多元化总优势领域−多元化总劣势领域)+(劳工关系总优势领域−劳工关系总劣势领域)+(环境总优势领域−环境总劣势领域)+(人权总优势领域−人权总劣势领域)+(产品总优势领域−产品总劣势领域)−酒精类饮料−赌博−武器−军事−核能−烟草 (1)

(二) 实验说明

本文采用下面的回归模型来检验企业社会责任和企业财务绩效之间的关系。企业社会责任是因变量,而财务绩效是利益的自变量。与已有的研究一致,控制变量为企业规模(ASSETS)、风险(LEV)、长期资产年龄(ASSETAGE)和工业(IND):

变量定义:

模型:

$$KLD_{it} = \alpha_0 + \alpha_1 \times ROA_{it} + \alpha_2 \times ASSETS_{it} + \alpha_3 \times LEV_{it} + \alpha_4 \times ASSETAGE_{it} + \alpha_{5-19} \times IND + \varepsilon_{it}$$ (2)

KLD_{it} = 公司 i 在 t 年的 CSR 得分 (3)

$$ROA_{it} = \frac{收益(营业收入 + 折旧与摊销)}{总资产}$$ (4)

$ASSETS_{it}$ = 公司 i 在 t 年的总资产 (5)

$$LEV_{it} = 公司 i 在 t 年的资产负债率 = \frac{总负债}{总资产}$$ (6)

$$ASSETAGE_{it} = \frac{固定资产净值}{总值}$$ (7)

IND = 控制行业影响的虚拟变量 (8)

四、样本选择和描述性统计

本文通过下载 1999~2009 年的 KLD 数据进行样本选择,包括七个主要方面和六个争议问题。KLD 样本共包括 24283 个公司的年度观察数据。本文采用标准普尔公司会计数据库获取财务报表数据,包括总资产、总负债、固定资产(PPE)净值、固定资产(PPE)总值、营业收入、折旧及摊销,以及净销售总额。本文根据统一安全鉴定程序委员会的前六位数字合并两种样本。剔除缺失值的观察数据,最后的样本包括具有完整数据的 11432 个公司的年度观察数据。表 1 提供了样本企业的描述性统计。

由表 1-A 可知企业社会责任绩效(KLD)、财务绩效(ROA)、总资产、总销售量、资产负债率以及长期资产年龄的年度平均值。由表 1-B 可知企业社会责任绩效、财务绩效、总资产、总销售量、资产负债率以及长期资产年龄的行业平均值。由表 1-C 可知整个样本企业的企业社会责任绩效、财务绩效、总资产、总销售量、资产负债率以及长期资产年龄的均值、标准差、最小值和最大值。

表 1 样本企业的描述性统计

表 1-A 年度描述

年份	观测数	KLD	ROA	ASSETS	SALES	LEV	ASSETAGE
1999	344	0.253	0.173	$14449.96	$8374.63	0.613	0.551
2000	425	0.305	0.174	$16235.56	$9780.17	0.583	0.517
2001	625	-0.064	0.140	$13068.77	$7483.21	0.557	0.550
2002	638	-0.099	0.144	$14177.12	$7319.30	0.570	0.535
2003	1445	-0.401	0.122	$7477.58	$4037.50	0.521	0.506
2004	1434	-0.696	0.129	$8113.27	$4558.64	0.515	0.498
2005	1339	-0.682	0.140	$9044.35	$5287.96	0.525	0.506
2006	1318	-0.842	0.139	$10280.83	$5897.89	0.532	0.509
2007	1257	-0.833	0.134	$11270.19	$6520.84	0.542	0.514
2008	1285	-0.833	0.119	$9736.42	$6599.67	0.562	0.503
2009	1302	-0.838	0.101	$9938.22	$5748.22	0.537	0.478
	11432						

表 1-B 行业描述

SIC 编码	描述	观测数	KLD	ROA	ASSETS	SALES	LEV	ASSETAGE
0100-0999	农业	27	-1.593	0.136	$1922.23	$2428.89	0.587	0.575
1000-1799	矿业、建筑业	716	-1.162	0.135	$4747.65	$2567.25	0.531	0.565
2000-2399	食品、纺织业、服装业	504	-0.058	0.172	$5685.88	$5706.60	0.550	0.507
2400-2799	造纸业	564	0.285	0.141	$4736.75	$4165.63	0.617	0.471
2800-2899	化工业	1082	0.524	0.104	$6003.31	$4241.82	0.548	0.498
2900-3199	再燃物、橡胶、塑料	281	-1.313	0.165	$19825.52	$28274.00	0.515	0.502
3200-3569	重工业	854	-0.965	0.134	$3253.48	$2941.50	0.507	0.481
3570-3699	电脑、精密产品	1178	0.235	0.098	$4617.66	$4116.62	0.415	0.417
3700-3799	汽车、飞机	1096	-0.685	0.130	$6572.91	$5016.64	0.454	0.473
4000-4789	运输业	358	-0.897	0.129	$7644.63	$5477.56	0.579	0.683
4800-4991	电话、公用事业	1063	-1.302	0.127	$15478.09	$6470.30	0.703	0.606
5000-5999	批发零售业	1284	-0.597	0.156	$5356.82	$11529.60	0.506	0.506
6000-6799	银行、金融服务业	906	-0.155	0.103	$45689.19	$5879.06	0.670	0.485
7000-7999	旅店、娱乐业	1134	-0.259	0.128	$4736.85	$3366.06	0.512	0.479
8000-8999	健康、教育、社会服务业	353	-1.207	0.149	$1963.14	$1598.36	0.540	0.533
9000-9999	不可分类企业	46	-1.652	0.082	$155578.98	$35289.41	0.533	0.536
		11432						

表 1-C 样本描述性统计

变量	n	平均数	标准差	最小值	最大值
KLD	11432	-0.586	2.455	-11	15
ROA	11432	0.131	0.127	-2.989	0.849
ASSETS	11432	10233	51207	2.96	1120615
SALES	11432	5937	18599	-1528	425071
LEV	11432	0.500	0.264	0.005	6812
ASSETAGE	11432	0.509	0.157	0.019	1

注：变量定义：

KLD_{it}——企业 i 在第 t 年的企业社会责任（CSR）得分

$$ROA_{it} = \frac{收益(营业收入 + 折旧与摊销)}{总资产} \quad (9)$$

$ASSETS_{it}$ = 公司 i 在 t 年的总资产 (10)

$SALES_{it}$ = 公司 i 在 t 年的净销售额 (11)

$$LEV_{it} = 公司 i 在 t 年的资产负债率 = \frac{总负债}{总资产} \quad (12)$$

$$ASSETAGE_{it} = \frac{固定资产净值}{总值} \quad (13)$$

企业的社会责任与财务绩效之间关系的进一步证明
Further Evidence on the Association Between Corporate Social Responsibility and Financial Performance

表2提供了1999~2009年关键变量的相关矩阵。这些变量包括：企业社会责任（KLD）、财务绩效（ROA）、资产（ASSETS）、销售量（SALES）、主营业务成本（COGS）、风险（LEV）和资产年龄（ASSETAGE）。对于每对变量，均提供了Pearson和Spearman相关系数与相关p值。Pearson和Spearman均相关，表明企业社会责任和财务绩效之间显著正相关。这种关系提供了企业社会责任与财务绩效之间正相关的初始证据。表2也表明，企业社会责任与总资产显著正相关（Pearson和Spearman相关下P<0.0001）。这表明，大公司比小公司有更好的

表2 选择变量间的相关性

	KLD	ROA	ASSETS	SALES	COGS	LEV	ASSETAGE
KLD		0.0682 (<0.0001)	0.0468 (<0.0001)	-0.0641 (<0.0001)	-0.1124 (<0.0001)	-0.0893 (<0.0001)	0.0944 (<0.0001)
ROA	0.0754 (<0.0001)		0.0202 (<0.0001) -0.0502	0.0623 (<0.0001)	0.0423 (<0.0001)	-0.1918 (<0.0001)	0.0722 (<0.0001)
ASSETS	0.0731 (<0.0001)	0.0914 (<0.0001)		0.4629 (<0.0001)	0.3498 (<0.0001)	0.1525 (<0.0001)	0.0738 (<0.0001)
SALES	-0.0715 (<0.0001)	0.2044 (<0.0001)	0.8962 (<0.0001)		0.9728 (<0.0001)	0.1073 (<0.0001)	0.0791 (<0.0001)
COGS	-0.1034 (<0.0001)	0.1429 (<0.0001)	0.8425 (<0.0001)	0.9672 (<0.0001)		0.1059 (<0.0001)	0.0781 (<0.0001)
LEV	-0.1145 (<0.0001)	-0.0963 (<0.0001)	0.4685 (<0.0001)	0.4151 (<0.0001)	0.4417 (<0.0001)		0.0442 (<0.0001)
ASSETAGE	0.0823 (<0.0001)	0.0653 (<0.0001)	0.2375 (<0.0001)	0.1535 (<0.0001)	0.1527 (<0.0001)	0.1006 (<0.0001)	

注：表的斜对角线上方是Pearson相关系数，下方是Spearman相关系数。括号内为基于双尾测试值的p值。变量定义：

KLD_{it}——企业i在第t年的企业社会责任（CSR）得分

$$ROA_{it} = \frac{收益（营业收入+折旧与摊销）}{总资产} \tag{14}$$

$ASSETS_{it}$=公司i在t年的总资产 (15)

$SALES_{it}$=公司i在t年的净销售额 (16)

$COGS_{it}$=公司i在t年的销售成本 (17)

$$LEV_{it}=公司i在t年的资产负债率=\frac{总负债}{总资产} \tag{18}$$

$$ASSETAGE_{it}=\frac{固定资产净值}{总值} \tag{19}$$

企业社会责任表现。表 2 结果显示，企业社会责任和资产年龄之间显著正相关（Pearson 和 Spearman 相关下 P<0.0001）。这一发现表明，拥有较新资产的企业比拥有旧资产的企业有更好的企业社会责任表现。

五、回归结果分析

与前人研究一致，笔者预测企业社会责任与财务绩效之间存在正相关关系。如表 3 所示，企业社会责任和财务绩效之间的相互作用为正而且统计上显著（P<0.0001），支持企业社会责任与财务绩效之间存在相关关系。这表明，有更好的财务表现的企业在企业社会责任活动方面也做得更好。

表 3　回归分析

$KLD_{it} = \alpha_0 + \alpha_1 \times ROA_{it} + \alpha_2 \times ASSETS_{it} + \alpha_3 \times LEV_{it} + \alpha_4 \times ASSETAGE_{it} + \alpha_{5-19} \times IND + \varepsilon_{it}$				
变量	参数估计	标准差	t 值	Pr>|t|
截距	-0.9036	0.4739	-1.91	0.0566
ROA	1.3244	0.2018	6.56	<0.0001***
ASSETS	4.31×10^{-6}	1.01×10^{-6}	4.28	<0.0001***
LEV	-0.6402	0.1002	-6.39	<0.0001***
ASSETAGE	0.8717	0.1708	5.10	<0.0001***
IND	省略	省略	省略	省略
Adj. $R^2 = 0.0601$				

注：显著性水平：* p<0.1, ** p<0.05, *** p<0.01；观察值：11432；期间：1999~2009 年。
变量定义：

KLD_{it} = 公司 i 在 t 年的 CSR 得分　　　　　　　　　　　　　　　　　　　　　　(20)

$$ROA_{it} = \frac{收益(营业收入 + 折旧与摊销)}{总资产} \tag{21}$$

$ASSETS_{it}$ = 公司 i 在 t 年的总资产　　　　　　　　　　　　　　　　　　　　　(22)

$$LEV_{it} = 公司 i 在 t 年的资产负债率 = \frac{总负债}{总资产} \tag{23}$$

$$ASSETAGE_{it} = \frac{固定资产净值}{总值} \tag{24}$$

IND = 控制行业影响的虚拟变量　　　　　　　　　　　　　　　　　　　　　　(25)

回归模型包括四个控制变量：企业规模、风险、行业以及长期资产年龄。结果表明，企业社会责任与企业规模和长期资产年龄之间显著正相关，而企业社会责任和风险之间显著负相关。上述发现表明：

（1）大企业比小企业有更好的企业社会责任表现。这一发现与 Udayasankar（2007）得出的小公司和/或大型企业同样积极参与企业社会责任活动的结论是一致的。不过，与小企业相比，大企业在企业社会责任方面往往会做得更好，因为它们有更高的知名度、更多的资源访问以及更好的内部操作系统。

（2）具有较低资产负债率的企业比具有较高资产负债率的企业会更好地履行企业社会责任。

（3）具有较新资产的企业比具有旧资产的企业会更好地履行企业社会责任。

企业社会责任与长期资产年龄之间的这种关系与 Cochran 和 Wood 的研究结果是一致的。一种解释是，与拥有较新资产的企业相比，拥有旧资产的企业可能仅仅是在社会方面不那么敏感。具体而言，拥有较新资产的企业管理者可能比拥有旧资产的企业管理者更热衷于企业社会责任活动。

另一种解释是，拥有旧资产的企业在兴建厂房或购买设备时，监管约束没有现在严格。例如，政府机构（如环保局）给企业施加更严格的环保法规。因此，拥有较新资产的企业比拥有旧资产的企业能更好地处理严格的法规，因为新资产可能已经在设计上满足了监管需求。另外，拥有旧资产的企业可能需要花费更多来升级它们的设施以满足监管需求。

六、结　论

在这项研究中，本文通过使用更多更近的样本研究企业社会责任和企业财务绩效之间的关系，扩展了 Cochran 和 Wood 的理论。本文也研究了长期资产年龄是否与企业社会责任高度相关。在控制了企业规模、风险、行业以及长期资产年龄以后，回归分析显示企业社会责任与财务绩效之间显著正相关。这个证据与许多前人研究结论相一致，表明履行企业社会责任能够给企业带来好处。此外，企业社会责任和长期资产年龄显著相关，表明未来的企业社会责任研究需要在其回归分析中考虑长期资产年龄。这项研究有一些局限性：首先，公司通常是逐渐地参与企业社会责任活动的，而这种参与的阶段可能难以确定。其次，这项研究与以前的其他研究相似，可能同样会受到选择偏差的影响。也就是说，KLD 数据库中选择评级的企业可能已经有不错的企业社会责任表现。

Further Evidence on the Association Between Corporate Social Responsibility and Financial Performance

Li Sun

【Abstract】The purpose of this paper is to examine the association between corporate social responsibility (CSR) and financial performance. This paper performs an empirical test on the association between CSR and financial performance of a firm. The regression analysis reveals a significant and positive association between CSR and financial performance. In addition, it finds that the age of long-term assets is highly correlated with CSR. This paper extends Cochran and Wood by using a larger and more recent sample to examine the association between CSR and financial performance of a firm. It contributes to the CSR literature.

【Key Words】Corporate Social Responsibility; Financial Performance; Age of Long-Term Assets; Assets; Assets Management

翻译：臧鸿词

文章来源：International Journal of Law and Management

法律干预对买卖双方关系的直接和间接影响

Kamila Ruzickova   Marek Litzman   Tomas Kristofory

【摘要】 对于买卖合同的延期履行及违约的原因与结果,很长时间以来在捷克的辩护人之间都存在关于适用渐进式方法还是休克疗法的讨论。本文的目的是探讨由第395/2009号法令的实施所引发的制度变革对公司经营活动的影响。本文运用了资金周转周期指标。本文预期通过研究,证明缩短零售商以及批发商之间信贷周期的论点,以及法律干预会在无意中导致买家的财务管理方式改变,法令本身也会造成卖家额外的经营成本以及整体的效率低下。

【关键词】 买卖双方关系;资金周转周期;信贷周期;渐进主义;法律干预

一、导 论

在市场中的私人主体之间,个体间的相互作用导致了买卖双方的关系自发产生。特别是当这种关系正式破裂时,这种关系主要集中于各种参与主体之间的利益关系。而这种关系破裂最典型的结果便是延长信用周期(Prolonging the Credit Periods)或者违反(Breaching)买卖合同。

在捷克的环境之下,有两种主要的理论观点:渐进主义以及休克疗法。渐进主义更加偏好渐进地向资本主义制度变迁。而休克疗法的维护者则认为先行的法律变革能够创造市场经济，并认为应当立即取消所有带有社会主义色彩的规则。本文的目的是，渐进主义更偏好逐渐调整关于买家与卖家关系的监管规则，以让其更符合市场规律。另外，休克疗法的支持者主张合同的自由，因为他们相信当处于发达的市场经济之中，买家与卖家之间的关系会趋向一定的标准。

在2009年之前，当零售环节中买家与卖家之间的关系不对等时，仅通过保护竞争法（Protection of Competition Act）以及价格法（Act on Prices）中的一般性监管规则进行监管。价格法一般不允许制定价格，这导致其中一方会获得巨大利润。在市场上占据主导地位的公司都要接受保护竞争办公室（the Office for the Protection of Competition）的监督。从这个角度来说，连锁的零售商都不足以大到能够成为市场主导者而受到监管，但是他们在讨价还价的过程中却拥有足够的能力让商品的价格降至最低。Bejček（2012）称这个部分为"灰色地带"。这些公司会因此在贸易信贷上取得优势，并为他们大部分的生意获取关键资本。这些公司的资金周转周期能够反映他们从投入资金生产产品到产品销售给消费者获取现金所占用的时间。不可避免的，资金周转周期在大多数上述情况中经常为负。

在21世纪初，农产业者的投诉通过媒体公之于众之后，政府才开始制定新的农业与食品销售市场势力法案（Act on Significant Market Power in the Sale of Agricultural and Food Products），该法案于2010年2月生效。这项规章的主要目的在于创建一个更健全的商业环境。在欧盟，仅仅是2010年，缩短30天期限（欧洲议会决议 European Parliament Resolution 2011/C 308 E/04）的建议便引进了欧盟的成员国。然而，这只是个建议，并不具备任何法律义务。

捷克的律师和政客们对巨大的市场力量的相关法律提出了严厉的批评。立法程序因为政府、参议院和捷克共和国总统的阻挠而变得复杂。另外，学术界也对此进行了批评，例如，Bejček（2012）和 Prunner Valoušková（2012）。

该法令实施了禁止任何滥用市场力量行为的条款。我们决定调查其中一项：任何信用贷款期限不得超过30天。

研究的课题是：在上述提到的法律干预之下，买家和卖家的关系所受到的直接以及间接影响是什么？本文的目标是识别采用法律干预对企业间的关系所产生的直接以及间接影响。

二、数据及方法

本文所采用的面板数据收集了 2003~2012 年捷克、斯洛伐克、波兰和奥地利批发商及零售贸易公司（CZNACE 471x）的数据。完整的公司财务数据可以从 Bureau van Dijk 中的 Amadeus 数据库获得。每一年，公司的营业额（营业收入）以及信贷周期指标都会受到检查。资金周转周期会根据每个实体和每年进行单独的计算。这个测量的焦点在于资金投入产品生产及销售，直到最后销售给顾客，重新转化为现金为止所花费的时间。换句话说，就是出售库存所需的天数、收回应收账款所需的天数以及公司支付其除了受罚的账单所需的天数。

因为之前提到的法令只与营业额超过 50 亿 CZK 的公司有关，所以不是每家公司都有资格。因此，我们只检查营业额高于 50 亿 CZK 的公司（见表 1）。

表 1 符合资格的小样本数量

国家	受测试的企业数
捷克	7
波兰	7
奥地利	7
斯洛伐克	7

为了达到本文的目的，我们决定应用双重差分（Difference-in-Difference）法。这个方法是测试两个组：第一个组是实验组；第二个组是对照组，不改变变量。本文中的变量是 2010 年的法律干预。

研究课题的焦点集中在法律干预实施后是否有显著的变化（Act on Significant Market Power in the Sale of Agricultural and Food Products (395/2009 Coll.)。

三、结　果

图1表明每个被检查国家以及检查年份信贷周期加权平均的长度。在捷克共和国中，我们可以看到第一个信贷周期的下降是在2004年到2005年，然后在2010年时采用法律干预。自从新法（Significant Market Power）实施后，信贷周期在法律的规范下处于限制内。检查的个体因为不只出售食品及饮料，所以信贷周期完全地处于限制中。

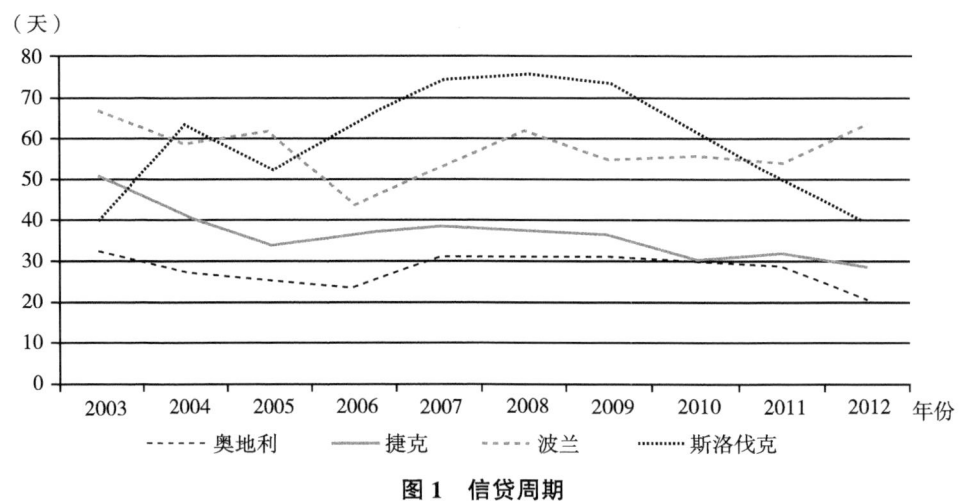

图1　信贷周期

在斯洛伐克，信贷周期自2010年开始减少；然而，类似于此的法律干预（Act No. 172/2008 Coll）在2008年被采用，然后取消该法律，并再次采用部分不同的法律（Act No. 362/2012 Coll）。斯洛伐克在类似的情况下，需要去除当时的对照组。在波兰，每年都有值得注意的波动。信贷周期被认为是"长的"检查周期。奥地利相较于其他国家，实体描绘的信贷周期更低，即便它也拥有下降的趋势。

通过双重差分法，选择了奥地利、波兰和捷克的个体。根据上文所述，我们没有可选择的对照组（奥地利、波兰）关于类似的法律干预的资料。表2显示了通过双重差分对比的结果。在捷克共和国，2009~2010年，信贷周期与奥地利相比减少了4.36天。捷克的信贷周期与波兰相比每年甚至减少6.68天。

表 2　平均信贷周期

国家＼年份	2009	2010	2011	2009~2010	2010~2011
捷克	36.54	30.43	31.97	-6.11	-4.56
奥地利	31.04	29.30	28.46	-1.75	-2.58
波兰	54.94	55.51	53.68	0.58	-1.26
捷克-奥地利	5.49	1.14	3.51	-4.36	-1.99
捷克-波兰	-18.40	-25.08	-21.71	-6.68	-3.38

我们的实验结果表明，法律干预在某种程度上是成功的，至少在降低信贷周期方面是成功的。然而，在 20 世纪 90 年代早期（Janáčková，1994）被识别的反常的流动性依然存在。这也被每年在多数检查的公司中负的资金周转周期所确认。

表 3 提供了每个受检查的国家被选择的资金周转周期的平均长度。负值表示受检查公司不正常的现金流动，这些公司通常在将它们的产品卖给它们最终的顾客之后偿还它们的债务。这种情况对于农业生产者来说更为有利，与我们以往的认知相反。

表 3　资金周转周期

国家＼年份	2003	2004	2005	2006	2007	2008	2009	2010	2011	2012
奥地利	n/a	n/a	n/a	n/a	n/a	n/a	n/a	0.65	-4.11	0.56
捷克	-5.49	-4.56	2.12	-3.14	-4.56	-8.27	-5.90	-0.17	-0.22	4.30
波兰	-19.59	-3.82	-9.36	-9.32	-12.58	-14.63	-14.24	-16.55	-15.92	-22.98
斯洛伐克	n/a	-16.73	-5.37	-16.52	-19.35	-24.98	-24.11	-12.28	-13.66	-1.08

四、结　论

在这个国际案例分析中，我们可以总结出捷克共和国在法律干预的前后有显著的不同。自从我们开始检查捷克共和国所有符合法律干预标准（营业额高于 50 亿 CZK）的公司，可以得到具有说服力的结果。

另外，我们明白信贷周期只是用来划分使用应付账款的平均每日信贷支付截止日期的平均指标，它是会受到极端值所影响的一些应付账款。此外，它还会影响公司的会计实务。

本文也因此而对采用休克疗法或是渐进主义的争论做出了贡献，这场争论似乎也告一段落了。不论哪种方法的支持者其实都不完全正确。渐进主义派（Mlčoch, 1998）以及休克疗法派（Janáčková, 1994）都同意社会主义的供应商及卖方之间的关系会被这些组织面向市场的关系而取代，这其中也包括公司有可能破产。在 1993 年时，得到权势的休克疗法派颁布了《破产法》。渐进主义派批评的论点是颁布《破产法》的时机太晚，导致信贷周期的延长。公司不会破产，并且它们制造了不会要求它们支付的新债务。另外一个因素是大大延长信贷周期发生在了大多数后共产主义国家（Janáčková, 1994）。而其结果就像渐进主义派所说的一样，这些行为模式（Mlčoch, 1998）依赖延长信贷周期，直到今天，还是有一定相关性，所以才有了这个研究。换个角度说，休克疗法派所隐含的想法是对的，通过引入西方商业伦理，国际贸易的不断深化将缩短信贷周期。

21 世纪初，争论的方向从农业的角度看已经不同了。Pourová 和 Pour（2002）声明一个新的因素所产生的争论正在进行，成为批发以及零售贸易公司的重要市场力量。相反的，在这个转换过程的伊始，并没有批发以及零售贸易公司。其中，一个重要的方面是最初的辩论已经形成了意识形态上的偏见。因此，也没有办法解决。但是尽管如此，实证的方法需要得到应用（Beaulier, 2004）。相信我们的实验是一个新的里程碑。

The Direct and Indirect Impacts of Legal Intervention on the Buyer-Seller Relationships

Kamila Ruzickova　Marek Litzman　Tomas Kristofory

【Abstract】There is a long time discussion among Czech defenders of gradualism and the shock therapy about the causes and consequences of prolonging and breaching of the buyer-seller contracts. The objective of the paper is to examine the impact of the institutional change induced by applying the Act no. 395/2009 Coll. on the operational activity of the company. In the paper, the indicator of cash conversion cycle was applied. The expected findings shall confirm the thesis of shortened credit period of the retail- and wholesalers. Unintendedly, the legal intervention could lead to different financial management of the buyers, the additional costs for the sellers and to the overall inefficiency of the act itself.

【Key Words】Buyer-Seller Relationships; The Cash Conversion Cycle; Credit Period; Gradualism; Legal Intervention

翻译：李祖荫

文章来源：Procedia Economics and Finance

企业行为和企业人员：预期的商业行为和违法违规行为

Vernon P. Dorweiler[①]　　Mehenna Yakhou[②]

一、简介：企业的预期行为

美国的经济是以自由企业为基础的。国民经济在很大程度上依赖于必要的限制，包括在商业和资本交易方面的限制。竞争的限制是由法律、条例和司法裁决决定的。

本文的目的是检查企业超出合法商业事务和落入非法区域的行为，"非法"在这里指违反法律条例。联邦政府和州政府颁布了综合范围的在商业行为和就业保护中实施的法律控制。本文分析的重点是外部违反法律法规的行为。

二、企　业

企业内部事务在对经济的贡献中是必要的。管理者与员工之间的内部关系是由法律和条例决定的（Fairfax，2002）。为增强法律法规的实施和促进业务的有

[①] 密歇根理工大学。
[②] 佐治亚学院和州立大学。

效运行，企业有一个内部结构，不是对所有人统一的，也不总是能实现的。关键问题包括：

(1) 企业在商务交易和员工贡献方面的文化背景。
(2) 监察专员，为了听取和解决管理层与员工之间的不满。
(3) 有选择性的纠纷解决方法，包括问题的调节和仲裁。
(4) 一个员工将公司机构存在的政策问题"爆料"给政府部门。

上面所列的那些是等价的结构性问题（King，2003）。一系列的法律、条例和司法裁定确立了企业的内部业务领域。但职员和管理者找到了把收入转到个人利益中的方法（Sundaramurthy，1998）。

三、预期的商业行为

公司预计将参与的是在产品和地理上不受抑制的竞争。消费者被认为是限制商业行为的一个主要目的，商业行为包括市场营销、定价和资本分配。考虑到资本形式的业务模式，业务市场和资本市场是有关系的。关于资本市场的法律条例、消费者保护的法律早已存在并不断更新。除了限制，竞争的回报是给最有竞争力的竞争者的。

萨班斯—奥克斯利法案在入侵企业决策上达到了一个新的高度，即公司治理（Fairfax，2002）。萨班斯—奥克斯利法案的主要影响是整合了对企业行为的限制，吸收了很多企业的国有权力。这使国家拥有有限的权利，主要是最初授予的公司章程和内部治理结构。

四、企业的犯罪

企业行为可能超出所允许的领域或被隐藏在内部结构里。在商业媒体中发现刑事指控的覆盖面很广。报道中的一系列非法行为包括以下几类：

(1) 刑事侵犯。

(2) 人权侵犯。

(3) 违反监管。

差别是由具体的法规和因没有遵守法律法规而给予的适当制裁所决定的。它的范围很广，取决于立法机关对不遵守法律法规行为进行惩罚的意图。

根据法规，企业对犯罪行为是负有责任的（Brickey, 1991）。制裁的范围包括刑事罚款和监禁有罪的人。

基于用于个人起诉的相同证据基础，指控和对公司进行定罪的方法已经被法庭制定出来了。处理公司犯罪的方法主要有：

- 归咎企业的犯罪意图
- 企业对法规的侵犯，法规包括：

《诈骗影响和腐败组织法案》（RICO）

联邦证券法律：

证券管理条例和证券交易法

税务欺诈和邮件欺诈

外国腐败行为法案

联邦阴谋总条例（The General Federal Conspiracy Statute）

妨碍司法公正

除此之外，犯罪行为可能是由于企业的董事、职员或管理者。RICO 在这里是一个很适用的法律，因为在州际交易中，它认为犯罪是一种将企业作为犯罪行为工具的模式。

五、丑闻是自我监管的失败

（一）萨班斯—奥克斯利法案的基本原理

各种丑闻的发生使国会得出了以下结论：根据国家法律进行自我监管是没有效率的（Ribstein, 2002）。一种解决的方法是联邦立法。萨班斯—奥克斯利法案是从这个结论中得到的法规形式，它最初被认为不是普遍适用的（Zabrosky,

2003)。实际上,这个法规给公司法带来了极大的改变(Fairfax,2002)。回顾过去,这个结论把公司法从州的基础上升到了联邦(Bainbridge,2003)。

州和联邦对企业控制权的实际分离还没有确定(Baynes,2002)。现存的企业控制权分离的情况中权力分布如下:

州:发行公司执照。

联邦:公司治理。

联邦法院:公司治理分区。

萨班斯—奥克斯利法案的经验已经证明了法院在定义这种分离时的扩张作用。例如,萨班斯—奥克斯利法案认为应该开放股东向董事会提名候选人的权利。这个选项因为要股东直接提名被联邦法院取消了(McKinnell,2003)。最后决定需要由国会以法案修正案的形式做出。

(二) 公司治理的联邦化

萨班斯—奥克斯利法案认为公司治理可以分为三个部分:股东、董事和职员。然而,这个法案并没有意识到股东有不同的类别,尤其是机构股东。

该法案没有意识到另一个活跃的部分,即利益相关者。这些非立法规定的利益包括工作、收入、消费者、邻居、联邦和国家经济(Smith,2003)。这些利益可能不是法律强制的,但是它们对企业有明显影响。

总的来说,萨班斯—奥克斯利法案进行了从企业权利到联邦法律的原始转化(Bainbridge,2003)。无论是这个法案还是条例,转化都没有完全完成,需要一直保持对企业行为的监督。这个权利一部分由联邦法案通过 PCAOB 提供,作为萨班斯—奥克斯利法案的控制机构。一部分由州公司法给予,部分由法庭决定。

根据萨班斯—奥克斯利法案,现存的公司法的联邦化应该是从对制裁本质的识别来进行。制裁的另一个作用是将萨班斯—奥克斯利法案与其他法规整合起来。1934 年的证券交易法案,将董事和职员确定为公司证券交易中的"内部人员"。在萨班斯—奥克斯利法案下,这些相同的职位和行动是令人担忧的。

六、监督企业行为

(一) 股东和利益相关者问题

丑闻表明了股东理论的失败 (Zabrosky, 2003)。董事和职员丑闻的发生说明他们违反了责任。董事和职员对股东的责任被普遍认为是"使企业资产中的股东利益最大化"。这个责任达到极端就是做任何可以获利的事,甚至是通过牺牲长期目标来获得短期收益,还有为个人利益挪用企业资产。

一个平行的问题就是利益相关者理论 (Smith, 2003)。利益相关者在企业中有双重角色,与企业的商业事务和社会责任有关。利益相关者和商业事务的关联中包括供应商、消费者和当地组织。社会责任意识到企业是组织中的一员,不只是从地理位置上来说,也要从分享组织利益来看。

利益相关者和股东在寻找企业业务可能的最大限度福利时有共同点。获取收益的动机是适用于这两个群体的。但是企业的市民角色在利益相关者和股东之间是不同的,当市民被期望去实施有良好信誉的事务时,企业可能会处于一种实施行为和公民行为格格不入的情况。并购和合并的情况为这种格格不入提供了机会。把从合并中获得的收益展现出来的需要会导致一个优先级:被合并企业的价值最大化。而且董事和职员从各自的职位出发会有不同的最大化标准。也就是说,增强企业回报和社会的长期良好发展是互斥的。

随着商业的全球化,公民角色的范围和社会责任扩大了。企业迁移到外国会产生一些问题:搬迁需要的设施、对工人的培训、产品的质量还有生产。这个发展是否是做业务的成本或者使企业资金多样化,是需要由想在外国和国外文化中经营的企业决定的问题。

一种缓和利益相关者和股东间问题的方法是使企业福利政策最大化,因为这有益于国家经济系统 (Vinten, 1993)。

(二) 企业文化的变化

在丑闻发生之后,对于文化的关注变得突出了。随着纽约证券交易所的行为被公开,这一点得到了进一步的强调(Dugan,2003)。企业的领导力必须集中(Deroacher,2001)。文化的改变被认为是长期的,而法案所导致的改变被认为是短期的。上市公司和私人企业都已经进行了文化改变。文化是包含在企业的决定中的:

没有不当的(非法的)交易;

没有利用企业资产创造私人利益;

和审计人员及董事会相关的特定领域的工作。

变化的重要性体现在可以提高股票价格上(Brown,2003)。在萨班斯—奥克斯利法案实施后,这些不再是纯粹的内部环境问题了。问题已经变成了董事和职员的法律责任(King,2003)。通过民事秩序和刑事制裁,联邦机构实施了萨班斯—奥克斯利法案。

七、对企业的影响

(一) 一个融资危机:养老金

企业的目的是为了显示收入和未来的收入是有潜力的。转移收入的作用是适得其反的。一个可观的现金转移就是为员工设置养老金。虽然创造养老金计划的理由很好被理解,但在劳工部的雇员退休收入保障法案管理下,融资是一个持续的责任。融资已经被证明是企业的本质需要。

用人单位在实施养老金计划时是可以选择的(Schultz,2003)。这些 ERISA 下的选择是:

固定缴款,通常是普通工资的 1%;

固定的福利支付,以年龄、工作年限和最终工资为基础;

现金余额还有固定缴款到一个"账户",包括这个"账户"和由于该"账户"的收入创造的收益支付的养老金收益。

因为这些计划是由雇员退休收入保障法案管理的,所以融资的需求是企业的本质。固定收益计划是一个主要的选择,因为企业估计只有一个需求。国会给予有大规模工人的企业以一次性救助。这个救助是在一次性基础上的,缓解了 10 亿美元的压力是为了满足雇员退休收入保障法案对于基金的规定(McKinnon,2003)。

一种缓解需求的方法是推动员工进行付款，这是通过在计划之间的转移实现的。从传统的计划到现金余额计划的转变对雇主有相同的、中立的作用。现金余额计划的收益率是雇主唯一的贡献，而且员工是依赖于该账户的收益的。

对于比较老的员工来说，由于时间的转变，利益率是不够的。对于年轻的员工来说，有更多的时间达到足够的收益率。在劳工部的批准下，在过度耗资的情况下雇主可以撤回资金。

雇员退休收入保障法案包括了破产公司的另一个资金来源。破产已经在一些行业发生了。在破产的情况下，养老金是由公共利益保证公司支付的，这是劳工部的一个机构。对破产公司的养老金保证基金共有100亿美元（Luchotti，2003）。在破产时，这个融资需求既不是由担保公司提供的，也不是由员工的赤字满足的。

关于雇主养老金决定的特性介入是由反就业年龄歧视法案发现的。因为现金余额计划对年龄较大的员工有更大的影响，从表面上看可以发现年龄歧视。这个界定是一种法律的悖论：不论员工是否主动承担这项计划或者管理导致了这个转变。法院已经达成了一致的结果，决定了这项基金是以年龄为基础的而且是有歧视性的。企业已经开始游说国会允许现金余额计划作为两个控制法规的例外，这两个法规是雇员退休收入保障法案和反就业年龄歧视法案。

在养老金计划资金不足时，企业的一个融资来源是由债券和股票产生的收益（McKinnon，2003）。通过股票筹资被劳工部认为是一个例外。股票的价值是存在争议的；价格是由企业以筹集时的价格回购的条件所设定的，这个条件受企业财务可行性和企业以筹集时的价格回购的能力所支配。

（二）萨班斯—奥克斯利法案的特殊考虑

现在普遍认为萨班斯—奥克斯利法案是由最近发生的企业丑闻所支撑的。联邦对于公司治理的介入不被认为提高了企业对国家和国家经济的贡献。

雇员退休收入保障法案要求养老金负债的全部资金。资金不足带来了两个结果：一个是将融资转变为全部以资助为基础所需要的时间；另一个是以资金不足水平为基础的罚款。

其他萨班斯—奥克斯利法案对公司治理的介入也被找到了，它要求董事会和审计委员会的独立性。政府机构所采取的反对企业的直接行为如下：

在机构行动之前放弃特权的出现或者实行；

禁止和机构有关的各种活动（如缔约），不论是个人的还是公司的；

取缔因违反法律和公司政策而取得的收入。

由制裁产生的是在法律、法规和政策方面标准的增强（Wade，2002）。这个发展认为没有能遵守法律法规的行为应归因于有效遵守法规标准的缺失。在企业法律的标准无力的情况下，董事会几乎可以任意采用违反责任的行为来对抗管理者和职员（Baynes，2002）。

（三）公司治理标准的变化

企业和它们的董事、职员还有管理者的行为的期望在决定有成效和合法的行为时是关键问题。企业的操作受到了大量的批判和强制改变。

使评估平衡的一种方式是采取一套行为准则，以及和规定的准则相配套的合适的标准。布里登报告宣布了对企业和企业行为"恢复信任"的78条建议。建议提出了以下主张和问题：

董事会及其领导能力；

董事会、主管和高管薪酬；

审计委员会、公司治理、薪酬、风险管理和一般的企业问题；

法律和道德程序。

这个建议的目的就是避免以上提到的丑闻和满足美国公司的生产期望。

八、总结：联邦化的公司治理

依法介入公司治理的途径已经被萨班斯—奥克斯利法案制定出来了。这个法案的作用被描述成是用联邦法律和联邦法院裁决取代州公司法。

诚信义务要求董事和职员保持知情，并进行调查。这些职责在萨班斯—奥克斯利法案中更加活跃（Bainbridge，2003），该法案反映了现代判例法，对董事和职员在公司决策与治理上提供了持续不断的需求。

具体地说，董事和职员的责任和现代违反责任的情况被当作企业不当行为的基础。

翻译：郑宇天

来源：Managerial Law

后　记

本书是在中国政法大学法商管理研究中心举办的"第二届（2015）中国法商管理学术年会"应征的70多篇论文中，通过匿名评审评选出的20多篇参加年会交流的论文结集而成的。

法商管理不论是在学科建设和实践应用方面都是新的探索及开拓，其核心思想和分析方法不仅具有超越现有管理理论及相关学科的解释力，而且对于中国经济"新常态"背景下的企业管理转型发展具有很现实的指导意义。正因如此，我们在第一届中国法商管理学术年会交流论文中精选编辑出版了《法商管理评论》（第一辑），现在呈现于读者面前的是我们延续法商管理探索研究的《法商管理评论》（第二辑）。由于这项工作既具有理论价值又极具实践意义，我们将把这项开拓性的工作持续做下去，并诚邀社会各界有识之士共同推动法商管理学科和实践的不断深化发展。

本书出版的基础源于70多篇论文作者的积极参与以及评审专家们的认真评选，在此对所有赐稿的作者和评审专家表示感谢。同时，我要特别感谢经济管理出版社的张世贤社长及他的团队和责任编辑，他们对新学科的积极支持及对本书从形式到内容的精心编辑为读者增添了学习新知和传承思想的价值。在此还要感谢唐琦瑢、臧鸿词、张婷等，她们认真负责的协调辅助工作使本书能够如约付梓。借此，我还要感谢所有关注和支持法商管理发展的热心人和有心人。

中国政法大学法商管理研究中心主任 孙选中 教授
2016年6月2日